五代十国

王朝风云之

WUDAI SHIGUO

李楠——编著

历史度尽劫波
文明生生不息

中国文史出版社

图书在版编目（CIP）数据

五代十国 / 李楠编著 . -- 北京 : 中国文史出版社，2021.1

（王朝风云；9）

ISBN 978-7-5205-2262-5

Ⅰ . ①五… Ⅱ . ①李… Ⅲ . ①中国历史—五代十国时期—通俗读物 Ⅳ . ① K243.09

中国版本图书馆 CIP 数据核字 (2020) 第 174215 号

责任编辑：詹红旗　戴小璇

出版发行：中国文史出版社

社　　址：北京市海淀区西八里庄 69 号院　邮编：100142

电　　话 : 010- 81136606　81136602　81136603(发行部)

传　　真 : 010-81136655

印　　装：廊坊市海涛印刷有限公司

经　　销：全国新华书店

开　　本：1/16

印　　张：22

字　　数：338 千字

版　　次：2021 年 3 月北京第 1 版

印　　次：2021 年 3 月第 1 次印刷

定　　价：66.00 元

“凤凰台上凤凰游，凤去台空江自流。吴宫花草埋幽径，晋代衣冠成古丘。”李白一首《登金陵凤凰台》，可生动反映中国历代王朝的没落与沧桑。

中国是一个拥有5000年悠久历史的文明古国，王朝众多，更迭频繁。其间上演过无数令人感慨的悲喜剧，也创造了举世瞩目的中华文明。

这套《王朝风云》丛书，旨在全景展现中华民族从原始社会、奴隶社会到封建社会的历史跨越，以真实丰富的史料，鲜活生动的叙述，让一个个风格迥异的王朝如戏剧般轮番登场，上演从夏商周到晚清近代历史的荣光与波折。使读者从王朝演变的故事中深刻地体味历史的魅力，领悟中华文明博大精深的文化内涵。

丛书着重讲历史脉络，以历代政权更迭及政治、军事斗争为主，努力把中国历史中最精彩、最生动的内容奉献给广大读者。同时，为增强系统性，一定程度地反映历朝历代的掌故、习俗、科技、文化等内容。

《王朝风云》丛书共15部，此为第九部《五代十国》，主要讲的是自907年朱温受禅称帝至960年赵匡胤陈桥兵变，共54年间中国历史上发生的那些丰富多彩的故事。

唐末，全国一片混乱，各派势力相互争斗，全国统一的局面被打破。

907年，朱温建立后梁，延续了290年的李唐王朝就此灭亡，天下陷入分裂局面，五代十国相继崛起，年年血战，历史再次进入了一个分裂动荡的时期。

后梁之后，相继出现了后唐、后晋、后汉、后周，称为五代。同时在中国的南方和山西地区，先后出现了十个国家，称为十国。一直到960年赵匡胤称帝，才结束了割据局面。

五代十国时期是唐宋变换之际的起承转合的时代，在中国古代史上占有重要的地位。五代十国时期的文化成就为宋代文化的再度繁荣奠定了基础。

五代十国也是中国历史上最混乱的时期，是一个大分裂时期，各地军阀混战，政权更迭频繁。皇帝多如牛毛，你也称帝，他也为王，全都是拥兵自重，叛主自立，朝秦暮楚，令人目不暇接。

了解历史，反思历史，是为了更好地借鉴历史、把握未来。

目录

第一编　乱世风云

第二编 五代风云

第一章 后梁风云

第二章 后唐风云

第三编 十国风云

第一章 前蜀风云

第二章 后蜀风云

第三章 南吴风云

第四章 南唐风云

第五章 南楚风云

第六章 南汉风云

第七章 南平风云

第八章 闽国风云

第一编

乱世风云

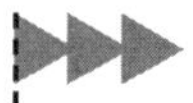

唐末黄巢起义队伍中，有一个叫朱温的部将，在关键时刻投降了唐朝，被皇帝赐名朱温。不过在907年，朱温推翻了唐朝统治，建立后梁。唐王朝存在了290年之后，寿终正寝。从907年到960年的54年中，黄河流域相继出现了5个朝代，总称五代；与此同时，在南方各地和北方的山西有10个比较大的割据政权，总称十国。这就是中国历史上最黑暗的五代十国时期。

五代十国时期在中国古代史上占有重要的地位，是唐宋变换之际的起承转合的时代。

第一章 乱世溯源

一、藩镇前身节度使，拥兵自重抗朝廷

1. 天宝十节度

节度使制度的开端，是从唐开元天宝年间所设立的缘边节度使。这和当时的边疆形势关系很大。

此前，唐在秣马厉兵击败了东突厥之后，实际上对外用兵一直都是保持着旺盛的扩张进攻态势。唐初先后击破了东突厥薛延陀，降伏漠北诸部，设立都督府；此后，又打败西突厥，灭高昌国，于其地设立州县治理，奠定了唐朝辽阔的疆域。但进攻的步伐还没有停止，显庆年间又平西突厥贺鲁，设立二都护府统其地；又在新疆以西，波斯以东的地区分置 16 都督府、72 州、110 县。唐睿宗景云二年（711 年），贺拔延

节度使之印

嗣为凉州都督充河西节度使，节度使开始成为正式的官职。

开元中，唐边烽日警。为了镇戍边防、对外作战及抚绥周边少数民族的需要，遂遍设节度使于边区。至天宝初，沿边共设九节度使、一经略使，合称为十节度使或十节度。其名称、布防及兵力设置如下：

（1）安西节度使，又称四镇节度使，安西四镇节度使。开元六年（718年）始设。职责是抚宁西域。治龟兹城（今新疆库车）。统辖龟兹、焉耆、于阗、疏勒四镇，统兵 2.4 万人。天宝时节度使为夫蒙灵曜、高仙芝、王正见、封常清。

（2）北庭节度使，开元十五年（727 年）自伊西节度使分置，或合称伊西、北庭节度使。职责是防御游牧在北方的突骑施和坚昆。治北庭都护府（治庭州，今新疆吉木萨尔北破城子）。统辖瀚海军、天山军、伊吾军，屯伊州（今新疆哈密）、西州（今新疆吐鲁番东南），统兵 2 万人。天宝时节度使为来曜、王安见、程千里、封常清。

以上两镇内外相连，主要防御对象是西域天山南北两路的诸国。

（3）河西节度使，景云二年（711 年）始设，是设立最早的节度使。职责是隔绝吐蕃与突厥的交通。治凉州（武威郡，今甘肃武威）。统辖赤水军、大斗军、建康军、宁寇军、玉门军、墨离军、豆卢军、新泉军（后改守捉）、张掖守捉、交城守捉、白亭守捉（后改为军），统兵 7.3 万人。天宝时节度使为王倕、皇甫惟明、王忠嗣、安思顺、哥舒翰。

以上一镇兼顾西方与北方两强敌，主要是防御吐蕃，守护河西走廊。

（4）朔方节度使，开元九年（721 年）始改朔方行军大总管为之。职责是防御突厥。治灵州（灵武郡，今宁夏灵武西南）。统辖经略军、定远军、丰安军、东中西三受降城、安北单于两都护府，乃至丰、胜、灵、夏、银、匡、长等州均受其节度。统兵 6.47 万人。天宝时节度为王忠嗣、张齐邱、安思顺。

（5）河东节度使，开元十一年（723 年）以前称天兵军节度使，其年改为太原以北诸军节度使，开元十八年（730 年），又改称河东节度使。职责是防御突厥。治太原府（今山西太原西南晋源镇）。统辖天兵军、大同军、横野军、岢岚军、云中守捉及忻、代、岚三州郡兵，管兵 5.5 万人。天宝时节度使为田仁琬、王忠嗣、韩休琳、安禄山。

以上两镇相互应援，专备突厥。

（6）范阳节度使，先天二年（713 年）始置，称幽州节度经略镇守使。天宝元年（742 年）改名范阳节度使。主要是压制奚、契丹。治幽州（范阳郡，今北京）。统辖经略军、静塞军、威武军、清夷军、横海军、高阳军、北平军、唐兴军、恒阳军，统兵 9.14 万人。天宝时节度使为裴宽、安禄山。

（7）平卢节度使，开元七年（719 年）始置。职责是招抚室韦、靺鞨，治营州（柳城郡，今辽宁朝阳），统辖平卢军、卢龙军、榆关守捉、安东都护府，统兵 3.75 万人。天宝时节度使为安禄山。

以上两镇专门备御、镇抚东北诸国，主要是对付奚、契丹。

（8）陇右节度使，开元元年（713 年）始置。职责是防御吐蕃。治鄯州（西平郡，治今青海乐都）。统辖临洮军、河源军、白水军、安人军、宁塞军、积石军、莫门军、振武军（后改神武军）、威戎军、镇西军、绥和守捉、合川守捉、平夷守捉，管兵 7.5 万人。天宝十三载（754 年）又于鄯、廓、洮、河四州西境增置宁边、神策等八军。天宝时节度使为皇甫惟明、王忠嗣、哥舒翰。

（9）剑南节度使，开元五年（717 年）始置，职责为西防吐蕃，南抚蛮僚。治益州（蜀郡，今四川成都）。统辖天宝军、昆明军、洪源军、宁远军、南江军、澄川守捉及翼、茂、维、柘、松、当、雅、黎、姚、悉等州州郡兵，统兵 3.09 万人，天宝时节度使为章仇兼琼、郭虚己、鲜于仲通、杨国忠。

以上两镇主要为备御吐蕃，防范西南。

（10）岭南五府经略使。开元中置，以兼领广、桂、容、邕、镇南（亦称安南）五管经略府而得名。职务为抚绥境内各少数民族。治广州（南海郡，今广东广州）。统辖经略军、清海军、直辖广管诸州，并兼其余四管诸州郡兵，统兵 1.54 万人。天宝时裴敦复为五府经略使。至德元年（756 年），改为节度使。

十节度相继设立之后，统领常驻边军，对外作战，对内镇抚，代替以前的府兵，成为主要的军事力量。与此同时作为坐镇边陲的统兵官，他们的权力也日益扩大。开元天宝时期，节度使往往不仅拥有军权，亦且兼及统辖区内的民政、财政。如幽州（后称范阳）节度使于开元十五年（727 年）兼河北支度营田使，二十年（732 年）兼河北采访处置使，二十七年（739 年）又增领河北海运使。河西节度使开元二年（714 年）兼陇右群牧都使、赤水九隆本道支度营田等使，十二年（724 年）又加长行转运使。朔方节度使的职务中也有“兼关内道支度兼管内营田、盐池、押诸蕃部落副大使、兼采访处置使”等众多名目，至天宝年间，节度使已大都完全兼领边州军、政、财及监察大权。不仅如此，节度使由于联防的需要，还常常一人兼摄数镇。如天宝中王忠嗣兼领河西、陇右、朔方、河东四节度事，“控制万里，天下劲兵重镇，皆在掌握”。天宝末安禄山也一身兼范阳、卢龙、河东三镇而起兵反唐。

唐代在最初任命节度使时，多用名臣，而且不久任，不遥领，不兼统，功名卓著者往往入知政事，升任宰相。开元中，张嘉贞、王晙、张说、萧嵩、杜暹都以节度使而入朝为宰，但天宝以后，一方面由于科举制兴盛，宰相逐渐多用进士出身的文臣，而将帅中，勇敢善战的胡族武人愈来愈多；另一方面，朝廷出于蕃族内附、羁縻统治的需要，兼之

岳阳节度使之印

李林甫为宰相，欲巩固自己的地位，“志欲杜出将入相之源”，奏言“文臣为将，怯当矢石”，不如用“寒族蕃人”，为玄宗所接受，故节度使多用胡人，安禄山、史思明、哥舒翰、高仙芝等人，都以胡人相继任节度使。由于节度使的权势日重，而中央军备空虚，故逐渐形成外重内轻、尾大不掉之势。

至德（756 年）以后，天下用兵，故内地也逐渐遍设节度使，他们往往拥兵自重，不奉朝命，成为与中央相抗衡的藩镇。

2. 藩镇割据

藩镇割据通常指的是唐朝后期某些藩镇的将领拥兵自重，在军事、财政、人事方面不完全受中央政府控制的局面。唐代藩镇割据主要表现在河朔，而河朔割据又集中在三镇。

安史之乱爆发后，为了平定叛军，军镇制度扩展到了内地，最重要的州设立节度使，指挥几个州的军事；较次要的州设立防御使或团练使，以扼守军事要地，于是各地出现不少节度使、防御使、团练使等大小军镇，后来扩充到全国。

唐玄宗

这些本是军事官职，但节度使又常兼所在道的观察处置使（由前期的采访使改名）之名，观察处置使也兼都防御使或都团练使之号，都成为地方上军政长官，是州以上一级权力机构。大则节度，小则观察，构成唐代后期所谓藩镇，亦称方镇。藩镇并非都是割据者。今河北地区存在着虽是唐朝的地方官但却割据一方的河北三镇，而其他地区的藩镇绝大多数服从朝廷指挥，贡赋输纳中央，职官任免出于朝命。

但是，大量事实表明，唐朝的政策法令在河北地区亦有施行。比如，河北地区州县行政区划的改易和废置，官吏员额的增减，唐廷的敕令就起一定作用。河北官员也有从中央调进或征出的。

唐代藩镇节度使是以唐朝封疆大吏的资格自擅一方的，其财政基础依赖于国家的赋税收入，其武力凭借是法律上属于国家的军队——即所谓“官健”。藩镇里的那些割据藩镇既企图游离于中央集权之外，又不能彻底否定中央统治。

在土地所有者看来，赋税是上供朝廷，还是截留藩镇，并没有经济上的实际区别。同样是以交纳一定赋税的形式与政府共同瓜分农民创造的剩余价值，在骄藩控制下，并不比在中央集权统治下能得到更多的经济好处。因此，大土地所有者对藩镇割据事件抱着不支持不合作的消极态度，乃是他们本身的客观经济利益所决定的。贞元时，李希烈叛乱，张建封奉命防遏，“大豪俊杰，争来效节”，张建封“随其才而用之”，其原因即在于此。

唐代藩镇割据的社会基础是投身军戎充当职业雇佣军的破产农民和无业游民。

在安史之乱后到黄巢之乱前，唐朝后半段的大部分时期里，绝大部分藩镇不割据，只有极个别藩镇割据（例如幽州藩镇），即使割据藩镇也在一定程度上施行唐朝的政策法令，“须借朝廷官爵威命以安军情”，而且割据藩镇也曾解除割据。唐末黄巢之乱，才出现普遍的藩镇割据，导致唐朝灭亡。

唐代后期的藩镇里，东南藩镇从财力上支撑朝廷，边疆藩镇对外作战，中原藩镇则具有镇遏河朔、屏障关中、沟通江淮的作用。河朔藩镇与中原藩镇在割据与防割据的相持关系上，中原藩镇与边疆藩镇在维系内外均势的平衡关系上，边疆藩镇、东南藩镇与中原藩镇在武力和财力的相互依赖

关系上，构成了一个既密切联系又互相制约的整体结构，从而维系唐王朝相对稳定地统治了100多年。

二、战火连年平藩镇，为虎反噬大唐亡

1. 朝廷对藩镇的战争

安史之乱虽然平定，藩镇割据的形势却从此形成。唐代宗在战争结束之初就继续任命安史降将张忠志为成德节度使，赐姓名李宝臣；薛嵩为相卫节度使；李怀仙为幽州节度使；田承嗣为魏博节度使。安史之乱过程中及平定战乱后，唐朝军将亦几乎都授以节度使之名，内地也先后建立军区，藩镇制度因此进一步推广，遍于各地。在节度使中，虽然有服从君命，臣事中央的人；但不少藩镇都具有不同程度的割据性，其中最严重的是成德、卢龙、魏博三镇，统称“河朔三镇”。淄青镇与上述三镇情况完全相同。

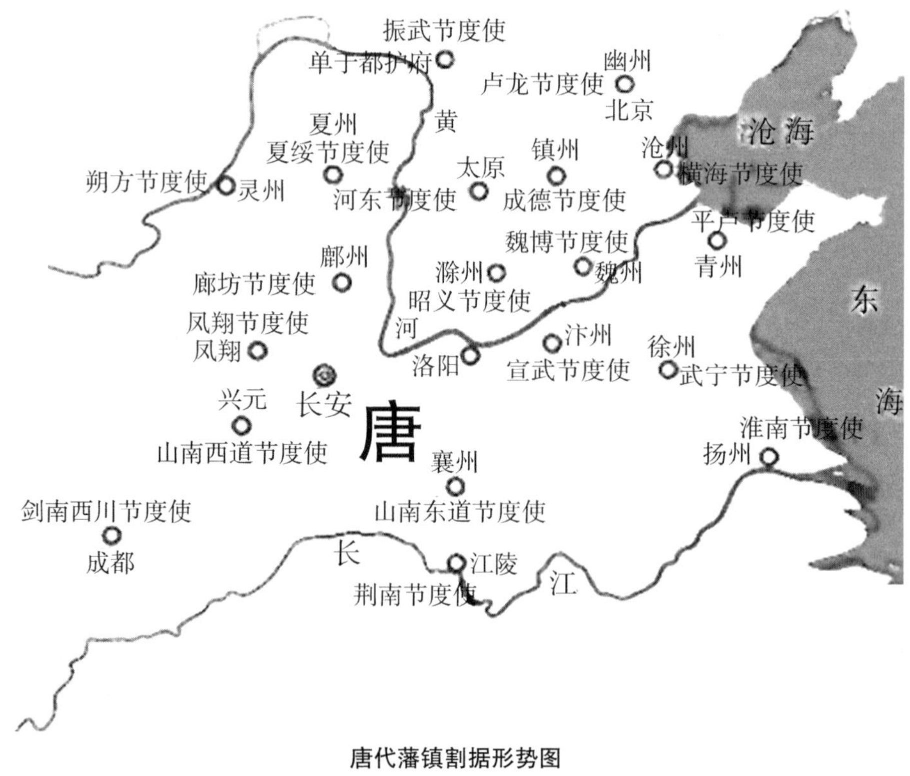

唐代藩镇割据形势图

这些节度使父死子继，自署将吏，缮邑治兵，目无朝廷，他们“喜则连衡而叛上，怒则以力而相并”，酿成了战火连年、国无宁日的局面。有的藩镇干脆不供王赋，有的则大量占有送使、留州部分，上供中央的赋税亦很有限。

唐朝后期，中央同藩镇间发生过三次大规模的战争。第一次，唐德宗力图平藩，引起了“二帝四王”之乱；第二次唐宪宗大举用兵，平定了不少藩镇；第三次，唐武宗平泽潞。

德宗即位之初，建中二年（781 年）正月，成德节度使李宝臣死了，子李惟岳向朝廷请求袭其父位，魏博节度使田悦亦代为之请。唐德宗坚决拒绝这种无理要求，李惟岳、田悦遂联结淄青节度使李正己、山南东道节度使梁崇义等起兵反唐。七月李正己死，八月子李纳亦请袭父位，德宗不允，李纳遂反。战事日益扩大，卷进来的藩镇越来越多，其中有四人称王，两人称帝，即朱滔称冀王，王武俊称赵王，田悦称魏王，李纳称齐王，朱泚称秦帝，李希烈称楚帝。德宗一度逃往奉天（今陕西乾县），后又奔梁州（今陕西汉中）。这次战争持续了五年之久，朱泚和李希烈等虽先后败死，唐朝却与其余藩镇妥协，条件是藩帅取消王号，朝廷承认他们在当地的统治权。德宗对藩镇的态度由坚决讨伐转变为姑息妥协。从此，有些节度使父死子继、兄终弟立成为惯例，割据局面进一步深刻化了。

唐宪宗是一个有作为的皇帝，即位之始就大力对强藩巨镇进行斗争，企图恢复中央集权。从元和元年（806 年）到元和七年（812 年），朝廷先后讨平西川节度使刘辟、夏绥节度留后杨惠琳、镇海节度使李琦；迫使魏博节度使田弘正归命，在成德镇自立的王承宗也输贡赋、请官吏。宪宗取得的最大成就是平定淮西。元和九年（814 年），淮西节度使吴少阳死，其子吴元济自领军务，随即发动叛乱。宪宗发宣武等 16 道兵讨伐，经过长期的战争，最后李愬于元和十二年（817 年）攻破蔡州城（今河南汝南），

生擒吴元济，平定了淮西。在这次胜利的影响下，很多潘镇相继归命，后又平定了淄青节度使李师道。宪宗虽然能够平定部分藩镇的叛乱，却不能从根本上消除产生割据的根源,因而取得的成就并不巩固。元和十五年(820年）宪宗去世后，短短的两年中，卢龙、成德、魏博、淄青、泽潞、徐泗、汴宋、浙西等镇又纷纷发生变乱或不禀朝命。

泽潞节度使刘从谏与朝廷素相猜恨。会昌三年（843 年）刘从谏卒，侄刘稹请为留后,武宗采纳宰相李德裕建议,发兵进讨。战事进行了一年多，刘稹为部将郭谊所杀，朝廷平定了泽潞。武宗以后，中央再也无力与藩镇进行较量，藩镇内部骄兵逐帅日见频繁，抵消了不少力量，双方在相当长的时期中未再发生重大的战争。

唐朝后期，藩镇战争连年不断，朝廷每次镇压藩镇的战争都意味着一批新的割据势力又在酝酿之中，藩帅割据不能消除的重要原因之一，是他们得到本镇骄兵的支持。这种兵士全家老小随身，兵饷衣粮只供本人消费，家属妻子多赖赏赉为生。节度使对他们厚赏丰赐，他们就拥护爱戴，成为其进行割据叛乱的工具；节度使对他们刻薄衣粮，骄兵就起而逐帅杀将，因而形成了“兵骄则逐帅，帅强则叛上”的现象。

连绵不断的、此起彼伏的藩镇战争给社会经济和人民生活带来了严重的后果。一次大的战乱之后，黄河流域往往出现人烟断绝、千里萧条的惨状。唐代后期朝廷与藩镇各自扩大自己的兵力。唐宪宗元和中，朝廷直接控制的地区平均以两户资一兵，大大加重了人民的负担。节度使在本镇勾结豪强地主对人民进行横暴的统治，战争和重敛使生产遭到严重破坏。

2. 唐朝的灭亡

唐王朝在黄巢起义的沉重打击下分崩离析，名存实亡。镇压农民起义的过程中，又新兴起一批节度使，于是新旧割据势力相互间展开了剧烈的兼并战争，其中黄河流域势力最大的是河东节度使李克用、宣武节度使朱温（朱温降唐后被赐名朱全忠）和凤翔节度使李茂贞三人。僖宗还京后，唐王朝能够控制的不过河西、山南、剑南、岭南诸道数十州，其余各地的藩帅皆自擅兵赋，相互兼并。

文德元年（888年）唐僖宗去世，宦官杨复恭拥立李晔即位，是为昭宗。在他统治时期，藩镇更加猖獗，无论是北司的宦官还是南衙的宰相，都必须依靠藩帅的支持才能维护自己的地位。朝官如崔昭纬、崔胤和柳璨等人，实际上都是节度使在中央政权的代表。其中尤其是崔胤，因交结朱温而擅权，气凌人主。宦官如骆全瓘、刘景宣、韩全诲、张彦弘等，均先后党附于李茂贞。南衙、北司的斗争，崔胤与韩全诲的斗争，实质上是朱温与李茂贞的斗争在中央的反映。这种情况说明皇帝进一步失去了昔日的政治地位。

宦官和宰相尽管重藩帅而轻皇帝，但这两个集团毕竟还是寄生在皇权上的政治势力，皇权的沦落最终会动摇他们的生存基础。李茂贞与朱温各有挟天子以令诸侯之意，后来双方发生战争，唐昭宗被宦官和李茂贞劫持至凤翔。朱温在军事上占优势，遂兵围凤翔。李茂贞不能支，终

唐代女乐俑

于让步讲和。天复三年(903年)朱温拥昭宗还京,利用自己的军事实力,尽诛内侍省宦官数百人,出使在外的宦官亦下令就地诛杀,持续100多年的宦官势力至此被彻底翦除了。次年,朱温奉表逼唐昭宗迁都洛阳,强令朝廷百官随驾东行,动身后派人尽毁长安宫室、百司及民间庐舍。后来,朱温使人杀昭宗,另立李柷为太子。李柷不久即位,是为哀帝。天祐二年(905年)朱温大肆贬逐朝官,接着又把崔枢等被贬的朝官30余人全部杀死于白马驿,投尸于河,这次事件史称"白马驿之祸"。政治上的阻力已全部扫除,朱温遂于天祐四年(907年)逼唐哀帝禅位于己,改国号梁(史称后梁),是为梁太祖(不久,改名晃),改元开平,都于开封。唐朝灭亡。

三、五代梁唐晋汉周,十国并存割据忙

唐朝灭亡之后,在中国中原地区相继出现了5个朝代和割据西蜀、江南、岭南和河东的10个政权,合称五代十国。

五代是后梁、后唐、后晋、后汉、后周。除后梁一个短暂时期以及后唐都洛阳外,后梁大部分时期和其他三代都以开封为首都。五代为期54年,有8姓称帝(后梁、后晋、后汉各1姓,后唐3姓,后周2姓),共14君。后梁和后周的君主是汉族人,后唐、后晋、后汉的君主是沙陀族人。他们都建国于华北地区,疆土则后梁最小,后唐最大。

十国是前蜀、后蜀、吴、南唐、吴越、闽、楚、南汉、南平(荆南)和北汉。北汉建国于今山西境内,其余九国都在南方。十国与五代并存,但各国存在时间长短不一,如吴越割据于唐亡以前,直到五代结束后才为北宋所灭,疆土则南平最小,南唐最大。

五代十国兴亡表（907—960 年）

国号	开国君主	公元起止	国祚	亡国之君	亡于
后梁	朱温	907—923	17 年	朱友贞	后唐
后唐	李存勖	923—936	14 年	李从珂	后晋
后晋	石敬瑭	936—946	11 年	石重贵	契丹
后汉	刘知远	947—950	4 年	刘承祐	后周
后周	郭威	951—960	10 年	柴宗训	宋
南吴	杨行密	902—937	36 年	杨溥	南唐
南唐	李昪	937—975	39 年	李煜	宋
吴越	钱镠	907—978	72 年	钱弘俶	宋
南楚	马殷	907—951	45 年	马希萼	南唐
闽国	王审知	909—945	37 年	王延政	南唐
南汉	刘龑	917—971	55 年	刘鋹	宋
前蜀	王建	907—925	19 年	王衍	后唐
后蜀	孟知祥	934—965	32 年	孟昶	宋
南平	高季兴	924—963	40 年	高继冲	宋
北汉	刘旻	951—979	29 年	刘继元	宋

1. 五代的更迭

自唐中和四年（884 年）黄巢起义失败以后，唐朝名义上还存在 20 余年。但早被削弱了的朝廷威权这时更加衰微，新旧藩镇林立，战争不休。国家分裂的倾向日益明显。那时，罗绍威据魏搏（今河北大名北），王镕据镇冀（今河北正定），刘仁恭据卢龙（今北京），诸葛爽据河阳（今河南孟州市东南）和洛阳，孟方立据邢（今河北邢台）、洺（今河北邯郸东北），李克用据太原、上党（今山西长治），朱温据汴（今河南开封）、滑（今河南滑县东），秦宗权据许（今河南许昌）、蔡（今河南汝南），时溥据徐（今属江苏）、泗（今江苏盱眙北），朱瑄据郓（今山东东平北）、曹（今山东定陶西）、齐（今山东济南）、濮（今山东鄄城北），王敬武据淄（今山东淄博南）、青（今山东益都），李茂贞据凤翔（今属陕西），高骈、杨

行密先后据淮南，秦彦据宣（今安徽宣城）、歙（今安徽歙县），刘汉宏、董昌据浙东，钱镠据浙西（后又并浙东），王建据两川，王潮、王审知兄弟据福建，马殷据湖南，刘隐、刘岩兄弟据岭南。他们都力图扩大实力。经过多年的相互兼并，逐渐形成了几支较大的势力。在北方，主要是以汴州为据点的朱温和以太原为中心的李克用。天祐四年（907 年），朱温灭唐称帝，是为后梁太祖，国号梁，史称后梁，改元开平。五代时期自此正式开始。

朱温本是黄巢起义军的叛徒，受唐封为宣武节度使，据汴州。此后，他逐渐攻占了蔡、徐、郓、曹、齐、濮等州，扫除了今华北的许多武装割据势力。天复三年（903 年），又战败称霸秦陇、挟持唐昭宗的李茂贞，消灭了长期掌握朝廷军政大权的宦官集团。中唐以来的强藩魏博、成德也因战败归附朱温。后梁建国以后，除今山西大部和河北北部外，基本统一了黄河中下游地区。乾化二年（912 年），朱温为其次子朱友珪所杀。次年，第三子朱友贞平乱后，即帝位。此后，后梁连年用兵，征敛苛重。贞明六年（920 年），陈州人毋乙、董乙领导农民起义，势力扩及陈（今河南淮阳）、颍（今安徽阜阳）、蔡三州，后虽被镇压，后梁也开始衰败。

唐中叶后，迁居今山西境内的沙陀部酋长李克用参加镇压黄巢起义，被任命为河东节度使。他控制了今山西中部和北部地区，唐昭宗封他为晋王。朱温灭唐以后，他以拥护唐朝为名，与后梁交战不休。后来，他的儿子李存勖乘后梁内乱之机攻取河北，累败梁军，比较彻底地消灭了中唐以来长期跋扈的河北三镇。龙德三年（923 年），李存勖在魏州（今河北大名北）即位，是为庄宗，改元同光，国号唐，史称后唐。同年，他派兵南下，攻占开封，梁末帝朱友贞自杀，后梁亡。后唐统一了华北地区。不久，后唐迁都洛阳。同光三年（925 年），后唐又派兵六万攻灭前蜀。但李存勖宠任伶官、宦官，朝政不修，又任用租庸使孔谦敲剥百姓，统治出现了危机，次年，魏州骄兵发动叛乱，后唐庄宗李存勖在一片混乱兵变声中被杀。李克用养子李嗣源继位，是为明宗。他诛杀孔谦，废除苛敛，均减田税，允许民间自铸农器。李嗣源在位八年，战事稍息，农业生产凋敝的局面有所改观，是五代少有的小康之世。长兴四年（933 年）明宗病，子李从荣企图发动政变，夺取皇位，未成。明宗死后，子李从厚继位。次年，明宗养子李从珂起兵夺取了皇位，国内陷入混乱状态。

河东节度使石敬瑭是明宗的女婿。他乘后唐内乱，于清泰三年（936 年）夏上表称臣，并认契丹主耶律德光为父，以幽蓟十六州为代价换取契丹援助，开始夺取后唐政权。十一月，契丹主耶律德光册立石敬瑭为帝于太原，是为后晋高祖，改元天福，国号晋，史称后晋。闰十一月，石敬瑭攻入洛阳，后唐亡。天福二年（937 年），后晋迁都汴州，三年（938 年）升为东京开封府。石敬瑭除割地外，还岁贡绢 30 万匹和其他玩好珍异之物。七年（942 年），石敬瑭死，侄石重贵继位（史称出帝或少帝）。他在主战的景延广等人影响下，对契丹颇不恭顺。耶律德光便在降将赵延寿等人协助下，与后晋交战五年。开运三年（946 年）十二月，契丹军攻下开封，俘虏后晋出帝石重贵，将其北迁，后晋灭亡。次年，耶律德光称帝于开封，国号辽。辽帝占领中原以后，不给骑兵粮草，纵使他们四出掠取，称为“打草谷”，中原民众群起反抗。同年，辽帝被迫引众北还。

刘知远是后晋的河东节度使。当后晋与契丹交战时，他广募士卒，有步骑五万人，声言防备契丹，但却按兵不动。待辽帝将出帝迁往北方后，他于开运四年（947 年）二月在太原称帝，是为后汉高祖，仍用天福年号。随后，他统兵南下，定都开封，改国号为汉，史称后汉。那时的中原，因契丹掳掠而残破不堪，公私困竭。刘知远死后，护国（即河中，今山西永济西）、永兴（今陕西西安）、凤翔三节度使连衡抗命。后汉虽出兵讨平，朝廷内部的将相矛盾又趋尖锐。乾祐三年（950 年）冬，隐帝刘承祐不甘受将相所制，杀杨邠、史弘肇、王章等权臣，又派人去谋害邺都（今河北大名东北）留守郭威。

五代十国鎏金天策府宝

郭威当时出镇邺都，督抚诸将，北御辽国。隐帝杀他未成，郭威遂引兵南下，攻入开封，隐帝被乱兵所杀，后汉亡。广顺元年（951 年）正月，郭威即帝位，是为后周太祖，改国号为周，史称后周，仍都开封。后周从政治、经济和军事方面进行了一系列改革，开始改变中国北方的残破局面。显德二年（955 年），后周世宗柴荣出兵击败后蜀，收复秦（今甘肃秦安西北）、凤（今陕西凤县东北）、成（今甘肃成县）、阶（今甘肃武都东）四州；此后，又亲征南唐，得淮南、江北十四州；六年（959 年），又收复了辽占领的莫、瀛、易三州。同年，柴荣病死。次年，赵匡胤（宋太祖）取代后周，建立北宋。

2. 十国的分立

南方九国中，前蜀与后蜀大致前后衔接，吴与南唐前后相承。

唐末，王建据有西川，后又取东川。天复三年（903 年），受唐封为蜀王，占地北抵汉中和秦川，东至三峡，后梁开平元年（907 年），王建称帝，建都成都，国号蜀，史称前蜀。蜀土十分富饶，但自光天元年（918 年）后主王衍继位后，蜀国朝政浊乱，卖官风气盛行，赋敛苛重，主荒民怨。后唐同光三年（925 年），庄宗派兵攻灭前蜀，任命董璋为东川节度使，孟知祥为成都尹、西川节度使。孟知祥训练兵甲，后攻取东川，杀董璋。长兴四年（933 年），后唐封他为蜀王、东西川节度使。次年，孟知祥称帝，建元明德，重建蜀国，史称后蜀，仍都于成都。同年，孟知祥死，其子孟昶继位。契丹灭后晋之际，后蜀又得秦、成、阶、凤四州，拥有前蜀的故地。孟昶统治后期，君臣奢纵无度，朝政腐败。乾德三年（965 年），为宋所灭。

唐末，杨行密据淮南二十八州，天复二年（902 年）受唐封为吴王，都广陵（今江苏扬州），传四主。当时，大将徐知诰掌握大权，他访求贤才，杜绝请托，减轻赋敛，20 余年间休兵息民，国家得以富强。顺义七年(927 年)，杨行密子吴王杨溥称帝。天祚三年（937 年），徐知诰废吴帝杨溥，自己称帝，国号大齐，改元昇元。次年改姓名为李昪，改国号唐，史称南唐，都金陵（今江苏南京）。南唐占有今江苏、江西和皖南、鄂东南等广大地区。李昪对外结好邻邦，对内整饬朝政，并禁止压良民为贱民，派人视察民田，按肥瘠分等收税和调兵派役，史称江淮之地，“频年丰稔”。昇元七年（943 年）李昪死，其子李璟继位。保大三年（945 年）派兵攻灭内乱中的闽国，占领汀（今福建长汀）、漳（今属福建）、建（今福建建瓯）、泉州，加上新增置的泰、筠（今江西高安）、剑（今福建南平）州，共计 35 州，成为南方的大国。此后，李璟日益骄侈，朝政浊乱，任用非人，赋役繁重。保大九年（951 年），南唐出兵灭楚，收掠其金帛、珍玩、仓粟等，徙运金陵，大失楚地民心，湖南诸州得而复失，南唐国力迅速衰败下来。交泰元年（958 年），李璟献江北、淮南 14 州。去年号，称臣于后周，宋建隆二年（961 年），李璟死，子李煜即位，是为后主。开宝八年（975 年），宋发兵南下渡江，攻破金陵，后主李煜被俘，南唐亡。

钱镠在唐末占据杭州地区，后来，他吞并浙东，占有两浙十余州之地。唐昭宗任他为镇海、镇东节度使。开平元年（907 年），后梁封他为吴越王。吴越国土狭小，北邻强大的吴（后为南唐）。钱镠戒约子孙，世代交结中原朝廷，借以牵制吴和南唐的侵扰。钱氏统治的 80 多年间，吴越地区相对安定，经济比较繁荣，宋太平兴国三年（978 年），钱俶纳土入朝，吴越亡。

王潮、王审知兄弟在唐末占有福建全境，唐昭宗任王潮为节度使。开平三年（909 年），后梁封王审知为闽王。王审知统治近 30 年，他力行节俭，轻徭薄敛，境内富实安定。王审知死后，国内常有乱事，政局非常不稳。

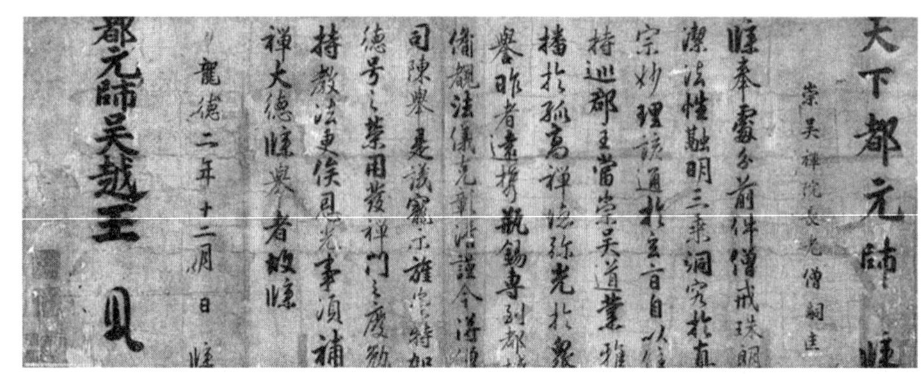

钱镠、钱俶批牍合卷

闽政权的继承者都崇信道教巫术，他们大兴土木，除了盖宫殿外，还营造了许多工程浩大的道观。费用不足，便公开卖官鬻爵，横征暴敛。保大三年（945 年），闽为南唐所灭。

马殷在唐末占有潭（今湖南长沙）、衡（今湖南衡阳）诸州，被任为湖南节度使，进而占有桂管的梧、贺等州，后梁开平元年（907 年）被封为楚王，在长沙建宫殿，专制一方。马殷死后，诸子纷争，政刑紊乱。保大九年（951 年），南唐发兵灭楚。

唐朝末年，岭南东道节度使刘隐，逐渐平定那里的一些割据势力，以后，据有西自邕州（今广西南宁南）、东至潮州（今属广东）的岭南广大地区。后梁贞明三年（917 年），其弟刘䶮称帝，国号越，不久改称汉，史称南汉，都番禺（今广东广州）。刘䶮及其继承人都残暴荒淫，境内曾爆发张遇贤领导的农民起义。宋开宝四年（971 年），南汉为宋所灭。

开平元年（907 年），后梁大将高季兴被任为荆南节度使，驻守江陵。同光二年（924 年）后唐封他为南平王，所以荆南又称南平，荆南原有地八州（一作十州），唐末，多被邻道所占，高季兴割据后，南平仅占有荆（今湖北江陵）、归（今湖北秭归）、峡（今湖北宜昌）三州，在十国中最为弱小。其统治者只有向四周称帝各国称臣，求得赐予。建隆四年（963 年），南平为宋所灭。

十国中唯一在北方的国家是北汉。广顺元年（951 年），当郭威灭后汉称帝时，刘知远弟太原留守刘崇也占据河东十二州称帝，仍以汉为国号，史称北汉。北汉土瘠民贫，赋役繁重。统治者结辽为援，守境割据。太平兴国四年（979 年），宋兵攻克太原，北汉亡。

第二章 政治经济

一、势官地主成主流，政治制度新变化

1. 统治阶级的内部结构

东汉时期统治阶级的基本结构是豪强地主，三国时期的统治阶级也是以豪强地主为骨干，魏晋南北朝时期的统治阶级主要是以士族地主为骨干，唐朝以后士族势力开始衰落，尽管唐前期关陇士族集团在统治阶级当中占有一定的地位，但也只是士族政治的暂时反复。

安史之乱后，一大批出身于庶族和归化的藩将成为这一时期统治阶级的主流，称为势官地主阶层（宋代称为形势户）。五代十国时期统治阶级换成了一代新人，这个时期是一个藩镇称王称霸的时期，君主与藩镇没有明显的界限，各国的帝王大多出身于下层人士，将相大臣也大多出身寒微。也有一部分将相大臣为科举出身或旧士族余孽，但他们都要依附于那些新起的贵族。正如《旧五代史·安重荣传》记载："天

五代十国兽首

子，兵强马壮者为之，宁有种耶。”

五代十国时期势官地主具有以下特点：

（1）文化素质低，不重视礼乐，崇尚武力，轻视文人。《旧五代史·史弘肇传》记载：“安朝廷，定祸乱，直需长枪大剑，至如毛锥子，焉足用哉。”

（2）不受儒家封建伦理观念的束缚，不相信君权神授，只相信武力势力。

2. 枢密使

唐中叶以后，宦官专权，神策军两护军中尉与两枢密使号称“四贵”，往往侵夺相权，威逼皇帝。唐亡前夕，朱温诛戮宦官，开始用朝臣充任枢密使。后梁初，曾改为崇政院使，后唐恢复旧名。以后，除后晋曾短期废置外，历朝相沿设置。枢密使通常由皇帝最亲信的臣僚充当，又大多为武将，皇帝经常与其商议军国大事，有时由枢密院直接下令任免藩镇。其时，同中书门下平章事虽居宰相之位，但枢密使的权势凌驾于宰相之上（宰相有时也兼任枢密使）。由于战事频繁，因此，军事机要成为枢密院的主要职司。宋代中书和枢密对掌文武二柄，就在五代开端。当时，其他政权大抵也都置有枢密使或相当于枢密使的官职。

3. 三司使

唐初，财务主要由户部下辖的户部、度支、金部、仓部四司分管。中唐以后，户部、度支、盐铁三司分管租税、财务收支和盐铁专卖、物资转运事务，常由非户部的官员分别以判、知或使的名义分管。唐昭宗在位时，以宰相崔胤兼领三司使，才开始出现三司使的官名。后唐曾设置租庸使，管辖三司，又曾命大臣一人判三司事，最后正式设置三司使和副使的专职，掌管中央财务。地方财政也听从三司指挥。以后历朝相承不废，北宋前期三司理财的体制也是沿袭五代的。

4. 削弱节度使权力

五代十国的建国者多是唐末的节度使，他们能建立政权是因为手中拥有强大兵力。因此在建国以后，为了巩固统治，他们都设法削弱地方实力。

长期称雄的河北诸镇在后梁、后唐之际被制服以至被消灭，就是因为自后梁始，禁军开始强化。禁军除了用以捍卫京师和皇宫外，还被派驻各地，借以牵制和削弱藩镇的实力。朝廷还频繁调动节度使，更换其驻地，以防止他们长期占据一方，形成割据势力。后唐以后，节度使往往兼其他职务，有的因此不能亲临镇所。一些地广兵强的藩镇，也由于地域被一再分割，势力大为削弱。藩帅在本辖区内任命刺史、县令的权力，逐渐被收归中央；对他们举荐、使用幕僚，也有不少限制。后蜀还曾罢除重臣的节度使兼职。当然，这些措施并没有在各地全部实行，君弱臣强的局面未能根本改观，骄兵逐帅、帅强叛上的情况依然存在。后晋成德节度使安重荣就公开说："今世天子，兵强马壮则为之耳。"但就节度使本身而言，通过以上的削藩措施，它的实力已比唐代减弱。

二、经济重心初南移，农工商业新发展

1. 社会经济结构的变化

魏晋时期士族地主阶级的大庄园经济占支配地位（自给自足，商品经济不发达），唐代前期出现了大量自耕农，随着均田制与租庸调制的破坏，大批庶族地主涌现，使普通地主土地所有制得到了很大的发展，五代十国时期继续了这种趋势。五代十国时期农民的人身依附关系大大减轻，农民承受的超经济压迫相对减少。五代十国时期的经济结构与唐代最大的不同就在于商业交易和商品经济与以往相比有了较大的发展。

五代十国鎏金铜铺首

五代十国时期经济结构有以下几个特点：

（1）南方农业商品化扩大。五代十国时期出现了专业的商品化生产，粮食、茶叶、蚕种、水果、药材、纺织品等商品贸易频繁。

（2）地方性小市场扩大。草市的发展促进了城市的形成与发展。

（3）海上交通和对外贸易有所发展。五代十国时期主要的海外贸易港口有泉州、广州、杭州、温州、明州、莱州、登州。五代十国时期对外贸易的主要商品有瓷器、茶叶、铁器、丝绸。

（4）商品经济观念的转变。

相比于前代的重农抑商，五代十国的统治阶级开始重视商业，许多官员开始从事商业,促进商业发展。南平以商品贸易立国,通过商税维持政权。五代十国时期商业观念的转变为宋代经济繁荣奠定了基础。

2. 南方农业经济的发展

唐末以来，南方虽也不免遭到战争的破坏，但在十国时期，相对华北而言，南方的重大战事较少，政局也比较安定，有利于社会经济的恢复和发展。

自汉魏六朝以来，成都平原和太湖流域社会经济持续发展。蜀地富庶，前、后蜀时内部相对稳定，又注意兴修水利，“广事耕垦”。褒中一带还兴办了屯田，农业生产比较发达。

吴、南唐、吴越所在的长江中下游地区，大批荒地得到了开垦。吴越在浙东沿海修筑了捍海石塘，以防海潮侵袭；又募民开垦荒田，免征田税，使钱塘成为东南的富庶地区。

南方各国多注意水利建设，对农业生产有利。蚕桑丝织业比以往有了很大发展。过去，福建地区生产落后。唐末，王氏兄弟进据以后，注意保境息民，宽刑薄赋，劝民农桑，进一步发展茶叶生产，又奖励海上贸易，使福建经济面貌大为改观。

自东晋南朝以来，湘江中下游地区的生产已有一定发展。马殷进据湖

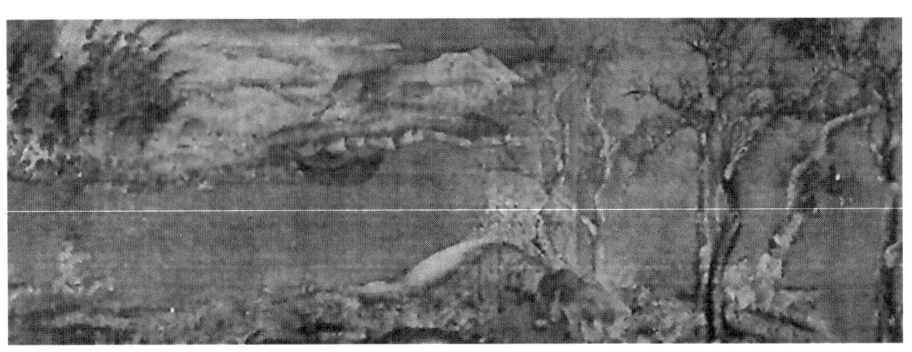

五代赵幹《江行初雪图》

南后，对湘中、湘西的开发又取得新的成就，粮食产量显著增加，茶业也有一定的发展。楚国令百姓植桑养蚕充作赋税，又开始种植棉花。

唐末，北方大乱，不少人“以岭外最远，可以避地”，迁至南汉统治地区。“五十年来，岭表无事”，长期安定的环境有利于发展生产，府库逐渐充实。在中国，州县的设置常和所在地区人口的增加、生产的发展密切相关。《太平寰宇记》所载五代十国时期全国新置 59 县，绝大部分是在南方，如蜀置 5 县，吴越设 5 县，闽增设 13 县，南唐新置 26 县（其中有 18 县在今江西境内）。北宋统一南北时，原后周和北汉所在的华北地区约 100 万户，而南方九国所在地区已有 230 万户，这显示了南方农业经济已有长足的进步。

3. 工商业的新发展

诸国混战虽然严重破坏了社会经济，但社会生产并未中断。即使在华北地区，后梁建国初和后唐明宗在位时，都曾分别采取某些恢复生产的措施。后周时，手工业如纺织（丝织，麻织）、造纸、制茶、晒煮盐等生产也有所发展。瓷器制造和雕版印刷业的成就尤为突出，南方和北方都有精制的秘色瓷器，也都出现了雕版印刷。那时候，诸国林立，兵祸连年，商贸往来受到了严重影响。如蜀国法令规定：“不许奇货东出”；后周规定贩运食盐不得逾越漳河。但是，通商贸易、互通有无是大势所趋。华北需要的茶叶经常通过商人南来贩运，南方茶商的行踪也远至河南、河北，他们

五代十国壁画

贩卖茶叶，买回缯纩、战马。江南人所需的一部分食盐也依赖华北供应。北方诸国从契丹、回鹘、党项买马；蜀向西边各少数民族买马。南方的吴越、南唐、楚、南汉等国以进贡方式和北方进行贸易。吴越、闽国与北方的贸易主要是通过海路。那时，对外贸易也很兴旺，东自高丽、日本，西至大食，南及占城（今越南中南部）、三佛齐（今印度尼西亚苏门答腊岛南部），都有商业往来。明州、福州、泉州、广州都是外贸重要港口。吴越、吴国和南唐从海外输入“猛火油”使用，还从海道再输往契丹。

第三章 科技文化

五代十国时期的科技文化，上承唐朝之后，继续有一定的发展。

一、雕版印书传经典，江南巴蜀独领先

唐朝末年，雕版印书已经有了初步的发展。据当时人的记载，至少蜀中已有人印书出售。这些书多半是民间流通较广的佛经、历书、字书以及占梦、相宅一类书籍。五代时，印书的事业继续发展，江南和巴蜀两个地区印刷的书，种类繁多，最为突出。

这股潮流从民间开始，逐渐影响到社会上层。民间书肆开头印的都是佛经和日用各书。地主阶级知识分子读的儒家经籍，主要还是亲自或请人抄写。这种情形，对于文化的流传和书籍的保存，都有很大的不利。

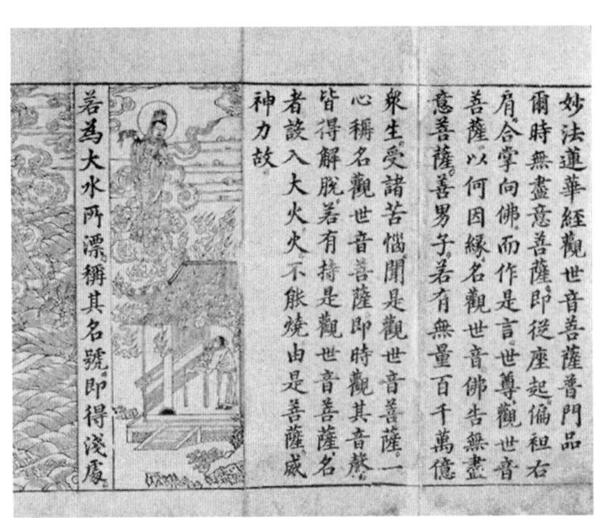
妙法蓮華經觀世音菩薩普門品
爾時無盡意菩薩即從座起偏袒右
肩合掌向佛而作是言世尊觀世音
菩薩以何因緣名觀世音佛告無盡
意菩薩善男子若有無量百千萬億
衆生受諸苦惱聞是觀世音菩薩一
心稱名觀世音菩薩即時觀其音聲
皆得解脫若有持是觀世音菩薩名
者設入大火火不能燒由是菩薩威
神力故
若為大水所漂稱其名號即得淺處

五代《妙法莲华经卷》

五代时候，这种情形有了改变。官场“不倒翁”冯道和后蜀宰相

毋昭裔对印行经籍的事业都有贡献。

后唐长兴三年（932 年），冯道请求根据唐朝石刻《九经》（唐以《三礼》《三传》《易》《书》《诗》合称《九经》），开成元年（836 年）完成的石经，实有十二经，除《九经》外，还有《孝经》《论语》《尔雅》，比后来所说《十三经》只少一部《孟子》，雕版印行。这项工程用了 20 年时间，直到后周广顺三年（953 年）六月全书刻成，因由国子监负责雕印，后来就叫作“监本”。

后蜀宰相毋昭裔刻的书比冯道要多，而且用的是私人的财力，他的功劳自然比冯道大。相传毋昭裔少年贫寒，向人借《文选》《初学记》，人家面有难色。他长叹道：“他年若能显达，愿刻版印此两书，以便学子。”后来他做了蜀相，果然不忘早年的心愿，出资雇佣工匠，刻成两书，又续刻《九经》等书。他还主持了刻蜀石经的工作，根据唐开成石经，命张德钊写字，孙逢吉、句中正校正，刻成十部（《孝经》《论语》《尔雅》《周易》《尚书》《周礼》《毛诗》《礼记》《仪礼》《左传》），放在成都学宫里面。他对刻书可谓全力以赴，是有志气的人。据说他刻书的时候，很多人笑他做傻事。后来宋人灭蜀，查明书板是毋氏私人所刻，承认了他家的产权，子孙靠印书卖钱，生活很富裕。照这一点来看，印行的数量应该不小。

毋、冯二人都是刻书的倡导者，真正刻书的是无名的工匠。五代蜀中的刻本，今天尚有留存。

当时刻书的事情自然不止这两件。后晋宰相、大诗人和凝曾把自己的集子刻了几百部送人。前蜀以诗画闻名的和尚贯休，他的诗集《禅月集》也有刻本。

但是，此时印书还不过是个开端，直到北宋中叶，刻本才完全代替抄本。

二、分庭抗礼五代词，名家辈出入“花间”

五代是词的一个重要发展时期。唐朝中叶的诗人白居易、刘禹锡等已经开始写词，然而至多只好算是“副业”。晚唐温庭筠并擅诗词，是很个

别的情形。到了五代，词的作家纷纷出现，词才能同古近体诗分庭抗礼。

词本来叫曲子词，在民间早已有了。敦煌发现的一批民间作品是最好的证明。这些作品语言质朴，感情真挚，可惜中间也不乏庸俗的东西。曲子词原是供歌妓乐工吟唱之用，内容瑕瑜互见，是理所当然的事情。

商品经济的发展，城市的繁荣，使歌妓乐工越来越活跃。封建官僚也往往蓄有歌妓侍女，命她们唱曲子取乐。这样，曲子词的创作逐渐繁荣起来，文人学士开头不过写来玩玩，后来才把它当作一种新的文学体裁。

1. 赵崇祚与《花间集》

巴蜀是词发达得最早最快的地区。蜀人赵崇祚编了一部《花间集》，收 18 家词 500 首。这 18 家，除温庭筠、皇甫松两位前辈及中原和凝、荆南孙光宪外，都是蜀人。这部书在中国文学史上有很重要的地位。它不仅使蜀中作者的词得以流传，而且形成了一个“花间派”，影响至为深远。

赵崇祚（生卒不详），字弘基，甘肃天水人。五代后蜀人，后蜀开国功臣赵廷隐之子。他编集的《花间集》，在敦煌曲子词发现之前，一直被认为是现存最早的词集。

《花间集》成书于后蜀广政三年（940 年），为《花间集》作序的是欧阳炯。作品的年代大概从唐开成元年（836 年）至欧阳炯作序的广政三年，大约有 1 个世纪。其中收得最多的是温庭筠，共 66 首，孙光宪共 61 首，顾夐共 55 首，韦庄共 47 首，最少的是鹿虔扆和尹鹗，人各 6 首。编者赵崇祚自己一首也没有，序者欧阳炯只有 17 首。这也可见选者赵崇祚的态度客观，毫无私心。

《花间集》得名于集中作品内容多写上层贵妇美人日常生活和装饰容貌，女人素以花比，写女人之媚的词集故称“花间”。这些词作都是文人贵族为歌台舞榭享乐生活需要而写。绮筵公子、绣幌佳人眉眼传情，当筵唱歌，辞藻极尽软媚香艳之能事。

《花间集》是我国第一部词集。花间派是我国第一个词派。《花间集》

内容上虽不无缺点，然而在词史上却是一块里程碑，标志着词体已正式登上文坛，要分香于诗国了。

《花间集》集中而典型地反映了我国早期词史上文人词创作的主体取向、审美情趣、体貌风格和艺术成就，真实地体现了早期词由民间状态向文人创作转换、发展过程的全貌。花间词规范了“词”的文学体裁和美学特征，最终确立了“词”的文学地位，并对宋元明清词人的创作产生了深远影响。

2. 韦庄

韦庄（约836—约910年），字端己，长安杜陵（今中国陕西省西安市附近）人。诗人、词人，五代时前蜀宰相。文昌右相韦待价七世孙、苏州刺史韦应物四世孙。

韦庄出身京兆韦氏东眷逍遥公房。早年屡试不第，直到乾宁元年（894年）年近60时方考取进士，任校书郎。李询为两川宣瑜和协使时，召韦庄为判官，奉使入蜀，归朝后升任左补阙。

光化二年（899年），韦庄除左补阙。在此期间主要干了与政局无关，却与历史文化传承相关的两件事。其一，在历史文化遗存上，与兄弟韦蔼合作编著《又玄集》，集中收录了“才子一百五十人，名诗三百首”，其中有妇女诗19家，不但为诗集收录女子诗开了先例，也给妇女对中华文化事业的奉献作了充分的肯定；其二，是为虽未通过或参加科考，但其作品和能力都有一定社会影响的历史人物，如李贺、贾岛、温庭筠、陆龟蒙等十人奏请，追赠为进士名誉或赠官。在这个问题上的重要意义有三：首先是体现了韦庄对当时科举中重试卷、轻能力弊病的纠正；其次是将选才仅以评判试卷为标准，扩大到与文化人能力相关的作品（当然包括质、量两方面）及社会影响上；最后，从选才目的上，由单方面为朝政负责，转向兼顾为考生个人发展着想。

天复元年（901年），韦庄入蜀为王建掌书记，自此终身仕蜀。天祐四

韦庄塑像

年(907年),韦庄劝王建称帝,任左散骑常侍,判中书门下事,定开国制度,举荐张道古等忠直文人。官终吏部侍郎兼平章事(宰相),卒谥“文靖”。宋代张唐英撰《蜀梼杌》曾高度评价:“不恃权,不行私,惟至公是守,此宰相之任也。”

韦庄工诗,与温庭筠同为“花间派”代表作家,并称“温韦”。其诗多以伤时、感旧、离情、怀古为主题;其律诗圆稳整赡、音调浏亮,绝句情致深婉、包蕴丰厚,发人深思;其词多写自身的生活体验和上层社会之冶游享乐生活及离情别绪,善用白描手法,词风清丽。有《浣花集》十卷,后人又辑其词作为《浣花词》。《全唐诗》录其诗316首。

韦庄的代表作是长篇叙事诗《秦妇吟》。此诗长达1666字,为现存唐诗中最长的一首。诗中通过一位从长安逃难出来的女子即“秦妇”的叙说,正面描写黄巢起义军攻占长安、称帝建国,与唐军反复争夺长安以及最后城中被围绝粮的情形。思想内容比较复杂,一方面对起义军的暴行多所暴露,另一方面在客观上也反映了义军掀天揭地的声威及统治阶级的仓皇失措和腐败无能;一方面揭露了唐军迫害人民的罪恶,另一方面又夹杂着对他们剿贼不力的谴责。它选择典型的情节和场面,运用铺叙而有层次的手法,来反映重大历史事件的复杂矛盾,布局谨严,脉络分明,标志着中国诗歌叙事艺术的发展。韦庄因此诗而被称为“秦妇吟秀才”。由于某种忌讳,韦庄晚年严禁子孙提及此诗,也未收入《浣花集》,以致长期失传。20世纪初始在敦煌石窟发现。《秦妇吟》反映了战乱中妇女的不幸遭遇，在当时颇负盛名，与《孔雀东南飞》《木兰诗》并称“乐府三绝”。

3. 欧阳炯

欧阳炯（896—971 年），益州华阳（今属四川成都市）人。五代诗人、词人。

他生于唐末，一生经历了整个五代时期。在前蜀，仕至中书舍人，国亡入洛为后唐秦州从事。后蜀开国，拜中书舍人、翰林学士承旨，66 岁时官至宰相。广政二十八年（965 年）后蜀亡国，入宋为翰林学士、左散骑常侍，以本官分司西京卒，时年 76 岁。

欧阳炯性情坦率放诞，生活俭素自守。他颇多才艺，精音律，通绘画，能文善诗，尤工小词。今存文 2 篇，见《全唐文》《唐文拾遗》；诗 5 首，见《全唐诗》《全唐诗外编》《全唐诗续拾》；词 47 首，见《花间集》《尊前集》。

欧阳炯曾拟作白居易《讽谏》诗 50 篇上孟昶，惜已不传。其长篇古诗《贯休应梦罗汉画歌》和《题景焕画应天寺壁天王歌》，内容充实，笔力苍劲又具有浪漫色彩，都堪称五代诗中佳作。

欧阳炯

欧阳炯的词也享有盛誉，影响广泛，《菩萨蛮》《更漏子》诸词都从巴蜀远播西北的敦煌。不过欧阳炯的词的风貌却与其诗有明显差异，多表现闺情，当其词笔一旦触及深有所感的内容时，还能写出《更漏子》“三十六宫秋夜永”那样的宫怨词和《江城子》“晚日金陵岸草平”那样旨

在揭示荒淫亡国的咏史佳作。

欧阳炯作词上承温庭筠，尤擅长委婉含蓄地表达女子情怀，如《献衷心》：

见好花颜色，争笑东风。双脸上，晚妆同。闭小楼深阁，春景重重。三五夜，偏有恨，月明中。

情未已，信曾通，满衣犹自染檀红。恨不如双燕，飞舞帘栊。春欲暮，残絮尽，柳条空。

如此间景间情，曲曲折折、层层深入地揭示人物惜春怨别的内心感受，在五代词中并不多见。

欧阳炯重视歌词的形式，也重视歌词的内容，只是他认为，曲子词主要是为上层社会游乐歌唱“用资羽盖之欢”的，词是艳曲，而文人词又不同于民间词。因此在词的传统上，他特别肯定和推重李白的《清平乐》和温庭筠的词，认为五代花间词正是这一传统的继承和发展。欧阳炯词论的这种主张有进步意义，也有局限，但它却代表着部分花间词人的看法，他们的创作实践也与此基本一致。

4. 李煜

南唐后主李煜是这一时期最重要的词人。晚唐五代的词大都是描写统治阶级的享乐生活，题材庸俗，境界狭窄，风格柔靡。花间派的作品就是这种风格的代表。李煜前期的作品也是如此，但他在国亡被俘以后写的词，或慨叹身世，或怀恋往昔，形象鲜明，语言生动，把伤感之情写得很深挚，突破了晚唐以来专写风花雪月、男女之情的窠臼，在内容和意境两方面都有创新，为北宋词的发展开拓了新的领域。

李煜（937—978年），字重光，号钟隐，别号莲峰居士。他是亡国之君，也是词坛魁首。

李煜精书法、工绘画、通音律，诗文均有一定造诣，尤以词的成就最高。李煜的词，继承了晚唐以来温庭筠、韦庄等花间派词人的传统，又受李璟、冯延巳等的影响，语言明快、形象生动、用情真挚，风格鲜明，其亡国后词作更是题材广阔，含义深沉，在晚唐五代词中别树一帜，对后世词坛影响深远。

李 煜

李煜不仅擅长诗词，在书画方面也颇有造诣。李煜曾考证过拨镫法的渊源,并总结为“擫、押、钩、揭、抵、拒、导、送”八种技艺。李煜擅长行书，多以颤笔行文，线条遒劲，有如寒松霜竹，世称“金错刀”；又喜写大字，以卷帛为笔，挥洒如意，世称“撮襟书”。李煜曾出示南唐秘府所藏的书法作品,命徐铉刻成《升元帖》,周密评为“法帖之祖”。画作上，李煜的竹，一一勾勒而成，自根至梢极小，很有特点，被称为“铁钩锁”。他所绘的林石、飞鸟，也都意境高远，远超常人。

三、西蜀南唐画院兴，山水花鸟名家众

五代时期，书法艺术虽承唐末之余绪，但因兵火战乱的影响，呈现出凋落衰败之象，基本上没有出现影响力较大的书法家。但五代的绘画，继唐代之后，却得到了空前的发展。五代宫廷设有画院，许多著名的画家都贤集于西蜀和南唐画院，创作繁荣，名家辈出。

五代的山水画，不但改变了隋唐时期“空勾无皴”的初级程式，并且有了皴法完备的山水派系。北方山水以荆浩、关仝为代表，风格伟岸坚凝，气势雄浑。南方山水则以董源、巨然为代表，线条绵延起伏，淡墨温润，“披麻皴”成为江南山水最主要的表现手段。

五代的花鸟画成就斐然，黄筌、黄居寀父子精细工整、敷色妍丽的画

风名重于时，成为皇家宫廷审美和画院品评花鸟画的标准。徐熙“落墨为格，杂彩副之”的体貌又标新立异，辉映一方。他们迥然有别的风格，被画史形象地誉为“黄家富贵，徐熙野逸”，成为后世工笔和写意花鸟两条脉系演变的根本基石。

五代的人物画家，主要集聚于南唐画院，周文矩以“颤笔描”写画人物，风格秀润清逸；顾闳中、王齐翰则精于传统，画格宛丽传神，人物栩栩如生。北方的人物画家胡瓌和西蜀僧人贯休则以画罗汉著名，作品皆有很高的水准。

1.“唐末之冠”荆浩

荆浩（约850—？），字浩然，沁水（今山西沁水）人。博通经史，并长于文章。中国五代后梁最具影响的山水画家，擅画山水，常携笔摹写山中古松。自称兼得吴道子用笔及项容用墨之长，创造水晕墨章的表现技法。亦工佛像，曾在汴京（今河南开封）双林院作有壁画。是中国山水画发展过程中具有重要影响的画家之一。

荆浩生于唐朝末年，大约卒于五代后唐（923—936年）年间。士大夫出身，后梁时期因避战乱，曾隐居于太行山洪谷，故自号“洪谷子”。荆浩不仅创造了笔墨并重的北派山水画，被后世尊为北方山水画派之祖，还为后人留下著名的山水画理论《笔法记》，以假托在神镇山遇一老翁，在互相问答中提出了气、韵、思、景、笔、墨的所谓绘景“六要”，是古代山水画理论中的经典之作，比更早时期南齐谢赫的“六法论”有所发展，具有更高的理论价值。

荆浩创山水笔墨并重论，擅画“云中山顶”，早已提出山水画也必须“形神兼备”“情景交融”，他的作品已被奉为宋画典范，只可惜留存于世的作品极少，且仅有的几幅画也尚存真伪之疑。

荆浩出生于河南济源。济源北倚太行，西望王屋两山，南临黄河，与古都洛阳相邻，历来文风颇盛。沁河由西北截太行而出，两岸峭壁如削，谷幽水长。荆浩故里位于今县城东北15里的谷堆头村，现存荆浩墓遗址。

唐乾符元年（874年）前后，荆浩由家乡来到开封，得同乡裴休的关照，曾为唐末小官。裴休任宰相五年，唐大中十年（856年）罢官，在开封遇到高僧圆绍，二人志同道合，圆绍就命他居住在开封夷门仓垣水南寺。后圆绍名声日显，又扩建成横跨夷门山的巨院，由唐僖宗亲自题赐院额曰“双林院”。荆浩曾为双林院这一重要禅院绘制壁画，足见他当时的画名。“尝于京师双林院画宝陀落伽山观自在菩萨一壁”，但此画未能留传。根据他后来在水墨山水画上的创造精神，可以断定，那是一幅人物与山水结合的水墨画。

五代荆浩《匡庐图》

荆浩兼擅人物还有其他例证。现存他的《匡庐图》中，就有几个细小而动态极佳的点景人物。《宣和画谱》中，也记载他曾画有人物繁多的《山阴宴兰亭图》三幅、《楚襄王遇神女图》四幅。清代李佐贤《书画鉴影》著录了荆浩的《钟离访道图》:“山林墨笔，人物着色，兼工带写。”并记述画中钟离作举手问讯状，将士伫立状，对岸真人傍虎而行及童子回顾指示状等，描绘得十分生动。

荆浩在五代后梁时期，因政局多变，退隐不仕，开始了“隐于太行山之洪谷”的生涯，自号洪谷子。

荆浩对中国山水画的发展作出过重要贡献，将唐代出现的“水晕墨章”画法进一步推向成熟。历代评论家对他的艺术成就极为推崇，元代汤垕在《画鉴》中将其称为“唐末之冠”。

2.“水墨淡彩”徐熙

五代徐熙《玉堂富贵图》

徐熙（生卒年不详），钟陵（今江西进贤）人。出身江南望族，一生不为官，人称“江南布衣”,“以高雅自任”,“志节高迈，放达不羁”。

徐熙所处的社会地位、志趣、识度，使他被排挤在画院之外。他画花木、禽鱼、蝉蝶、蔬果，多取田野自然景象为题材，描写“门花野竹、水鸟渊鱼”,“蔬菜茎苗”，而不喜欢画名花珍禽。画法则自创“落墨”法，独树一帜，达到了色墨相融、浑然一体的效果，是后世花鸟画广泛运用的“水墨淡彩”的先驱，预示着文人画艺术思潮在花鸟画领域里的兴起，给画坛带来清新的气息，被称为“徐熙野逸”。徐熙的真迹今已不存，仅有《雏鸽药苗图》，为后人摹本。

3.“黄家富贵”黄筌

黄筌（约903—965年），字要叔，成都（今四川成都）人。他少时即聪慧过人，13岁从刁光胤学画，17岁为后蜀翰林图画院待诏，“权院事，授紫金袋”。北宋初转入宋代画院，被授为太子左赞善大夫。他的一生，都是在皇家画院中度过，接触的都是皇帝御苑里的珍禽异兽、名花奇石，作品都是按皇帝的旨意进行创作。他的花鸟画工整细丽，妙于写生，造型准确，颇能乱真。这种画风，适应了宫廷贵族的审美要求，有“黄家富贵”之称，被宋代画院奉为花鸟画的标准，不仅盛行于宋初，而且影响久远。黄筌的传世

黄筌《写生珍禽图》

作品有《写生珍禽图卷》，画面不大，却勾勒精细，神态毕现，情趣盎然。明代文征明说："自古写生家无逾黄筌，为能画其神，悉其情也。"

4. "古今第一"李成

李成（919—967年），字咸熙。唐代宗室。在北宋初年的画坛，享有极高的地位。《宣和画谱》称他为"古今第一"，《圣朝名画评》将他的画列为"神品"，并说："精通造化，笔尽意在，扫千里于咫尺，写万趣于指下。"李成笔下的山水泽薮，得平远险易之境，且"惜墨如金"，体现了他对墨的理解和重视。李成擅长画树，尤善于画枯梢老槎和挺拔的枯树，"干挺可为梁栋，枝茂凄然生阴"。他画山也风格独特，"骨干"突显，给人以"气象萧疏，烟林清旷"之感。李成的传世作品极少，传其所作的有《读碑窠石图》《小寒林图》和《雪山行旅图》等。

5. "关家山水"关仝

关仝（约907—960年），陕西长安人。早年师法荆浩，后自成一家，成就超过其师，被称为"关家山水"，在画史上与荆浩并称"荆关"。他喜

李成《读碑窠石图》

画秋山寒林、村居野渡、关山萧寺、幽人逸士，在山水画中注入更多的抒情因素，使观者大有身临其境之感。他的笔力劲利，达到“笔愈简而气愈壮，景愈少而意愈长”的意境。他的山水画构图以巍峨、雄奇、深远见长，而且富于变化。现存《山溪待渡图》《关山行旅图》，都可代表他的绘画风格。

6.“平淡天真”董源

董源（？—约 962 年），五代南唐画家。其名亦作元，字叔达。中主时任北苑副使，世称“董北苑”。钟陵（今江西进贤西北）人。擅画山水，兼工人物、牛、虎。山水初师荆浩，笔力沉雄、重峦绝壁，使人观而壮之。后以江南真山实景为本，喜用水墨，间施淡赭，亦作青绿。皴法状如麻皮，后人名为“披麻皴”。山头苔点细密，水色江天，云雾显晦，峰峦出没，林霏烟云，汀渚溪桥，率多

关仝《关山行旅图》

真意，得山之神气。米芾《画史》谓其画："平淡天真多，唐无此品，近世神品，格高无与比也。"与其传人巨然，并称"董巨"，为江南山水画派的创立者。兼工人物，能夺情态姿貌之真，画水龙，自有喜怒变化之状。存世作品有《潇湘图》《夏山图》《夏景山口待渡图》等。

董源《夏山图》

7. **"刚古端严"范宽**

范宽（950—1032 年），陕西铜川耀州区人。早年学荆浩、关仝，继受李成影响。长期居住在太华、终南诸山，"对景造意，不取繁饰，写山真骨，自成一家"，创造出与荆浩、关仝、李成不同的山水画样式，以"刚古端严"著称。范宽生性狂放，"仪状峭古，进止疏野，性嗜酒好道"。他笔下的巨石往往突兀峭挺，"一山一形似争长，一石一态如布军"，落墨"疾起信手驱风云"，"笔运而气摄之"。他的画大多大图阔幅、丰满宽远、气势逼人，借景中之"趣"以阐发画"思"画"意"。王诜曾将李成与范宽比作"一文一武"。传世作品有《溪山行旅图》《雪山萧寺图》等。

范宽《溪山行旅图》

8.“水边作蒲”巨然

巨然（生卒年不详），五代宋初画家。江宁（治今江苏南京）人。初为开元寺僧，入宋后至汴京，住开宝寺。曾画烟岚晓景于学士院壁，当时称绝。其山水画师法董源，善用长披麻皴写山，幽淡峭拔，山顶多作矾头，林麓间多为卵石，松柏草竹交相掩映，幽溪细路，屈曲萦带。喜以破笔焦墨为苔点，又常于水边作蒲草。与董源并称“董巨”。存世作品有《山居图》《秋山问道图》《层岩丛树图》等。

巨然《秋山问道图》

第二编

五代风云

唐朝实行的是藩镇制度，唐朝前期的时候还好，但是到了末年朝廷无能藩镇割据，导致各地的军阀势力不断扩大，最后唐朝支撑了 150 年就垮下去了！大唐这个最大的障碍垮掉以后，各地的藩镇节度使的机会就来了，于是他们觉得自己从上到下都是被圣光笼罩，像是受到神圣的指引，于是纷纷宣布独立，开始建立自己的政权，于是就出现了五个最具代表性的朝代即：梁、唐、晋、汉、周，这五个朝代在当时是最具影响的，但是朝代太多后世为了和以前的朝代进行区分，所以在每个朝代的前面都加了一个后，这就是五代。

第一章 后梁风云

后梁（907—923 年），是五代的第一个朝代。907 年，梁王朱温篡唐称帝，国号梁，史称后梁，唐朝正式覆灭，中国历史进入五代十国时期。后梁实行两京制，东都开封（今河南开封），西都洛阳（今河南洛阳）。盛时疆域约为今河南、山东两省，陕西、湖北的大部以及河北、安徽、江苏、山西、甘肃、宁夏、辽宁的一部分。923 年为后唐所灭。共历 3 帝，共 17 年。

一、义军骁将猛朱温，叛齐降唐名全忠

后梁太祖朱温（852—912 年），宋州砀山（今安徽砀山县）人。五代时期梁朝第一位皇帝，开平元年（907 年）到乾化二年（912 年）。唐僖宗赐名“朱全忠”，即位后改名朱晃。

朱温出生于一个破落的小地主家庭，长兄朱全昱，二兄朱存，朱温排行三。他的父亲朱诚早死，家产荡尽，朱温便随母到萧县地主刘崇家为牧猪佣工。朱温长大成人后，不从事生产，以豪雄英勇自许，乡里人多数对他很反感，刘崇同样不喜欢他，只有刘崇的母亲善待他。

唐僖宗乾符年间，山东地区连年饥荒，成群的盗贼呼啸相聚，黄巢趁机崛起于曹州、濮州地区，饥民们自愿追随他的共有数万人之多。乾符四年（877 年），朱温与二兄朱存辞别刘崇家，一起投入黄巢军中。黄巢军转战岭南时，朱存战死，朱温则因功补为队长。

朱 温

广明元年（880年）十二月五日，黄巢起义军攻陷唐都长安，唐僖宗逃往成都。黄巢派遣朱温领兵驻扎在东渭桥。这时，唐将诸葛爽率领工北行营的兵马驻扎在栎阳（今陕西西安阎良区武屯镇），黄巢派朱温去招安诸葛爽，诸葛爽被朱温说服，归降黄巢。

中和元年（881年）二月，朱温被任为东南面行营都虞候，受命攻占邓州（今河南邓州），俘虏刺史赵戒，阻扼了由荆襄地区北攻的唐军，稳定了新建的“大齐”政权东南面的局势。六月，朱温返回长安时，黄巢亲自到灞上劳军。七月，又把朱温调到长安西面的兴平（今陕西咸阳兴平），抗击从邠（今彬县）、岐（今凤翔南）、鄜（今富县）、夏（今靖边北）等州调集的唐军。八月，鄜延节度使李孝昌、夏州节度使李思恭驻扎在东渭桥（位于今陕西西安高陵），黄巢派朱温前去抵御。九月，朱温在东渭桥一带大败唐将李思恭、李孝昌等军。十一月，孟楷、朱温乘胜在富平大破鄜州李孝昌、夏州李思恭的兵马，二李溃不成军，逃回了原来的藩镇。

中和二年（882年）二月，黄巢任命朱温为同州（今陕西渭南大荔县）防御使，让朱温自行攻取。朱温从丹州（今陕西宜川）领兵南下，很快攻克同州，同州刺史米诚逃奔河中。当时河中节度使王重荣屯扎了数万军队，纠合其他藩镇，计划收复同州。朱温与王重荣在河中交战，王重荣挑选精锐甲士三万人攻打朱温，朱温大惧，将舟船全部凿沉在河中。

朱温被王重荣击败后向黄巢请求支援，进上十次表章，均被黄巢的左军使孟楷隐报。又听说黄巢军队势力窘迫困厄，将帅大多军心涣散，他的

亲信将领胡真、谢瞳劝他反正降唐，朱温推知黄巢起义军必将失败，于是有投降唐朝的准备。

中和二年(882年)九月,朱温同身旁心腹计议,杀了黄巢的监军使严实,率领全同州军民投降王重荣。杨复光想要斩杀朱温，王重荣阻止说:“如今招降黄巢兵马，投降的一律赦免，况且朱温此人骁勇可用，杀了他怕是不祥。”朱温认王重荣为舅父，王铎遵守诏令以朱温为同华节度使。王重荣当天就赶快写成奏章上报朝廷。唐僖宗在蜀郡看到奏章就高兴地说:“这是上天赐给我的上将啊！”下诏授给朱温左金吾卫大将军的官职，担任河中行营副招讨使，又赐名“朱全忠”。从此朱温统率他的旧部以及河中的兵士一起行动，所到之处战无不克。

中和三年（883年）二月，唐朝廷任朱温为汴州刺史、宣武军节度使，要等到唐军收复京城后赴任。于是朱温加紧与各路唐军围攻长安。四月，黄巢退出长安，由蓝田关（今蓝田境）东出，攻入蔡州（今河南汝南），唐蔡州节度使秦宗权投降，于是进围陈州（今河南淮阳）。

二、解围陈州平蔡州，平定郓兖攻凤翔

中和三年（883年）七月，朱温进入汴州上任节度使，朱温这时32岁。从此，汴州（宣武军）成为他的大本营。当时汴、宋等地饥民遍野，官民所用物资都穷尽，内外兵马骄横难以压制，面临着内外危机，而朱温的兵势却日益增加。当时蔡州刺史秦宗权同黄巢余党纠合，一同包围陈州。唐僖宗下诏书，因为黄巢未平，加朱温为东北面都招讨使，去支援陈州。

中和四年（884年）春天，当时黄巢的兵势还非常强，周岌、时溥、朱温等难以独自抵挡，一起求救于河东节度使李克用。朱温在瓦子寨袭击黄巢的部队，攻下了瓦子寨；黄巢的大将李唐宾、楚丘王虔裕投降了朱温。当时，陈州四面有很多黄巢残余的部队，朱温分兵扑灭包围陈州的黄巢军队，经历大小40次战斗。四月，朱温军队攻下西华寨，黄巢大将黄思邺

只剩下一人骑马逃奔陈州。朱温乘胜追击，鼓噪而进。黄巢的军队退走，朱温攻入陈州。因为陈州刺史赵犨很感激朱温，到他马前迎接，继而归附于他。不久听说黄巢余党还在陈州北面的故阳垒，朱温就直接回到汴州。

朱 温

这时河东节度使李克用奉唐僖宗诏令，统率骑兵数千人马共同图谋消灭黄巢，与朱温会合在中牟的北面的王满渡与黄巢的军队开战，等黄巢的军队渡河一半的时候袭击他，最后大败黄巢，杀死黄巢军一万多人，黄巢残部很快束手投降。大将霍存、葛从周、张归厚、张归霸等人也都跪倒在朱温的马前，朱温赦免了他们的罪行并收容了他们。

中和四年（884 年）五月十四日，朱温和李克用的军队回到汴州，李克用被安置在上源驿客馆里。接着朱温大摆宴席犒劳他，李克用乘酒醉大发脾气，惹怒了朱温。这天晚上，朱温命令士兵火攻李克用的住地。恰好碰上大雨，雷电交加，李克用趁着雷电光翻墙逃去，只杀死他的部下百余人。李克用到达军中后，向唐僖宗诉讼此事，请求对朱温用兵，唐僖宗从中调和，加封李克用为陇西郡王来安抚他，没有治朱温的罪。

中和四年（884 年）六月，陈州百姓为感谢朱温解陈州之围，为朱温修建了生前受祭的祠堂。同年，黄巢兵败逃去狼虎谷（今山东莱芜西南）身死，蔡州秦宗权接替黄巢的位置。秦宗权纵兵四出，侵犯周围的藩镇。朱温被秦宗权所攻，情势十分危急，朱温向天平节度使朱瑄求援，朱瑄派他的从弟朱瑾带兵去营救朱温，在合乡击败秦宗权。朱温十分感激朱瑄，

与朱瑄结拜为兄弟。九月二日，唐僖宗就地加封朱温为检校司徒、同平章事，封为沛郡侯，食邑 1000 户。

光启元年（885 年）春天，秦宗权部抢夺亳州、颍州，朱温率领军队前去救助，到达焦夷，与秦宗权部交战，杀死敌军数千人，活捉敌将殷铁林，砍下他的头颅悬挂城门警示就返回了。三月，唐僖宗从蜀地回到长安，改元为光启。四月十四日，又加封朱温为检校太保，将食邑增加到 1500 户。十二月，河中、太原的敌军逼近长安，唐僖宗离开长安抵达凤翔。

光启二年（886 年）春天，秦宗权部更加猖狂。当时唐朝皇室势力微弱，许多道和州的军队不听皇室的指挥，所以秦宗权得以横行为害，接连攻陷汝、洛、怀、孟、唐、邓、许、郑等州，方圆几千里，几乎断绝了人烟，只有宋、亳、滑、颍等州仅能闭关自守而已。朱温多次出兵与他们交战，但是有时胜利有时失败，百姓惶恐朱温战败，使他们遭到掠杀。三月一日，唐僖宗颁布诏令封朱温为沛郡王。同时，滑州义成军节度使安师儒因部下叛乱而被推翻，牙将张骁自任为滑州留后。朱温于是遣朱珍、李唐宾征讨，随即攻取下滑州，任命胡真为滑州留后。同月，唐僖宗御驾移到兴元府。十二月，唐僖宗颁布诏令加封朱温为检校太傅，改封为吴兴郡王，食邑 3000 户。

光启三年（887 年）春二月一日，朱温按照诏命以朱珍为淄州刺史，派他到东道招募兵士。10 天之内，应募的有 1 万多人。四月八日，回到汴州，朱温高兴地说："我的大事可以成了。"这时，蔡州秦宗权的部将张晊屯扎在北郊，秦贤屯扎在版桥，各自都有几十万人，树起的栅栏相连 20 里，军势非常强盛。朱温对诸位将领说："他们正在养精蓄锐以等待时机，一定会来进攻我们。况且秦宗权估计我们兵力少，又不知道朱珍已经来到，以为我们害怕，只能坚守阵地而已。不如现在出其不意，先发制人。"于是亲自领兵进攻秦贤的营寨，将士们奋勇争先，秦贤果然没有防备，接连攻克四座营寨，杀死 1 万多人，当时人们都以为有天神在暗中相助。二十七日，秦宗权将领卢瑭带领一万多人在圃田北面的万胜戍沿汴水两岸扎营，跨河面建起桥梁，以控制河运道路。朱温挑选精兵锐卒去袭击他。这时正好下起了大雾，朱温部队到达卢军营垒的时候才被发现，于是闯入卢军军营掩杀，卢军投水而死的人非常多，卢瑭也投河自尽。秦宗权在河南的诸多部队接连战败，不敢再贸然进击。

五月三日，朱温从酸枣门出兵，从清晨到中午，与秦宗权军短兵相接，大败秦宗权，追杀 20 多里，死尸堆积。秦宗权对这次的失败感到羞耻难当，因此更加暴虐，于是从郑州亲自带领几位将领突袭，径直奔入张晊军营中。五月八日，朱温在兖、郓、滑州的军队都赶来增援，在汴水岸边摆开阵势，大军武器精良，十分雄壮，旌旗蔽日，非常壮观。秦宗权看到朱温大军的军容，不敢出军营一步。第二天，朱温指挥各路军队，一齐进攻秦宗权军营，从清晨 4 时到下午 4 时，杀敌 2 万多人。到夜晚收兵，获得数不清的牛马、辎重物品、武器铠甲和俘虏。当夜秦宗权、张晊偷偷逃走，天快亮时追捕他们，追到阳武桥便回来了。秦宗权在与朱温的几次交战中，都以失败告终。因为自己的兵力是朱温的数倍，却屡屡败给朱温，心中愤怒不已。败退至郑州时，屠杀城内的百姓，掠夺城内的房屋，许久才离开。接着又把兵力分散在陕、洛、孟、怀、许、汝等州，占据那里。因为手下的士卒恐惧朱温，以至于朱温率军队到达时，守城的人都弃城逃走。

文德元年（888 年）三月三日，唐昭宗即位。龙纪元年（889 年）二月，秦宗权的部下申丛变节，打断秦宗权的双腿，并把他囚禁起来，遣使向朱温报告。朱温当天接受诏令任申丛为淮西留后官。不久，申丛又被部将郭璠杀害。同月，郭璠押解秦宗权前来献给朱温，朱温派人用囚车将秦宗权押解到长安。到达长安后，唐昭宗前往延喜楼接受俘虏，立即在一棵独柳树下面将秦宗权斩首。蔡州平定。唐昭宗诏令增加朱温邑实封 100 户，赐给庄园和住宅各 1 处。三月，又加封朱温为检校太尉、兼任中书令，进封为东平王，以奖赏平定蔡州的功劳。

唐昭宗

朱温在抵御秦宗权时，郓州朱瑄、兖州朱瑾都领兵来救援。到秦宗权被击败，朱温因为朱瑄、朱瑾与自己同姓，又对自己出过力，都送给厚礼让他们回去。朱瑄、朱瑾因为朱温的军士们勇敢强悍，偷偷地在曹州和濮州的边界上悬赏重金布帛来招诱他们，军士们为了财货之利而离开的人很多，朱温立即传送檄文去谴责他们，朱瑄的回话很无礼，朱温与他们的矛盾便因此产生了。

景福元年（892 年）二月三日，朱温亲征郓州，先派遣朱友裕在斗门屯驻军队。九日，朱友裕驻扎在衢南，这天晚上，朱瑄率领 1 万步兵、骑兵在斗门击败朱友裕，朱友裕向南方撤退。十日，朱温于早晨援救斗门，不知道朱友裕已经撤走，先到斗门的人都被郓州兵所杀。朱温追赶郓州兵，没有追上，于是在村落间暂时停驻军队。这时朱瑄还在同州。十二日，朱温率领军队返回郓州，遭到朱瑄部队的攻击，朱温驾马向南奔逃，摆脱了敌军的追击。

乾宁元年（894 年）二月，朱温亲自率领大军从郓州东路向北到达鱼山。朱瑄侦察到后，同样领兵直奔鱼山。两军在此地相遇，立即展开激战。朱瑄兵败，被杀死 1 万多人，残兵拥挤着进入清河城，朱温在鱼山下收聚敌尸筑起高大的坟墓以记战功，驻军几天后返回。

乾宁二年（895 年）正月二十九日，朱温派朱友恭率领军队攻伐兖州，挖成堑壕围住兖城。不久，朱瑄从郓州率领步卒骑兵运送支援的粮食想进入兖州，朱友恭埋下伏兵击败了他们，在高吴将他们的军粮全部夺过来，趁机俘虏了蕃将安福顺、安福庆。

乾宁二年（895 年）十一月，朱瑄派部将贺瑰、柳存以及蕃将何怀宝等 1 万多人袭击曹州，想解除兖州的围困。朱温闻讯后，从兖州带领军队策马飞奔到巨野南边，击败了他们，活捉贺瑰、柳存、何怀宝及残余 3000 多人。

乾宁四年（897 年）正月，朱温率领洹水的军队大举攻伐郓州。十五日，在济水旁边安营扎寨，庞师古命令诸将撤下各种树木搭起桥梁。十九日夜晚，庞师古率领中军先渡过济水，呐喊声震撼郓城，朱瑄听到后，弃城夜逃。葛从周追到中都北面，抓住了朱瑄和他的妻子儿女献上，立即被诛杀在汴桥下面。郓州平定。二十三日，朱温进入郓城，任命朱友裕为郓州兵马留后。这时朱温听说朱瑾与史俨儿在丰、沛一带搜括军粮，只留下康怀英据守兖州，朱温因而乘胜派遣葛从周带领大军袭击兖州。康怀英听说郓城失守，接着又有葛从周大军来临，就出城投降。朱瑾、史俨儿便逃奔淮南。郓州、兖州平定。以葛从周任兖州留后。

五代提梁壶

光化三年（900 年）十一月，宦官刘季述等幽禁唐昭宗，立太子李裕为帝。次年初，与朱温关系密切的宰相崔胤与护驾都头孙德昭等杀刘季述，昭宗复位，改年号为天复，进封朱温为东平王。此后，崔胤想借朱温之手杀宦官，而韩全诲等宦官则以凤翔（今属陕西）李茂贞、邠宁（今彬县、宁县）王行瑜等为外援。

同年十月，崔胤矫诏令朱温带

兵赴京师，朱温乘机率兵 7 万由河中攻取同州、华州（今华县），兵临长安近郊。韩全诲等劫持昭宗到凤翔投靠李茂贞。朱温追到凤翔城下，要求迎还唐昭宗。韩全诲矫诏令朱温返镇。天复二年（902 年），朱温在一度返回河中之后再次围攻凤翔，多次击败李茂贞。前来救助李茂贞的鄜坊节度使李周彝也被拦截而归降朱温。凤翔镇被围日久，城中食尽，冻饿死者不可胜计。

李茂贞被围无奈，于天复三年（903 年）正月杀韩全诲等 20 人，与朱温议和。朱温挟唐昭宗回长安，唐昭宗从此成了他的傀儡。唐昭宗也深知自己的境遇，他对朱温说："宗庙社稷是卿再造，朕与戚属是卿再生。"因此他对朱温唯命是从。不久，朱温杀第五可范等宦官 700 多人。唐代中期以来长期专权的宦官势力受到了彻底的打击。朱温则被任命为守太尉、兼中书令、宣武等军节度使、诸道兵马副元帅，进爵为梁王，并加赐"回天再造竭忠守正功臣"的荣誉头衔和御制《杨柳词》5 首。

三、唐末帝回天无力，杀二帝朱温代唐

唐昭宗李晔即位时，刚刚 22 岁，年轻有为，志向宏远。他喜欢读书写文章，尤其重视孔子创立的儒家学说。鉴于僖宗时朝廷软弱，国家多难，昭宗特别注意尊礼大臣，寻求治国之道，以便复兴王室，重整朝纲，号令天下。但是，随着时间的推移，昭宗越来越感到，他的这一愿望是根本不能实现的。

昭宗没有力量控制藩镇。他即位之后，多次考虑过藩镇割据问题。藩镇有兵、有钱、有地盘，他们互相吞并，彼此厮杀，从不把朝廷放在眼里。唐昭宗本来也没有力量削弱宦官势力。当初唐僖宗病死时，朝中大臣认为吉王李保最贤惠，年龄又稍大一些，可以继承帝位。但是，观军容使、宦官杨复恭却极力主张立寿王李晔。所以，昭宗即位正是宦官主立的结果。结果，宦官势力由此坐大。另外，昭宗也没有能力调和大臣和宦官的矛

盾。龙纪元年（889年）十一月，他在武德殿宿斋，准备祭祀圜丘，宰相和文武百官穿朝服站立大殿两旁，宦官杨复恭和另外三个枢密也穿朝服侍立在昭宗左右。对此，太常博士钱珝、李绰当即上奏，指出宦官穿朝服助祭，不合祖宗定下的规矩。结果，四个宦官不得不更换法服。这个问题虽然不算大，但恰恰反映了大臣和宦官之间的矛盾。至于河山残破，民不聊生，那更是昭宗无力解决的问题。昭宗即位以后，不止一次地收到大臣上奏，谈到民无耕织，千室之邑，不存一二，凶荒之年，人皆相食，丧乱之酷，实所未闻。就因为以上这些，随着时间的流逝，昭宗即位之初的雄心壮志逐渐消失了，而且，在动乱和重重矛盾之中，很快度过了十几个春秋。

光化三年（900年）十一月初五日，昭宗在皇宫中的苑囿里打猎，心情十分烦躁。当时，宰相崔胤和藩镇朱温相勾结，压制宦官势力；宦官为了摆脱不利局面，就和藩镇节度使李茂贞串通在一起，采取对抗措施。他们双方都把昭宗当成傀儡，这使昭宗感到十分不快。本来，昭宗想通过打猎消除烦愁，结果却使自己的心绪更加不宁。于是，他回到宫中，喝了许多酒，当天夜里，又乘着酒兴，杀死十几个小宦官和宫女，然后才昏昏睡去。十一月初六日，太阳已经升起很高，昭宗居住的宫门还没有打开。宦官刘季述便找到宰相崔胤说："宫中出了不寻常的事，当大臣的怎么能坐视不管？我们内臣可以方便行事。"说完，他率领禁军1000人打破宫门，闯入宫中，知道了事情的全部真相。刘季述看到宦官和宫人被杀，十分气恼，便又找到朝廷大臣，对他们说："皇上所作所为，不像人君的样子。废昏立明，在宫中过

后梁铅质开元通宝小平钱

去有过先例。这关系到国家大事，不能说是逆乱。”随后，刘季述把所有的文武官员召到宫中，把情况又说了一遍，并让每个人签名画押。崔胤没有别的办法，当时也签了字。刘季述、王仲先等宦官和汴州（今河南省开封市）进奏官程等 13 人核对一遍之后，就带领禁军冲进宣化门，来到思政殿，逢人便杀，直杀到乞巧楼下。昭宗猛然看见持枪拿刀的兵士们冲了进来，吓得从床上滚落在地，拔腿就跑。刘季述、王仲先把昭宗拉回床上，强迫他坐下，随即拿出百官们的签名说：“皇上懒于理政，致使上下人心都希望太子监国。请您到东宫休养去吧。”昭宗辩解说：“我只不过是昨天晚上喝得多了些，何必这样呢？”昭宗的皇后何氏生怕发生意外，赶忙上前劝阻：“皇上您就依了他们吧。”随后她转身取出皇帝玉玺交给刘季述。刘季述让昭宗和皇后何氏共乘一辇，还有其他嫔妃以及平时常在身边的十几个宫人前往东宫。当昭宗到达东宫时，刘季述手拿扣杖，在昭宗面前一边戳地一边斥责说：什么时候什么事，你还没有依从我，这是一个罪状，什么时候又是什么事，你还没依我，这又是一个罪状，表情十分凶恶，态度极为蛮横。昭宗只好默不作声。刘季述说完，亲自动手把院门锁好，只留一个窗口，用来递送食物。就这样，昭宗和他的嫔妃们被幽禁在东宫。当时已是寒冬时节，北风凛冽，昭宗的嫔妃和宫人没有被子，她们在凄苦的寒夜中冻得大哭，哭声传到了后宫的各个角落。这种状况整整持续了两个月。刘季述幽禁昭宗以后，又矫诏皇太子李裕即皇帝位。为了缓和与文武百官的矛盾，刘季述还假传圣旨，收买人心，对文武百官和藩镇加爵进秩，赐百官银 1500 两，绢千匹，锦万两。

宰相崔胤看到宦官刘季述残害昭宗，心里十分不安。当时朱温在定州行营，崔胤便和左仆射张浚前往告难，并请求朱温发兵长安，向宦官问罪。于是，朱温从定州赶回大梁（今河南开封），派护驾盐州都将孙德昭、周承诲、董彦弼率兵攻打刘季述、王仲先。十二月二十九日，孙德昭率将士埋伏在长安安福门。天亮后，王仲先乘肩舆上朝，孙德昭立即把他劫住，并带到东宫门外杀死，然后叩击少阳院的门，大声喊道："逆贼已被杀死了，请皇上出来慰谕兵士！"昭宗听后，疑而不信。何皇后说："可把贼人的首级献上。"孙德昭便把王仲先的脑袋扔进了东宫院中。昭宗这才相信，命宫人砸坏院门，随之离开东宫，到长乐门楼会见群臣。这时，周承诲已到神策左军捉住刘季述，并把他押到长乐门楼前。在此之前，崔胤已命令京兆尹郑元规集合许多人，个个手拿大棒准备着。所以，当昭宗审问刘季述还没有结束时，众人手持木棒，一齐向前，把刘季述乱棍打死了。神策军中刘季述的死党也有几十人同时被打死。昭宗随后颁布诏旨：刘季述等灭掉三族，皇太子李裕仍为德王，退住东宫，孙德昭为检校司空，充静海军节度使，周承诲为邕州刺史，董彦弼为容州刺史，宰相崔胤进位司空。这以后，昭宗对崔胤非常信任，甚至在召见他的时候，也不称名姓，只叫字号。

宦官对昭宗亲近崔胤非常恐慌。正巧，天复元年（901 年）二月，朱温占领了河中，声势大震。宰相崔胤想借助朱温的力量，一举除掉宦官势力。当时，神策军护军中尉、宦官韩全诲看到崔胤与朱温关系密切，已经料到他们会联合起来，以清君侧的名义诛杀宦官，便抢先一步，在加强了和凤翔节度使李茂贞联系的基础上，在这一年十一月初四日，挟持昭宗及后宫嫔妃离开长安，前往凤翔，跑到了李茂贞那里。崔胤没有料到事情会变得这样快，便赶忙写信给朱温，请他立刻出兵保驾。

天复二年（902 年）六月，朱温兵围凤翔。半年以后，凤翔城内的食物即将吃完，李茂贞开始感到害怕。他想通过杀死宦官，来换得与朱温的和解。天复三年（903 年）正月初二日，李茂贞派军将郭启奇偕同昭宗派出的吏使，来到朱温军中，传达昭宗希望返回京城长安的旨意。十五日，李茂贞又派人把宦官韩全诲、张弘彦以下 20 人的首级送到朱温军营，并告谕昭宗准备返回长安的日期。二十二日，昭宗离开凤翔，来到朱温营中。从此，昭宗开始从受宦官和李茂贞控制，转而受朱温的挟制。二十七日，昭宗返回长安。二十九日，在崔胤和朱温策划下，昭宗颁布诏旨，把

宦官第五可范以下 700 多人全部赐死，同时，在外地各州道监军的宦官也被本地节度使杀死。多年来作乱朝廷的宦官势力，这一次被彻底地根除了。十二月初三日，朱温为了完全控制昭宗，摆脱大臣们的牵制，经过精心策划，又派他的手下将领朱友谅杀死了崔胤等朝臣。

天祐元年（904 年）正月十三日，朱温把大军屯驻在河中，随后派遣牙将寇彦卿前往皇宫，逼迫昭宗迁都洛阳。朱温还下令，长安全体居民也要一起迁走。这真是一个灾难的时期。没多久，长安的建筑物都被拆毁。朱温命人把所有木料都投入渭水，漂浮而下进入黄河，运往洛阳。巍巍的长安城遭到了又一次大浩劫，那富丽的皇宫，整齐的街道，繁华的市场，都变成了残垣断壁和堆堆瓦砾。人们哀号的声音震天动地，一个多月还没有止息。许多人在路上都大骂崔胤是国贼，说他召来了朱温，颠覆了国家，坑害了百姓。二十一日，昭宗和后宫嫔妃离开长安，取道陕州（今河南省三门峡市附近），踏上了前往洛阳的道路。昭宗看到沿途百姓扶老携幼，一片啼号，忍不住又回望长安：长安城在飞扬的尘土遮蔽下，越来越模糊了。闰四月，昭宗到达谷水行宫。在这里，随从他的诸王、十几个小黄门、

五代后梁彩绘石侍奉浮雕

200 多个供奉内园的少年全部被朱温毒死。从此，昭宗身旁的侍从，完全换上了朱温的人。四月初十日，在风雨如晦的天气中，昭宗由徽安门进入了东都洛阳城。

朱温废掉昭宗、自立为帝的野心越来越暴露无遗。天祐元年（904 年）七月，一天，朱温从外地返回洛阳，昭宗在文思球场为他举行欢迎宴会。当朱温走进球场时，文武百官大部分都站了起来，只有几个人还坐在廊下。朱温看到这种情况大怒，立刻用鞭子抽打那些没站起来的官员。几天以后，他还把不尊敬他的御史中丞韩仪贬为棣州司马，侍御史归蔼贬为登州司户。八月十一日深夜，朱温命人在椒殿杀害了昭宗。据说，当夜二更，蒋玄晖受朱温命派了龙武衙官史太等有 100 多人叩打内宫门，说军前有急奏面见皇上。内门打开，蒋玄晖安排每门留十个兵士把守，随后就直到椒殿院。贞一夫人开了院门，对蒋玄晖说："急奏不应当派士兵前来。"还没等蒋玄晖答话，史太一剑劈死了贞一夫人。随后，他又急急来到殿下，大声喊："皇上在哪儿？"昭仪李渐荣隔窗对蒋玄晖说："请院使只杀死我们，不要伤害皇上。"当时昭宗刚喝完酒躺下，听到喊叫声，赶忙起来。这时史太持剑已经走进椒殿。昭宗穿着一件单衣绕着柱子跑，史太追上把他杀死了。李渐荣因为用身体保护昭宗，也为史太杀害。昭宗死时 38 岁。为了掩饰逼宫杀帝的罪行，朱温派人在大臣中间散布：夜里皇上与昭仪游戏，皇上喝醉了，为昭仪害死，昭仪李渐荣、河东夫人裴贞一持刀谋逆，畏罪投井身死。但是，龙武军官早已把二位夫人死前说的话传了出来。所以，大臣们谁也不相信朱温的谣言。为了酬谢史太杀害昭宗之功，朱温封他为棣州刺史。

朱温杀害昭宗后，立昭宗的第九子、13 岁的辉王李柷为帝，历史上称为唐哀帝（后唐明宗时改谥为昭宣帝）。不过，这只是朱温称帝的前奏曲。天祐四年（907 年）三月，朱温把文武百官从洛阳迁往大梁（今河南省开封市），同时逼迫哀帝退位，自己当了皇帝，建国号为梁，改元开平。不久，朱温又杀死哀帝，以王礼把他葬在济阴县定陶乡。至此，历时 290 年的唐宫廷终于名实俱亡。

四、潞州之战征河北，暴虐淫乱失人心

开平元年（907 年）五月，因境内的潞州（今山西长治）被李克用占据，而潞州又是进击太原的必要之地，于是朱温任康怀贞为潞州行营招讨使，率领将兵 8 万攻伐潞州。六月，康怀贞率军抵达潞州，挥动大军昼夜猛攻。但苦战多日，依然久攻不下，于是大动土木，环潞州城深挖沟壕，多筑堡垒，使潞州城与外面完全隔绝，准备长期围攻。李克用闻讯立刻率大军救援潞州，几乎调动境内全部兵马。同时又派兵攻打潞州南面的泽州（治今山西晋城），欲切断梁军的退路和军需补给线，朱温派范居实，统兵增援泽州。八月，李克用的援军已经到达，驻扎在离潞州仅 20 里的高河镇，不断派出骑兵袭击围城的梁军。朱温则改派李思安取代康怀贞。

开平二年（908 年）一月，李克用病逝，其子李存勖继位。朱温先以为这是李克用的诱敌之计。二月，将昭宣帝杀害。于同年三月，亲自来到泽州，开始指挥部队从潞州撤军。后来确定李克用已死无诈，又召回围攻潞州的军队，继续包围潞州。因为李思安久攻潞州不仅没有丝毫建树，反而损失将校 40 余人，士卒损失数以万计，于是将李思安召到泽州，革除其全部官爵，另任命刘知俊为潞州行营招讨使。刘知俊率精兵万余进攻，小胜而骄，结果遭到新继位的李存勖偷袭而大败，梁兵伤亡数以

五代舍利石棺

万计，至此解了长达一年多的潞州之围。朱温闻讯感叹道："生子当如李亚子（李存勖小名），李克用虽死犹生！我的儿子与之相比，就像猪狗一样！"

潞州解围，河东威振，镇州（今河北正定）王镕、定州王处直叛梁附晋。

后梁太祖朱温为了力争保护河北，竟悍然下令："镇州就是以铁为城，也要给我拿下来！"于是在开平三年（910年）十二月，朱温以王景仁为帅，进军柏乡（今河北柏乡），与晋军会战。王景仁原名茂章，先从杨行密，后归朱温。他早年曾率淮南兵和汴军作战，指挥部队，气定神闲。朱温大为佩服，曾说过："假使我得此人为将，天下不难平也！"但是柏乡一战从岁末到新正，王景仁竟大败而归。这一仗使后梁损失严重，仅被晋军所斩获的首级就有两万之多。柏乡之战，使后梁丧失了对河北的控制权。朱温一怒之下，剥夺了他的兵权。李存勖乘胜攻燕，朱温不甘心柏乡之败，亲率大军攻镇州的枣强，把全城人杀光，以报柏乡之仇。但两次战争的失利，也使朱温和各级将士对晋军产生了恐惧心理。据传，朱温一听说"晋王大军到了"就望风而逃。朱温逃到冀州，因当地人民痛恨梁军，见了他们，都拿锄头追杀。梁军当是追兵，心里越怕，跑得越快。最后，等朱温明白过来的时候，队伍已经完全瓦解，再也无法收拾。

朱温在政治上极其残暴。他在攻打沧州时，为防止军士逃亡，把境内能够拿兵器打仗的人全部赶上战场，脸上刺"定霸都"三字；对士人稍留面子，也要在手腕上刺"一心事主"四字。为此逃兵不敢回乡，便在山岭湖泊中集结起来，组成许多支小股的起义军。朱温对李存勖作战屡次失败，脾气更加暴戾，动辄杀人。他检阅军队时，发现哪个队的马瘦，就把将校拉出来腰斩。到了晚年，由于他猜忌部属，疑虑万端，造成众叛亲离，心情十分苦闷颓丧。为了发泄胸中的积郁，他恣意虐杀，纵情淫乱，其荒暴程度，即便在封建帝王中，也是罕见的。河南尹魏王张全义，努力恢复洛阳地区的农业生产，使朱温有了经济资助，得以稳定河南。后来朱温巡视河南时，住在张全义的家里，放肆行淫，把张全义的几个儿媳妇和女儿全

部奸污。张全义的儿子们不忍受辱，准备动手杀掉朱温，后被其父苦苦劝住。更为严重的是，朱温对自己的儿媳们也不肯放过，分别“召侍”，与禽兽无异。他的这些亲儿、养子也都毫无廉耻，竟然抢着利用自己的妻子争宠，以博得欢心，探听机密，争夺储位，可谓旷古丑闻。如他的养子朱友文之妻王氏，生得貌似梨花，妩媚动人，为朱温所垂涎。他在洛阳生病期间，借口陪护为名，把其召至身边。王氏不仅没有推辞，反而曲意奉承，任他玩弄。当时，王氏只要一个交换条件，这就是要朱温将来把皇位传给其养子朱友文。

五、传帝位郢王兴乱，梁太祖血溅宫闱

乾化二年（912 年）三月上旬，晋将李存审、史建瑭、李嗣肱用奇兵妙计仅以数百轻骑，在河北县惊溃朱温及梁朝近 10 万大军，使抱病亲征的朱温病情再次加剧，梁军上下无心再战，杨师厚奉命留守河北魏州，余皆随朱温还师中原。朱温沿途一边治疗休养，一边断断续续地撤还，从贝州至洛阳千余里的路程走了近两个月的时间，途经开封，直到五月初六才到达洛阳。朱温途经开封时，东都留守博王朱友文时新建一殿名曰:“食殿”，特此上奏，又献上内宴钱 3000 多贯及各种银器凡 1500 两。朱温在开封休养了九天，身体渐有好转，特在食殿赐宴随行文官武将，当其离开开封时，朱友文心领神会，又特使其妃王氏随驾再赴洛阳亲侍左右，朱温十分高兴，回到洛阳后特下诏晋升褒奖朱友文。

朱温在洛阳经过一段疗养，龙体大有起色。这年是闰五月，时正夏日，艳阳高照，朱温便在宫中设宴招待朝中大臣，一时兴起，传令泛舟九曲池，舟至池中，竟然御船倾覆，朱温落入水中，这真是古今少有的怪事，幸亏侍从竭力救护方免溺死。朱温受此惊吓，本已好转的病情突然加剧，整夜惊悸不定，通宵难眠。时晋军在河北猛攻幽州，刘守光屡次遣使乞援，竟也无力顾及。闰五月十五日，朱温病情越发沉重，忽对近臣十分悲伤地说道：“我经营天下已 30 年，想不到太原余孽竟能死灰复燃如此猖狂！我看他李

存勖的志向不小，上天却又欲夺我余年，几个儿子皆非其敌手，我将死无葬身之地了！”

说着老泪横流，哭泣失声，后竟昏死过去，近臣一面失声呼叫，一面急传御医，待其渐渐苏醒过来，御医也火速来到，急忙诊脉用药，病情这才稍稍缓解。

朱温自知天年不多，更知几个亲子不能成用，只有博王朱友文尚可成器，可他又不是自己亲子，近日来在病榻上多为此事忧虑，幸得博王妃王氏昼夜陪侍左右，尽心照料，使朱温从中得到很大安慰，在这种心理和感情的作用下，使他最后下决心传位于养子朱友文。郢王朱友珪久有嗣位之志，见朱温在情感上明显亲近博王妃，倾心于博王，心中早已愤愤不平，恰在这时，又因过失被朱温鞭挞，使郢王夫妇更感不安。时郢王妃张氏也日夜侍奉宫中，又暗中收买皇帝左右宫女，密切注意王氏与朱温的一举一动。闰五月末，朱温病情日渐恶化，便密命博王妃王氏密召博王来洛阳，委以后事，且将皇帝的传国玉玺交给王氏，让她带到开封交给博王。复又对敬翔说：“朱友珪可使其居守一州，速传诏命其及早离京赴任。”

五代后梁敦煌壁画

这些都被人报知郢王

妃，她急又转告郢王，最后哭泣道："皇上已将玉玺交给王氏，要她带往开封，我们就要死无葬身之地了……"

说至此已是泣不成声，郢王也是呆若木鸡，泪流不止。郢王身边的亲信冯廷谔等力劝道："事情急迫，良策自生！依人不如靠己。殿下久掌侍卫禁宫的控鹤军，何不早日谋图自立？机不可失，悔之莫及。"

于是，郢王夫妇便开始谋求自立。次日便是六月初一，崇政院使敬翔奉朱温谕旨，拟诏贬郢王出京为莱州刺史，令其立刻动身，只是诏书还没有颁下。当时，凡被贬官者大多随即就赐死，郢王更加恐惧，事情万急，决心铤而走险，以求一逞。

六月初二，天色微明，郢王朱友珪便改装偷偷进入左龙虎军营，会见左龙虎军统军韩勍，把自己的处境如实相告，求其相助。韩勍见朝中功臣宿将每每因小过而被处死，正每日担心自己不知哪天也会遭祸，当即二人一拍即合，共谋起事。韩勍派亲兵500人，郢王将其杂入自己掌管的控鹤军带入皇宫分别潜伏。夜半时分，伏兵齐出，破内宫门突入皇帝寝殿，侍候朱温的宫人、近卫，忽见群兵荷枪执刀突然到来，情知不妙，慌忙四散奔逃，有几个忠勇不怕死的也被一一砍杀。朱温知道有变，急切之间惊起

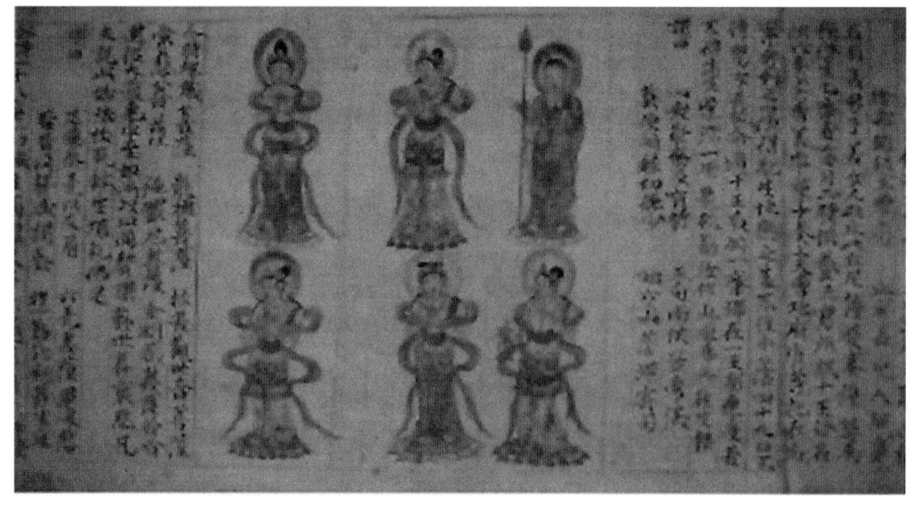

五代后梁《十王经图》

喝问道："何人敢来谋反？"

郢王挺身进前冷笑道："不是别人，是我！"

朱温怒视骂道："我早就怀疑你这逆子，恨没有及早将你杀死。你敢弑君害父，天地岂能容你？"

郢王又冷笑怒视道："唐朝二帝（昭宗、昭宣帝）是怎么死的？你也敢谈弑君二字！你这老贼，正当碎尸万段。"

此言一出，冯廷谔即刻挥剑上前，朱温绕柱避逃，冯廷谔挥臂连砍三剑不中。怎耐朱温年迈大病，已是头昏眼花，力不能支，一头晕倒床上。冯廷谔跨步上前对准腹部猛刺一剑，力透腹背。朱温哀嚎狂叫不止，郢王亲自用一块地毯将朱温卷起，不待其断气便就寝殿内挖坑埋上。

一代枭雄，一朝天子，就这样悲惨地被其亲生的儿子以如此残忍的方式结果了他威武显赫的一生。

郢王朱友珪杀死其父朱温后，再杀博王朱友文，然后矫诏自立为皇帝。可其弑君杀父的恶行也不胫而走，朝廷内外人心惶惶，朱温养子冀王朱友谦据河中反，藩镇乘机举事者纷起，刚刚建立仅五年的大梁王朝立刻陷入一片混乱之中。越年，均王朱友贞在开封谋除朱友珪，得逞后即皇帝位于开封。龙德三年（923 年）梁朝被后唐所灭。

六、朱友珪弑父称帝，朱友贞汴梁登基

朱温被杀死之后，朱友珪使人将寝宫地砖扒开，挖一个坑，用地毯包裹其尸，然后埋入寝宫地下，即派供奉官丁昭溥策马飞奔传要将朱友文赐死的伪诏，并于清晨呼使文武百官集中在大殿上，宣读伪造的皇帝诏书"博王朱友文谋图造反，指示杀驾，昨日夜，有穿盔带甲的兵士突入皇宫，幸好依赖于郢王友珪的忠孝，亲率控鹤军士将其歼殄，保全了朕的性命。然朕之病情也因为昨晚发生的事情而更加严重了，故此现以郢王友珪监国，主持军国大事"。

六月二十六日，丁昭溥返回，朱友珪确认朱友文已死，公开了朱温驾崩的消息，而后又公布假遗命制书，宣布继帝位，定明年的年号为“凤历”，给朱温上谥号神武元圣孝皇帝，庙号太祖，陵墓叫宣陵，于十一月二十五日在伊阙下葬。朱友珪加冕登基，可朝中人人都清楚他弑父篡位的事实，即使朱友珪用财宝贿赂，大多也不情愿辅佐他，君臣因此离心离德。

朱友珪弑父篡位，引起了朱温诸子的气愤与不满。明眼人都能看清朱友珪的处境，知其必败无疑。宰相敬翔称病不出，朱温的养子朱友谦传檄诸道，问罪朱友珪，并以河中镇归降了晋王李存勖。后梁宿将杨师厚，素为朱温所猜忌，这时也乘机占据魏博。朱友珪不敢得罪，只好承认既成事实，任命其为节度使。对于这样一个人物，朱友珪当然不愿轻易接受其摆布，他令杨师厚入朝商议军情，想借机铲除，以绝后患。杨师厚率精兵万人入洛，朱友珪见状哪里还敢动手，只得厚赐遣送归镇。在这场斗争中，朱友珪非但没有得利，反倒示弱于人；杨师厚更加骄横，对于朱氏诸子视若草芥。

朱温的第四子朱友贞也想夺取皇位，朱友珪命他杀害朱友文，他也不敢违抗，只得奉命办事。因此，朱友珪即位后，任命他为东京留守、行开封府尹、检校司徒。这时后梁的另一大臣赵岩有事来到汴梁，朱友贞设宴款待，席间言及皇位之事，朱友贞遂乘机向他请教如何取而代之。赵岩说：“此事易如反掌，成败全在杨令公（指杨师厚）一人，只要得其一言，禁军立即奉命而行。”杨师厚位高权重，禁军将士多为其部下，又占据魏博重镇，精兵猛将多在其掌握之中，所以赵岩才劝朱友贞结好于

五代青瓷莲花碗

杨师厚。赵岩当时也在禁军中任职，返回洛阳后，便把与朱友贞商议的内容告诉了侍卫亲军都指挥使袁象先，得到了袁象先的支持。朱友贞又派心腹马慎交前往魏州见杨师厚，答应事成之后，赐给劳军钱50万贯，并许愿杨师厚可以再兼领一个藩镇。杨师厚犹豫不决，对其部下说："我与友珪君臣之分已定，今无故改图，别人又会怎么议论我？"马慎交劝喻说："友珪以子弑父，天下人皆知，友贞是太祖至亲之子，仗义讨贼，名正言顺。如果一旦事成，令公又如何相处？"杨师厚醒悟，决意支持朱友贞。于是他派人入洛阳，密与赵岩、袁象先等商议举事计划。

得到杨师厚的支持后，朱友贞便放心大胆地行动起来。在此之前，龙骧军的一个军官在怀州反叛，搜捕其同党的行动四处进行，朱友贞派人潜入其军中恐吓道："友珪因为龙骧军曾经发生过叛乱，此次把你们召到洛阳，将要全部坑杀。"当时左右龙骧军驻扎在汴梁，朱友贞伪造朱友珪诏书，调其入洛阳，然后借机威吓龙骧军起事。龙骧军将校闻知这个消息，非常惊恐，纷纷到朱友贞处，向他请教逃生之路。朱友贞乘机煽动他们起兵诛杀朱友珪，诸将校也表示愿意拥戴朱友贞。朱友贞掌握了龙骧军的兵权后，马上派人密告赵岩、袁象先，于是赵岩、袁象先等人率禁军突入宫中，朱友珪自杀，然后拥立朱友贞在汴梁称帝。

七、外忧内患梁末帝，众叛亲离后梁亡

乾化三年（913年），朱友贞即在开封称帝（先后改元贞明、龙德），是为梁末帝。

由于朱友贞是依靠禁军将校的拥戴当上皇帝的，所以即位之后，大肆赏赐，花费了巨额钱财。加之连年征战，军费开支浩大，使后梁财政日趋紧张。为了满足需要，朱友贞任用贪官污吏搜刮民财，致使社会矛盾骤然激化。

杨师厚倚仗其拥立之功，更加骄矜不法，目无君主。梁末帝惧怕其势

大，朝中事务无论巨细，皆先咨询后而施行，杨师厚俨然成了后梁的太上皇。好在杨师厚毕竟年高，不久就病死了。梁末帝得知消息后，如释重负，在宫中设宴庆贺。

但是杨师厚所在的魏博镇仍然是一个很大的威胁，魏博兵多将广，勇悍善战，地理位置又靠近汴梁，如果这一威胁不解除，梁末帝仍然难以安生。于是其亲信赵岩献计，不如趁其军中无主，将魏博一分为二，可以达到削弱其强势地位的目的。梁末帝听从其计，下诏将魏博分为天雄、昭德两镇，其府库将士对半而分。又恐魏博将士不服，遂派大将刘净率大军 6 万渡过黄河，逼近魏州，准备弹压。

魏博将士不愿背井离乡，聚众哗变，他们纵火大掠，劫持了新任节度使贺德伦，请降于晋。李存勖喜出望外，亲率军队到魏州，接收了军政大权。这一变化对晋来说，无疑是天上掉馅饼的好事，不仅一举占据了魏博这一军事重镇，直接威胁到后梁的统治中心汴梁，而且获得了魏博的久战精兵，李存勖的军事实力大大地增强了，尤其魏博银枪效节军的获得，意义更大，这支军队战斗力勇悍异常，李存勖收其为亲军，后来在灭亡后梁的战争中出力甚大。李存勖乃亲征出兵太行黄泽岭（今山西左权东南），又袭德州（今属山东）、澶州，梁军连战皆败。

梁末帝当然不甘心魏博就此失去，催促刘净迅速进军，收复魏博。刘净是后梁诸将中非常杰出的将领，多谋善断，用兵诡诈。他自知晋军兵力强大，不能正面硬拼，于是派军队间道袭击太原，妄图调动晋军主力回救，然后再攻取魏博。李存勖洞察其谋，结果没有得逞，只好退屯莘县，闭营不出。梁末帝连诏催其出战，刘净因军粮不足，请求每人发给十斛粮，才可进行反攻。梁末帝大怒，下诏严责，又派人督战。刘净无奈，只好勉强进兵，结果大败而回。从此，刘净坚壁不战，以避晋军锋芒。

贞明二年（916 年），李存勖为了引诱梁军出战，留大将李存进驻守原处，扬言自己返回太原。梁末帝闻言，又一次催促刘净进兵魏州，并且说：

五代黄岩窑青瓷香炉

“社稷存亡，全系此战，望将军勉之！”刘浄只好再次进兵，在故元城（今河北大名东）西与晋军遭遇，梁军大败，仅步兵被歼的就达 7 万之众。这时派去袭击太原的梁军在城内守军与城外援军的夹击下，也大败溃退。晋军还乘胜进击，连下邢、洺等州，从而使河北之地尽数归于晋，与后梁形成夹河（黄河）对峙的局面。围绕着争夺魏博镇的这场战争，以晋军全胜后梁彻底失败而宣告结束，梁末帝得知战败的消息后，哀叹说：“吾大事去矣！”

这一时期后梁皇室内部的矛盾也趋激化，朱氏诸子互相猜忌，时刻想发动宫廷政变，以夺取皇位。贞明元年，梁末帝的张贤妃死亡，临出葬的前一夜，末帝之弟康王朱友孜遣心腹之人潜入寝宫，谋刺末帝，事泄被杀。从此以后，末帝更加疏远宗室兄弟，宠信赵岩及德妃兄弟张汉鼎、张汉杰等人，他们均居近密之职，军国大事，多与他们商议，每次出兵也一定派这些人前往监军。而赵岩等人也倚仗权势，卖官鬻爵，离间将相，搞得朝中乌烟瘴气，人心涣散。老臣敬翔、李振等虽居相位，所言多不见用。李振干脆称病不出，不问政事，以避赵、张祸害。自此后梁政事更加混乱，直至灭亡。

贞明四年（918 年）八月，李存勖从魏州举兵南下，想要灭梁，与梁军相持于濮州一带。十二月下旬，晋军至胡柳陂（今濮阳西南），贺瑰率梁军跟踪而至，两军激战，梁军骑军王彦章败，西逃时冲散了晋军的西线部队，晋名将周德威战死。晋将李嗣昭、王建及率骑兵冲击梁步兵，梁军

惨败，伤亡近 3 万。但晋军也因此战元气大伤，梁晋战争沉寂了一段时期。

龙德元年（921 年）春，李存勖正拟称帝之际，镇州王镕为部下张文礼所杀。张文礼勾结后梁与契丹。晋军进围镇州时，梁军袭击晋军，却反为晋军所败，死伤 2 万多人。

龙德三年（923 年），李存勖正式称帝，国号唐，史称后唐。后梁开始处于劣势，梁龙德三年、唐同光元年（923 年）闰四月末，唐军乘梁军西攻泽州（今山西晋城），派大将李嗣源率骑 5000 袭郓州（今山东东平），次日清晨占之。后梁起用王彦章为帅，段凝为副帅，调集精兵 10 万北讨后唐。唐庄宗亲自率军与梁军苦战于杨刘（今东阿）。后王彦章兵败中都县（今山东汶上）被俘斩。同年十月，李嗣源的部队逼近开封。朱友贞的臣子纷纷逃离，连传国玉玺也被部下偷走给李嗣源当了见面礼，守兵也有不少开了小差，朱友贞众叛亲离，束手无策，急得日夜哭泣。他对身旁的都指挥使皇甫麟说："姓李的是我们大梁的世仇，我不能投降他们，与其等着让他们来杀，还不如由你先将我杀了吧。"皇甫麟忙说："臣下只能替皇上效命，怎么能动手伤害皇上呢！"朱友贞说："你不肯杀我，难道是准备将我出卖给姓李的吗？"皇甫麟拔出佩剑，想自杀以明心迹。朱友贞说："我和你一起死。"说着，握住皇甫麟手中的剑柄，横剑往自己颈项一挥，血流如注，倒地死去。皇甫麟也哭着自刎而死。梁朝遂灭。

八、清河名将张归霸，开国功臣杨师厚

1. 张归霸

张归霸（？—908 年），字正臣，唐末五代初清河人。

唐朝乾符年间，盗寇蜂起，张归霸领着兄弟张归厚、张归弁三人弃家投奔黄巢，很因勇敢机智闻名。黄巢攻陷长安，即授他以左番功臣名号。

中和年间，黄巢领着党徒奔到宛丘，当时太祖在汴州，奉诏南征，黄

巢势力日益窘迫，张归霸兄弟与葛从周、李谠等人一起来投降朝廷，不久补任宣武军要职。

光启二年（886 年），张归霸与蔡州贼寇张存在卢氏交战。三年夏天，又与蔡贼将领卢瑭在双丘作战，又与秦宗贤在万胜作战，都打败并歼灭了他们。后来，秦宗权派将领张晊前来寇犯，在赤岗扎营。一天，各自派出骑兵将领以决胜负，张归霸被飞矢射中，他立即拔出箭矢，回马弯弓一射，贼人被射穿颈子坠下马来，张归霸于是缴获贼人战马而回，太祖当时在高丘上朝下观战，看见全部情况，当面加以奖赏鼓励，用金钱布帛以及他俘获的战马赐给他。张归霸又曾经受命带领弓箭手 500 人埋伏在战壕里，太祖带着数百骑兵慢慢逼近敌军营寨，蔡州贼寇果然派出精锐士兵开门出城前来追击，张归霸发起伏兵，掩杀千余人，夺得战马几十匹，不久上奏朝廷授与检校左散骑常侍。后来跟随太祖攻伐郓州，辅助李唐宾渡过淮河，都立有大功。

文德初年，大军逼近蔡州，贼将萧颢前来攻营，张归霸与徐怀玉各领部下士兵从东南两门分别出击，合并势力杀贼，蔡州贼人大败。到太祖整顿部队出营时，战争已经结束，太祖召来张归霸，赞赏他说："以前耿弇不等光武帝下令就出击张步，说不能将贼寇留给君王，立下耿弇这样的功劳，你是第二个。"大顺年间，郭绍宾占领曹州后，张归霸领兵数千守卫曹州。接着朱瑾带领大军来到，张归霸与丁会在金乡迎战朱瑾，朱瑾大败，擒获贼将宗江等 70 多人，曹州得以安宁。第二年，攻下濮州，活捉刺史邵儒。又辅助葛从周与晋军在洹水作战，活捉了李克用的爱子李落落。又与燕人在内黄交战，杀死刘仁恭士兵 3 万多人。战绩超群，居于众将之上，接连升官至检校左仆射。

光化二年（899 年），代理主持邢州事务。第二年春天，李嗣昭率领蕃族、汉族 5 万士兵来寇犯，张归霸坚守城墙做好准备，晋军不敢冒犯邢州城，于是掉转军队进攻洺州，洺州陷落。当时太祖在滑州，很担心邢州失守。

到葛从周收复洺州时，李嗣昭向北逃走，张归霸出兵追击他，杀死 2 万多人。捷报传来，赏赐非凡，立即因功上奏加封为检校司空。

天祐初年，迁任莱州刺史，任满后授与左卫上将军，又任曹州刺史。那年秋天，加封检校司徒，辅助刘知俊抵御邠州、凤翔的敌寇，打败了他们。太祖受禅让后，拜为右龙虎统军，改任左骁卫上将军，兼任河阳各军都指挥使。第二年夏天六月，任河阳节度使、检校太保，接着加封为同平章事。同年秋天七月，死在任上。诏令追赠为太傅。

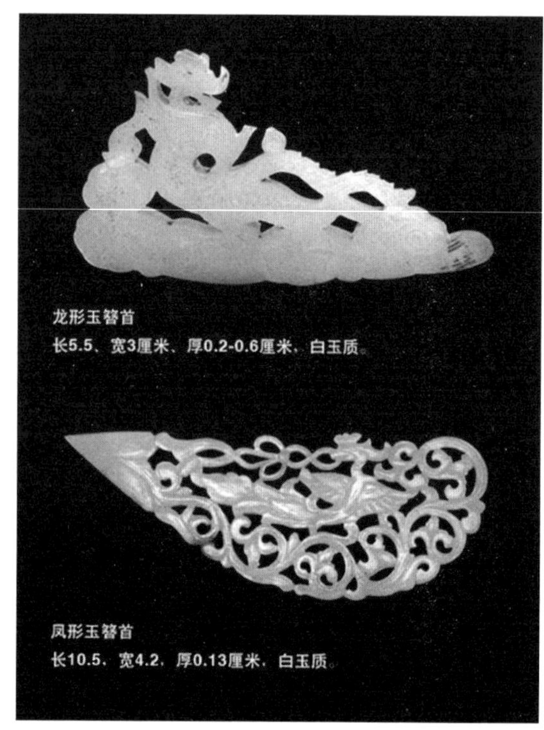

五代龙凤形玉簪首

2. 杨师厚

杨师厚（850—915 年），颍州斤沟（今安徽太和县倪邱镇斤沟集）人。唐末五代时期后梁名将，开国功臣之一。

杨师厚纯谨敏干，勇猛善骑射，原为河阳李罕之部将。李罕之降晋时，挑选他部下精兵百人献给李克用，杨师厚就在其中。杨师厚在晋没有什么名气，后来因犯罪逃奔朱温，朱温任命他当宣武军押衙、曹州刺史。

唐朝天复二年（902 年），杨师厚跟随朱温到岐下迎接唐昭宗。凤翔节度使李茂贞以劲兵出战，被杨师厚打败。

天复三年（903 年），王师范割据青州反叛时，朱温派杨师厚领兵东征。在朱温击王师范之战中，淮南杨行密的部将王景仁率领两万部众支援王师范。杨师厚迎头痛击，击败王景仁，追至辅唐县，击杀敌军数百人，授齐州刺史。杨师厚攻打青州（今山东益都），屯驻在临朐（今山东临朐），扬言要向东攻取密州（今山东诸城），留辎重在后。果不其然，在九月初六，王师范攻打临朐（今属山东），杨师厚设伏，追至圣王山，被杀万余人，擒获都将 80 人，其弟王师克被俘。初七，莱州派兵 5000 救援青州，亦被汴军杨师厚部几乎全歼，杨师厚遂移军寨于青州城下。二十一日，王师范见大势已去，派副使李嗣业及弟王师悦向汴军杨师厚请求投降。自此，淄青并入朱温的势力范围，为其立威篡唐自立增添了实力。天复四年（904年）加检校司徒、武宁军节度使。天祐元年（904 年），加诸军行营马步都指挥使。

天祐二年（905 年）八月，朱温因山南东道节度使赵匡凝东与杨行密相通，西与王建结姻，为防患未然，命令武宁节度使杨师厚统前军先行，自率大军继后。不久，杨师厚攻取襄、唐、邓、复、郢、随、均、房（治今湖北襄阳、河南唐河、河南邓州、湖北仙桃、湖北钟祥、湖北随州、湖

五代后梁赵岩《八达春游图》（局部）

北丹江口、湖北房县）等八州。朱温扎营于汉江北岸，令杨师厚在阴谷口（今湖北襄阳西北汉江畔）作浮桥，领兵渡过汉水，初八赵匡凝领兵 2 万列阵于汉水岸边迎战，被杨师厚军击败，退回襄阳，沿汉水投奔江陵。师厚奉命攻江陵，荆南牙将王建武投降。自此，朱温尽有荆襄之地。杨师厚取荆州后，授襄州节度使。

后梁开平元年（907 年），授山南东道节度使，加检校太保、同平章事。开平二年（908 年），加检校太傅。开平三年（909 年），封弘农郡王，兼潞州行营都招讨使。不久，忠武节度使刘知俊背叛后梁，投靠岐王李茂贞，割据长安（今陕西西安），杨师厚遂督师进讨，到潼关，活捉刘知俊的弟弟刘知浣献给朝廷。刘知俊听到杨师厚杀来，就向西逃往凤翔，杨师厚继续进击，进到长安。当时刘知俊已经领着岐军占据长安城，杨师厚领奇兵靠着南山急行，从西门攻入，敌将王建（李茂贞麾下将领）十分惊愕，不知怎么应付，于是即刻出降。诏令加封杨师厚为检校太尉。

晋王李存勖率部将周德威、丁会、符存审等引兵南下，为策应刘知俊，攻后梁晋州（今山西临汾）。杨师厚率军往援，突破晋军控扼的蒙坑（今山西襄汾南）险地，解晋州之围。开平四年（910 年），授陕州节度使、西路行营招讨使。

乾化元年（911 年）正月，王景仁在柏乡被打败，晋军乘胜包围了邢州，掠夺魏博，南到黎阳。杨师厚受诏领兵屯守卫州，晋军攻打魏州，不胜而退，杨师厚追袭晋军，渡过漳河，解除了邢州之围，改任滑州节度使。

乾化二年（912 年），梁太祖北征，令杨师厚率领大军进攻枣强，十多天都不能攻下，太祖屡加督责。杨师厚日夜奋勇攻击，攻破枣强，屠戮全城。车驾凯旋，杨师厚屯魏州（今河北大名）。

当朱友珪篡夺帝位时，魏州衙内都指挥使潘晏与大将臧延范、赵训图谋变乱，有人告发他们的阴谋，杨师厚便分布士兵捕捉他们，杀死了他们。过了两天，又有指挥使赵宾夜晚领着部下穿上铠甲，将等天亮时作乱。杨师厚领衙兵包围捕捉，赵宾不能起事，于是越过城墙而逃，杨师厚派骑兵追到肥乡，抓获赵宾乱党 100 多人，回城在府门斩首。朱友珪任杨师厚为魏博节度使（即天雄军节度使）、检校侍中。

不久，赵王王镕、晋王李存勖犯魏州北部边界，杨师厚领军到达唐店，打败了他们，斩首 5000 级，活捉其都将 30 多人。这时的杨师厚，手握河朔重兵，威高震主。朱友珪以他为患，诏令杨师厚到京。于是，杨师厚率领精壮甲兵 1 万人来到洛阳，在都城外严阵以待，自己带着十多人入城谒见，朱友珪害怕，又以厚礼送走他。

过了不久，后梁末帝设计讨伐朱友珪，问计于赵岩，赵岩说："这件事的成败，要看招讨使杨师厚的意思，得他向禁军传一句话，我们的事立刻可以成功。"于是末帝派遣马慎交秘密去见杨师厚，结为心腹。杨师厚犹豫未决，对部下说："当郢王弑君反叛时，我没有立即讨伐。现在君臣的名分已经定了，无故改变主意，人家会怎样说我呢？"他的部下说："友珪弑君父，是天下的大恶人，均王讨贼是正义的，这件事很容易成功。他若一朝消灭反贼，那时你怎么办呢？"杨师厚恍然大悟，于是派他部下将军王舜贤到洛阳，和袁象先商议这件事，派朱汉宾领兵屯滑州接应。末帝联合袁象先杀了朱友珪。

朱友珪被诛后，末帝在东京即帝位，首先封杨师厚为邺王，加封检校太师、中书令，每次下诏不直呼其名，而以官爵号称呼他，事无巨细，必先与杨师厚商量，杨师厚也颇为骄傲放肆。在这以前，王镕在梁军柏乡之战失利之后，屡次侵扰边境，杨师厚总领大军直抵镇州城下，焚烧扫荡街市房舍，移军掠劫藁城、束鹿，直到深州才归。乾化五年（915 年）三月，杨师厚卒于藩镇任上。末帝停止上朝三天，追赠杨师厚为太师。

杨师厚是后梁最优秀的将领，李存勖惧攻河北，正因为杨师厚及其创建之"银枪效节军"。杨师厚死后不久，朱友贞想把魏州分为二镇，瓦解杨师厚的军队。但"银枪效节军"立刻投降了李存勖，后梁因此失掉了河北，

不久就亡国了。杨师厚死后备受尊崇，累封邺王。后人建庙于斤沟，以崇祀之。

九、两朝礼敬葛从周，勇武果决牛存节

1. 葛从周

葛从周（？—916 年），字通美。濮州鄄城（今山东鄄城）人。后梁名将。他勇猛善战，频战克敌，因功升迁，受到两朝天子的礼敬；后因病回归乡邑，终老故乡。

葛从周少年时代性情豁达，富有智谋。最初参加黄巢军队，逐渐升到军校。朱温在王满渡（今河南中牟北）大破黄巢军，葛从周与霍存、张归霸兄弟相继前来投奔。

唐中和四年（884）七月，葛从周跟随朱温屯兵于西华（今河南中部），击破蔡州贼军王夏寨。朱温亲临阵地时战马跌倒，贼众趁机赶来，万分危急。葛从周扶朱温上马，与贼军拼死格斗，脸受了伤，胳膊被箭射中，身上被刺了好几枪，但仍然奋不顾身地保卫朱温。幸好张延寿回马赶来厮杀，葛从周和朱温才幸免于难。部队撤退到溵水（今河南商水附近）附近，其他将领均被削职，唯独擢升葛从周和张延寿为大校。随后，他跟随朱温进军长葛、灵井一带，大败蔡州贼军，到斤沟、淝河时，活捉了九寨都虞候王涓。

此后，葛从周屡败敌军，立下赫赫战功，自怀州刺史起，历任曹、宿二州刺史，逐渐升迁至检校左仆射。

葛从周出征善抓战机，总是能生擒敌将。光化年间的几个战例足以说明。

唐光化二年（899 年）春，幽州的刘仁恭十万大军侵犯魏州（今河北魏县），屠灭了贝郡。葛从周自邢州（今河北邢台）火速援救魏州，燕军突破上水关，攻打馆陶门，葛从周与贺德伦率 500 名骑兵出战，对把守城

五代大足石刻

门的军兵说："只要前面还有敌人，就绝不能让我们的人退回城门！"下令将城门关闭。葛从周等人拼力死战，大败燕军，生擒敌将薛突厥、王郃郎等。第二天，又率军攻破燕军八座营寨，刘仁恭逃向沧州（今属河北）。葛从周因功被授为宣义军行军司马。

光化三年（900 年）四月，葛从周率军讨伐沧州，首先攻打德州（今属山东），拿下了该城。等到进攻浮阳时，刘仁恭出兵大举来援。葛从周命令部将张存敬、氏叔琮留守营寨，亲自率军迎战于乾宁军老鸦堤，大败燕军，斩首 3 万级，俘获敌军部将马慎交以下共 100 多人，夺得战马 3000 匹。葛从周被授为检校太保兼徐州两使留后，不久任兖州节度使。

唐天复元年（901 年）三月，葛从周同氏叔琮讨伐太原。葛从周率领兖州、郓州的部队从土门路进发，与各路人马会师于晋阳城下，因粮食供应不上而撤回。不久，葛从周患病，正好青州军将领刘鄩攻兖州，朱温命令葛从周前去征讨，他抱病出征。天复三年（903 年）十一月，刘鄩率全城投降，葛从周因功授检校太傅。

朱温考虑到葛从周患病已久，便命康怀英接替他的职务，另授他为左

金吾上将军；后又因他得了中风病不能上朝，改授为右卫上将军，让他退休养病于偃师县亳邑乡的庄园。不久，授为太子太师，依旧退休。

末帝朱友贞继位后，又授葛从周为潞州节度使，加官开府仪同三司、检校太师，兼侍中，封为陈留郡王，多次封给他的食邑达到 7000 户。朱友贞还命令近臣捧着节度使的旌节到他居住的庄园赐给他。

后梁贞明二年（916 年），葛从周病逝于家。朝廷追赠他为太尉。

2. 牛存节

牛存节（？—916 年），后梁名将。本名礼，字赞贞。青州博昌（今江苏博昌）人。牛存节勇武果决，节操高尚，野战攻城，无坚不摧，威名远扬，且忠心不二，有大将之风范。

牛存节年少时英勇自负。唐乾符末年（879 年），同乡诸葛爽做了节度使，牛存节前去投奔。但不久诸葛爽就死了，牛存节对众人说："现在我们应当选择侍奉英明的君主，以图富贵。"于是归顺了朱温。起初官授宣义军小将。有贼寇入侵，牛存节每天引兵出战，一共打了 20 多个回合，每回战罢总是押着俘虏凯旋，先后共有 20 多名敌寇被杀，还缴获许多牲畜。为迅速剿灭敌寇，朱温亲征，在板桥、赤冈等地迎击敌军，牛存节及时配合主力军，与其遥相呼应，连连攻破敌人的防线，从此深受朱温器重。

唐文德元年（888 年）夏，李罕之率众在河阳（今河南孟州市南）一带将张宗奭团团围住，朱温急令牛存节引援兵前往解围。这一年粮食歉收，牛存节就用器物和钱币、布匹交换食物，以补军需。军中将士团结一致，齐心协力大破敌军，李罕之仓皇引兵北逃。之后，牛存节又出征河北（今山西平陆西北）讨敌，他的军队英勇善战，前锋很快便攻下了黎阳（今河南浚县），接着千名士兵击败了敌人 12000 人，使敌人闻风丧胆，落荒而逃，弃尸蔽野。朱温闻讯赞叹不已，称牛存节用兵有如神助。

此后，牛存节屡立战功，官职也频频升迁，为后梁政权的建立立下了

牛存节墓志铭

汗马功劳。后梁开平二年（908 年）二月，牛存节由右监门卫上将军转任右龙虎统军。这一年，梁军在上党（今山西长治）大败，晋人乘胜追击，强攻泽州（今山西东南部），泽州危在旦夕。河南（今河南洛阳西）留守张全义匆忙召牛存节商议，决定派军支援。此时晋人刚刚获胜，锐不可当。牛存节率兵急行，刚刚进泽州城，晋军就到了。晋军四面围攻，久攻不下，便于城外挖掘地道，妄图潜入城中。牛存节以其人之道，还治其人之身，在城内挖地道和敌军的隧道接通，两军在地下展开鏖战。牛存节又派弓弩手攻击敌人，凡被箭射中的人马，遍身都是洞。战争异常激烈，相持了 13 天。最后晋军损失惨重，死伤无数，只好焚营撤退。太祖朱温更加赏识牛存节，封其为左龙虎统军，充六军马步都指挥使。

开平三年（909 年）六月，刘知俊凭据同州作乱，牛存节被任命为同州留后，不久加封检校太保、同州节度使。牛存节治军严谨，军纪严明，仿佛敌军已至。以前州中的井水又苦又咸，牛存节来同州后凿了 80 多口井，井水甘甜可口。这样，同州梁军精诚合作，从后梁乾化二年（912 年）八月到三年春末，全班人马甲不离身，一举击溃敌军。不久，朱存节加同

平章事，后梁末帝慰勉三军，赏赐甚厚。十一月又加开府仪同三司，食邑1000户。

后梁贞明元年（915年）夏，牛存节患病。此时恰逢末帝用兵，牛存节隐瞒病情，日夜治军御敌，病情日益严重，不久病故。

十、宁死不屈王彦章，两朝名将王晏球

1. 王彦章

王彦章（863—923年），五代后梁名将。字贤明。郓州寿张（今山东梁山西北）人。他体力过人，骁勇善战，临阵拼死；性情直率，忠心不二，宁死不屈，为敌所惧，为君所嘉。

王彦章少年时投身军旅，隶属梁太祖朱温帐下，以骁勇善战闻名。他在军队中逐渐晋升，多次统领王室亲兵，跟随朱温征战讨伐，所到之处都立有战功。因经常手持铁枪冲锋陷阵，人称“王铁枪”。

后梁开平二年（908年）十月，王彦章从开封府押衙、左亲从指挥使升为左龙骧军使。开平三年，升任左监门卫上将军，仍然担任左龙骧军使。乾化元年（911年），改任行营左先锋马军使，加封为金紫光禄大夫、检校司空，兼任左监门卫上将军。乾化二年（912年），朱温之子朱友珪杀父篡位，加授王彦章为检校司徒。乾化三年（913年）正月，又被授为濮州刺史、濮州马步军都指挥使，仍然兼任左先锋马军使。不久，改任先锋步军都指挥使。乾化四年，又被任命为澶州刺史，晋封为开国伯。贞明六年（920年），晋封开国侯。这期间，李克用曾想收买王彦章投降，王彦章立斩来使，断其妄想。

龙德三年（923年）四月，李克用军队攻陷郓州（今山东菏泽），后梁朝野上下惊恐不安。五月，朝廷派王彦章出任北面招讨使，顺黄河漂流而下，水陆两军同时进击。李克用军拆房劈木，编造成许多大木筏，让步兵站在上面，与王彦章的水军在黄河中各沿一侧齐头并进。每当遇到转折的

水滩和水流会合之处，双方就在水上交战，飞箭如雨，有的舟筏就此沉没。等到双方船队抵达杨刘（今山东东阿北），已经打了 100 多仗。王彦章指挥军队猛攻杨刘，昼夜不停，李克用军竭力固守。六月，李克用亲自率军支援杨刘。王彦章的军队设置了重重的壕沟和营垒，使敌军始终无法越过防线。李克用下令在博州（今山东聊城）东岸修筑高墙，以策应郓州。王彦章听到此讯，率军飞驰而来，猛攻寨墙，眼看就要攻克，正好李克用率大军赶来增援，不得已而后退。七月，赶到杨刘，王彦章军队失利，末帝朱友贞罢免其兵权，下诏命其回朝，另任段凝为招讨使。

王彦章

在此之前，赵岩、张汉杰两个家族惑乱朝政，王彦章对之深恶痛绝，受任招讨使之时就对身边亲信说："我立功班师回朝之日，一定杀尽奸臣，答谢天下。"赵岩、张汉杰两人听说后，私下里说："我们宁可死在沙陀人之手，也不能被王彦章所杀。"因此合谋陷害王彦章。这时，段凝用贿赂手段结交朝中权贵，为自己谋求军权，而他平日又与王彦章不和，忌妒其功劳，暗中多行阻挠之事，以至于后梁军队失利，王彦章被罢职。

龙德三年九月，朝廷探知李克用军将出兵兖州路，朱友贞急忙派遣王彦章率领保銮骑士几千人去东路驻防把守，并想趁此机会夺回郓州。

王彦章率领军队横渡汶水，攻到郓州疆界时被敌偷袭，只好退守中都。十月四日，李克用率大军来到，王彦章也领兵应战，不幸失败被俘。李克

用看到王彦章，对他说:“你经常把我比作小孩子，今天服不服？”又问:“我早听说你是一员良将，为什么不守住兖州，而守这本来就没有城墙的中都呢？”王彦章答道:“大势已去，这不是我的智慧和能力所办得到的。”李克用听罢，面露同情之色，赐药敷伤，并派宦官安抚，以试探其想法。王彦章对宦官说:“你这个宫中服役的微贱之人！我们朝廷提升我为独当一面的封疆大吏，同你们皇帝抗衡15年，今天兵败力穷，死也是理所当然。纵使宽恕了我，我还有什么脸面见人！哪里有做大臣当大将的，早晨为梁做事，晚上就为唐效劳的呢？我能以死报国是很幸运的事。”李克用又对李嗣源说:“你应该亲自去告诉他，还有保全性命的可能。”当时，王彦章伤重不能起床，李嗣源遂来到其卧室。王彦章因一贯轻视李嗣源，所以故意用小名来称呼，以此来激怒他。不久，李克用下令用肩舆抬着王彦章跟随军队到任城去，王彦章以伤势疼痛难忍为由，坚持要留下，于是被杀害。时年61岁。

2. 王晏球

王晏球（871—932年），字莹之。河南洛阳人。五代后梁、后唐将领。

王晏球年少时，在战乱中被盗贼所掠，后汴州（今河南开封）富人杜氏将其收为养子，改姓杜氏。

唐中和三年（883年）三月，朱温任宣武节度使，选富家子弟中有才勇者置于帐下，号“厅子都”；王晏球沉勇有谋略，倜傥有大节，因而入选。继而跟从朱温四处征伐，屡立战功，升任厅子都指挥使。后梁开平三年（909年），自开封府押衙充直左耀武指挥使，授为右千中卫将军，军职不变。乾化二年（912年），郢王朱友珪篡位。六月，怀州（今河南沁阳）龙骧军3000人作乱，想要攻入京师。朱友珪命王晏球率军迎战，于河阳（今河南孟州市西）败敌，俘获军使刘重遇，因功授左龙骧第一指挥使。次年二月，朱友贞即位，迁为龙骧四军指挥使。

贞明二年（916年）四月十九日，汴州都指挥使李霸等作乱，率所部千人来攻杨刘（今山东东阿），末帝朱友贞登楼拒战。王晏球听说后，不等命令，先自带500骑兵屯于鞠场，然后从门缝处窥探，见乱兵都无甲胄，于是出骑反击，奋力血战，群贼溃逃。随后王晏球尽戮乱军，全营诛族。因功授单州刺史，行营马军都指挥使兼诸军排阵使。

龙德三年（923年）十月，后唐庄宗李存勖进攻大梁，王晏球率骑兵前去救援，到封丘（今河南境内）时，得知朱友贞已自杀身亡，随即解甲降归李存勖。次年，与霍彦威攻契丹以捍卫北疆，与授齐州防御使，任北面行营马军都指挥使。

后唐天成元年（926年）二月，效节指挥使赵在礼叛乱，攻入邺（今河北临漳），蕃汉内外马步军总管李嗣源率兵征讨，被叛军拥立为主。四月，洛阳兵变，李存勖被杀。当时王晏球正在瓦桥（今河南境内），李嗣源派人去召他，王晏球率骑兵跟从李嗣源到洛阳。李嗣源即位后，拜他为归德节度使。次年，授北面行营副招讨使，兵驻满城（今河北中部）。

天成三年（928年）四月，义武节度使王都反于定州（今河北定县），派人劝说王晏球一同反叛。王晏球不从，并将王都反叛之事上奏，明宗李嗣源命其为北面招讨使，发兵征讨。五月，王晏球与王都及其援军战于嘉山（今河北曲阳西），大败敌军，并追袭至驻军城下。这时，契丹首领惕隐率5000骑兵赶到唐河（今河南唐河），王晏球出兵迎战，连续败敌，10天之内惕隐以下的700多位酋长全部被抓获，契丹从此一蹶不振。

王晏球知道定州防守坚固，不能急攻。但偏将朱弘昭、张虔钊却到处宣扬，说是王晏球不敢攻城。李嗣源听说后，诏令王晏球加紧攻城。王晏球只好从命，但无功而返，还损失了3000将士。王晏球上奏说："敌营坚固，一时难以攻克。只要给我附近三州的租税，一方面充作军用，另一方面抚

恤黎民，敌军当不攻自破。”李嗣源答应了他的要求。次年（929 年）正月，定州城中粮尽草乏，王都几次突围都未成功，其部下马让能开门出降，王都及亲族自焚。王晏球因功授天平军节度使，不久又移镇青州，并加兼中书令。

后唐长兴三年（932 年），王晏球死于驻地，时年 62 岁。

第二章 后唐风云

后唐（923—936 年）是五代十国时期由沙陀族建立的封建王朝，定都洛阳（今河南洛阳）。

后唐是五代十国时期统治疆域最广的朝代，“五代领域，无盛于此者”，“时梁晋吴蜀四分天下，后唐以一灭二，天下四分已得三分”。盛时疆域约为今河南、山东、山西三省，河北、陕西的大部及甘肃、安徽、宁夏、湖北、江苏的一部分，并短期占有四川。936 年为后晋石敬瑭所灭，传 2 世 4 帝，历时 14 年。

一、军中骁勇“飞虎子”，前晋承唐李克用

李克用（856—908 年），字翼圣，本姓朱邪，被唐朝皇帝赐姓李氏。沙陀族，神武川新城人。

李克用年少时就很骁勇，军队中称他为“李鸦儿”。李克用 15 岁时，其父李国昌讨伐庞勋，从军出征，冲锋陷阵均在众将领之前，军中视他为“飞虎子”。平定庞勋后，李国昌受封为振武节度使，李克用受封为云中牙将。

沙陀部族一向强大，在唐朝平定黄巢起义的过程中更是战功赫赫。李国昌自恃有功更是傲慢，唐懿宗对此很是担心。咸通十三年（872 年），唐懿宗转任李国昌为云州刺史、大同军防御使，李国昌称病拒绝接受任命。李国昌拒命后，李克用便杀了大同军防御使段文楚，占据云州（今山西大

古代角抵图

同），自称留后。唐廷任命太仆卿卢简方为振武节度使，会同幽、并两州之兵讨伐沙陀部族。不料卢简方才到达岚州（今山西吕梁岚县），军队就溃不成军，因此沙陀乘机占据代州（今山西忻州代县）以北的地区，成为唐朝的北部边患。咸通十四年（873 年），唐僖宗即位，因原太原节度使李业对沙陀有恩。而李业已死，因此任命其子李钧为灵武节度使、宣慰沙陀六州三部落使，让李钧招抚缉拿李克用。唐廷封李克用大同军防御使。

过了一阵，李国昌出击党项时，吐谷浑首领赫连铎突袭攻破振武军（今内蒙古和林格尔）。李克用听到后，从云州出发，去迎接父亲李国昌。返回云州时，云州紧闭关卡不让进入，李国昌父子无处可归，因此袭击蔚州（今河北蔚县）、朔州（今山西朔县），收编士兵 3000 人。李国昌进驻蔚州而守，李克用回军占据新城。唐僖宗遂任命赫连铎为大同军使，任命李钧为代北招讨使，前去继续讨伐沙陀。

乾符五年（878 年），沙陀先击破遮虏军，后又击破岢岚军，唐军数次败北，沙陀势力因此愈加强盛。沙陀北面占据蔚、朔两州，南面侵入忻、代、岚、石等地，直达太谷。

广明元年（880 年），招讨使李琢会同幽州李可举、云州赫连铎出击沙陀，李克用与李可举拥兵相拒于雄武军（今天津市蓟州区）。李克用的叔父李友金携蔚、朔两州向李琢投降，李克用听到后，马上带兵返回。李可举追李克用至药儿岭，大败李克用。后李琢军队进行夹击，又在蔚州击败李克用。沙陀大败，李国昌、李克用父子流亡到鞑靼。

中和元年（881 年），黄巢攻陷唐都长安城，北起军使陈景思率领沙陀降军与吐浑、安庆军队万人前往长安。行军到绛州（今山西运城新绛县），沙陀军大乱，大肆掠夺后回去。陈景思觉得沙陀军除了李克用都没法节制，于是请唐僖宗下诏书从鞑靼召回李克用，任命为代州刺史、雁门以北行营节度使。李克用率领蕃汉军队上万人出石岭关（今山西太原阳曲县大盂镇上原村北）。路过太原，李克用要求朝廷发军饷。河东节度使郑从谠只给他钱币 1000 缗、米 1000 石，李克用很生气，纵兵大掠后回去了。

中和二年（882 年）十一月，陈景思、李克用再以步骑兵 1.7 万前往京师长安。中和三年（883 年）正月，李克用出兵河中，屯兵乾坑。黄巢军惊恐地说：“鸦儿军到了。”二月，在石堤谷击败黄巢军将领黄邺。三月，在良田坡击败赵璋、尚让，起义军横尸 30 里。这时，各地勤王军都来到长安，在渭桥与黄巢军大战，黄巢军败退入城，李克用乘胜追击，从光泰门进城，与起义军战于望春宫升阳殿，黄巢军败退，向南逃到蓝田。长安被唐军收复，李克用军功居首。唐僖宗任命李克用为检校司空、同中书门下平章事、河东节度使，任命李国昌为雁门以北行营节度使。十月，其父李国昌去世。十一月，李克用派其弟李克修攻打昭义的孟方立，夺下泽、潞二州。孟方立败走山东，以邢、洺、磁三州军队另外组建昭义军。黄巢向南败走到蔡州，降服秦宗权，攻打陈州。

中和四年（884 年），李克用率兵 5 万去援救陈州（今河南周口淮阳县），想借道河阳，诸葛爽不同意，于是率部在河中渡河。四月，在太康（今河南周口太康县）击败尚让，又在西华（今河南周口西华县）击败黄邺。黄巢且败且退，到中牟（今河南郑州中牟县），到达黄河边还没渡河，而李

克用率兵追来，黄巢军惊恐溃败。等到了封丘（今河南新乡封丘县），李克用再次击败黄巢军，黄巢脱身逃跑。李克用追击，一天一夜奔驰 300 里，追到冤朐（冤句，今山东菏泽西南），没追上才被迫回军。

中和四年（884 年），李克用讨伐黄巢后，路过汴州，在封禅寺休军整顿,朱温在上源驿宴请李克用。李克用乘酒醉大发脾气,惹怒了朱温。晚上，酒席散后，李克用喝醉睡着。朱温埋伏的士兵出来，放火烧房，仆人郭景铢熄灭蜡烛，将李克用藏在床下，用水泼醒李克用并告诉他。幸好天降大雨把火灭了，李克用与随从薛铁山、贺回鹘等，借着闪电的光亮，从尉氏门用绳索坠城逃出，回到自己的部队。七月，李克用来到太原，将此事上告唐僖宗,请求出兵汴州,并派其弟李克修领兵 1 万人驻扎在河中地区待命。唐僖宗劝和才平息了这事。同时,因为击破黄巢的功劳,唐廷封李克用为“陇西郡王”。

光启元年（885 年），河中节度使王重荣因与宦官田令孜有过节，田令孜进言派王重荣调任兖州，任命定州的王处存为河中节度使，并下诏书让李克用出兵保护王处存的辖地。王重荣命人转告李克用：天子下诏书给他，等李克用来了，让他与王处存一起诛杀李克用。并因此伪造诏书给李克用看，说：“这是朱温的阴谋。”李克用信以为真，八次上表请求讨伐朱温，唐僖宗不同意，李克用非常愤怒。

王重荣不受命调任，于是唐僖宗命邠州（今陕西彬县）的朱玫、凤翔的李昌符去讨伐他。而李克用却出兵相助王重荣，在沙苑击败朱玫，引兵攻打长安，到处纵火、掠夺。唐僖宗出逃到兴元（今陕西汉中），李克用退兵驻扎河中。这时，朱玫也造反出兵追唐僖宗，但没有赶上唐僖宗，只是抓住了襄王李煴。朱玫逼迫李煴称帝，屯兵凤翔。唐僖宗认为只有李克用能击败朱玫，但李克用却不愿为唐僖宗所用。当初在长安破黄巢时，天下兵马都监杨复恭与李克用关系很好，于是唐僖宗派谏议大夫刘崇望带着诏书去征召李克用，并说是杨复恭的想法，让李克用出兵讨伐朱玫等势力。

李克用表面上答应了，但却不带兵前往。

大顺元年（890 年），李克用击破孟迁（孟方立从弟），夺取邢、洺、磁三州，又命安金俊在云州攻打赫连铎。幽州李匡威出兵救赫连铎，李匡威与安金俊在蔚州交战，安金俊大败。于是李匡威、赫连铎和朱温都上书趁李克用战败要乘机讨伐他。唐昭宗认为李克用破黄巢功高，不该去讨伐他，于是召集台省四品以上官员讨论这事，参加讨论的官员大多说不可以讨伐李克用。宰相张浚一人认为沙陀部族曾逼僖宗逃难至兴元（今陕西汉中），罪该至死，可以讨伐。军容使杨复恭与李克用交情很好，他也极力上谏认为不可以讨伐，唐昭宗同意了他的谏言，下诏书告知朱温等人。朱温暗中贿赂张浚，让张浚更加坚定原来的建议。唐昭宗迫不得已，任命张浚为太原四面行营兵马都统，韩建为副使，前去讨伐李克用。这时，潞州将领冯霸叛变向朱温投降，朱温派葛从周入驻潞州（在今山西长治市）。唐朝廷任命京兆尹孙揆为昭义军节度使，李克用派李存孝在长子抓了孙揆，又派康君立夺取了潞州。十一月，张浚与李克用在阴地（今陕西商县）交战，张浚军三战三败，张浚、韩建逃回。李克用的军队在晋、绛大肆掠夺，直到河中，所到之处疮痍满目、一片凄凉。李克用上表诉述事情，言辞傲慢。唐昭宗为此向他认错，下诏书好言好语回复他。

大顺二年（891 年）二月，唐昭宗再次任命李克用为河东节度使，加封陇西郡王，同时任命李克用为检校太师兼中书令。四月，李克用攻打云州赫连铎，围困赫连铎 100 多天，赫连铎逃往吐浑。八月，李克用军队在太原大肆掠夺。并离开晋、绛，夺取怀、孟二地，又来到邢州（今河北邢台）作为根据地，攻打镇州（今河北石家庄）的王镕。先锋李存孝夺取临城，进攻元氏。卢龙节度使李匡威出兵救王镕，李克用退兵邢州。

景福元年（892 年），王镕攻打败退邢州的李克用，部将李存信、李嗣勋等在尧山击败王镕。二月，李克用又与王处存攻打王镕，两军在新市交战，李克用、王处存联军被王镕击败。八月，李匡威攻打云州，以牵制李克用

的兵力，李克用暗中返回云州，出兵击败李匡威。十月，李存孝在邢州叛变李克用。

景福二年（893 年），反叛李克用的李存孝向敌军王镕求救。李克用出兵井陉攻打王镕，又发书信招降王镕，同时猛攻王镕的平山。王镕惧怕破城，于是和李克用通行求和，向李克用献帛 50 万匹，并出兵帮助攻打邢州李存孝。

乾宁元年（894 年）三月，李克用擒住盘踞邢州的李存孝，并将其处死。同年冬，李克用攻打幽州，李匡俦弃城出逃，李克用追至景城，杀了李匡俦，任命刘仁恭作为留后。

乾宁二年（895 年），河中节度使王重盈去世，他的儿子王珂、王珙争位，李克用上书请求王珂继位，凤翔李茂贞、邠宁王行瑜、华州韩建上书请求王珙继位。唐昭宗开始左右为难，于是任命宰相崔胤为河中节度使，后来又同意李克用立王珂。李茂贞等人非常生气，三处共同起兵前往攻打长安，后听说李克用也出兵前来，才都收兵回去。六月，李克用攻克绛州，斩杀刺史王瑶（王珙的弟弟，帮助王珙争位）。七月，李克用来到河中，同州王行约前去长安，散布谣言说："李克用的沙陀军队十万人马杀来了！"王行约想让唐昭宗移驾邠州，李茂贞的干儿子阎圭也想把唐昭宗劫到凤翔。一时间长安大乱，唐昭宗出逃来到石门。李克用军队在河中一个多月都没往长安方向进发，于是唐昭宗派延王李戒丕、丹王李允兄弟两人在李克用处做事，并告知长安的危急情况。八月，李克用进军渭桥，被委以邠宁四面行营都统。唐昭宗回到长安。十一月，李克用击破邠州，王行瑜败走到庆州后被杀。李克用收兵到云阳，上书请求讨伐李茂贞。昭宗慰劳李克用，让他和李茂贞和解，授予李克用"忠正平难功臣"称号，封为晋王。这时，晋军在渭北遇雨 60 天，有人劝李克用进长安，李克用没有下决定。都押衙盖寓说："自皇帝从石门回来，都不敢好好入睡，如果我们的军队渡过渭河，皇帝更会惶恐不安？这时我们来勤王，为什么要进长安呢？"李克用笑道："盖寓都不信我，何况天下其他人呢！"于是收兵回去。

乾宁三年（896年）正月，唐昭宗准备再次任命张浚为宰相，李克用说："这是朱温的阴谋呀。"于是上表说："如陛下早上任命张浚为宰相，那么我晚上就带兵到朝廷来！"长安人心惶惶，唐昭宗终止了张浚的任命。朱温攻打兖、郓两地，李克用派李存信借道魏州（今河北魏县）去救朱瑄等人。李存信屯兵莘县，军队在魏州扰民掠物，魏博节度使罗弘信埋伏部队攻打李存信，李存信败退到洺州（今河北永年县广府镇）。李克用亲自带兵攻打魏州，在洹水与罗弘信交战，其间李克用的儿子李落落被杀。六月，李克用破魏州、成安、洹水、临漳等10余城。十月，又在白龙潭击败魏博军，并攻打观音门，朱温救兵赶到，魏博军之危才解除。

五代·后唐·彩绘浮雕武士石刻

乾宁四年（897年），幽州节度使刘仁恭叛晋，李克用带兵5万攻打刘仁恭，两军战于安塞，李克用大败。

光化元年（898年），朱温派遣葛从周攻下邢、洺、磁三州。李克用派周德威出兵青山口，周德威在张公桥遭遇葛从周部队的袭击，周德威大败。同年冬，潞州守将薛志勤去世，李罕之接管潞州，并叛变投靠朱温。

光化二年（899年），朱温派氏叔琮攻破承天军（今山西平定县东），后又攻破辽州（今山西左权县），到达榆次（今山西榆次区），周德威在洞涡击败朱琮。同年秋季，李嗣昭再次攻取泽、潞两州。

光化三年（900年），李嗣昭在沙河击败汴军，再次夺取洺州。朱温亲

自带兵围住李嗣昭部队。李嗣昭败走，逃至青山口，遇汴军伏兵，李嗣昭大败。同年秋季，李嗣昭夺取怀州。同年，汴军攻打镇、定两州，镇、定两州都脱离晋王而依附朱温。

天复元年（901 年），朱温被唐朝加封为梁王。梁军攻下晋州、绛州、河中，把王珂擒去。晋失去三个同盟，于是写文书送钱礼向梁求和。朱温认为晋国已经没什么实力了，可以直接攻下。于是说："晋国虽然送来文书要求结盟，但文书措辞傲慢。"因此大举进攻晋国。四月，朱琮进入天井，张文敬进入新口，葛从周进入土门，王处直进入飞狐，侯言进入阴地。朱琮夺取泽、潞两地，其副将白奉国攻破承天军，辽州守将张鄂、汾州守将李瑭都迎接梁军前去投降，一时间晋国领地内人心惶惶。这时天降大雨，梁军士兵很多都得病了，于是梁军都退兵回去了。五月，晋军再次夺回汾州，并诛杀了李瑭。六月，周德威、李嗣昭夺取慈、隰两州。

天复二年（902 年），晋军进攻晋州、绛州，在蒲县大败。梁军乘胜攻下汾、慈、隰三州，并围住太原。李克用大为恐慌，打算逃到云州，又想逃往大漠，正在犹豫不决。这时，梁军发生大规模疫情，退兵而去，周德威再次夺回汾、慈、隰三州。

天复四年（904 年），梁王朱温迫使唐昭宗迁都至洛阳，改年号为天祐。李克用认为唐天子迁都洛阳是梁王朱温挟持之下的举动，并非天子自愿，天祐不能算作正统的唐朝年号，拒绝使用，于是依旧使用天复年号。

天祐二年（905 年），李克用与契丹首领耶律阿保机在云中结为兄弟。天祐三年（906 年），梁攻打燕领地沧州（今河北沧州），燕王刘仁恭向李克用借兵。李克用痛恨刘仁恭的反复无常，想不答应。他儿子李存勖进谏说："这正是我们重新振作的机会。现在天下的形势，归附梁的势力十有七八，像赵、魏、中山这些比较强的割据势力都没有不听从于梁的。因此，黄河以北，没有梁所担心的势力，梁所忌惮的就只有我们和燕王刘仁恭了，如燕、晋合盟，那对梁来说不是什么好事。争天下要不在乎小节，而且他常围困我们但我们却去帮他解决困难，可以因此作为我们对他的恩德记着，这可以说是一举两得，这是不容错失的机会呀！”李克用认为李存勖说的在理，于是为燕出兵攻破潞州，梁围燕城的危机才消除。李克用命李嗣昭为潞州留后。天祐四年（907年），后梁军队10万人进攻潞州，筑夹城将潞州围住。李克用派周德威救潞州。

后梁开平元年（907年）冬，李克用得了重病。同年，后梁篡唐，朱温称帝建立后梁，年号开平。李克用沿用唐年号天祐四年。后梁开平二年（908年）正月辛卯日，李克用去世，享年53岁。其子李存勖继位，将李克用安葬在雁门（属今山西代县）。

二、李存勖诡摄神鼎，忌功臣命丧流矢

后唐庄宗李存勖（885—926年），小字亚子，代北沙陀人，生于晋阳（今山西太原）。唐末五代军事家、后唐开国皇帝、晋王李克用之子。

李克用

唐僖宗光启元年（885年），晋王李克用终于有了后嗣，这个后嗣就是李存勖。为了磨炼李存勖，李克用在他11岁的时候就带他奔赴沙场，让他多见见刀光剑影。在父亲的精心培养下，李存勖越来越优秀。他既精通骑射，又谙熟《春秋》，称得上文武双全。

后梁开平二年（908年），年过半百的李克用与仇人朱温已经相持了好几个年头，始终不能打败朱温，遂积劳成疾，再加上听到朱温称帝的消息，受到了沉重打击，不久便离开人世。李克用死后，李存勖承

袭了晋王的封号。

后梁开平四年（910年），王镕和王处直在李存勖的拉拢下背叛后梁。面对随之而来的朱温大军的讨伐，他们向李存勖求援。李存勖一声令下，晋军立即前去增援。晋军诸将领率领将士奋勇拼杀，于911年春在柏乡大败朱温大军，保住了镇州和定州。

收服王镕和王处直后，李存勖的下一个目标是刘守光。刘守光与他的父亲刘仁恭一样，同样是个卑鄙小人。他将父亲刘仁恭囚禁后自任卢龙节度使，并一心想吞掉镇、定二州。见李存勖得到这两个州后，刘守光大为愤怒，遂与李存勖展开了争夺战。朱温得到刘守光的求援信息后卷土重来，意欲灭掉李存勖。后梁军将士还没有从年初的大败中恢复过来又投入了战斗，再加上朱温在行军途中滥杀文官武将，遂军心涣散。面对士气旺盛的晋军，后梁军节节败退。朱温无心恋战，慌忙逃命。残暴嗜杀的朱温早已经成为河北百姓的眼中钉、肉中刺，这些百姓见后梁兵败，纷纷拿起农具袭击溃散的后梁军。朱温逃回都城后，于乾化二年（912年）便被争夺皇位的亲生儿子朱友珪杀掉。

李存勖两战皆取得大胜，威望和实力立即得到了很大的提高。不过，李存勖并没有志得意满，而是乘后梁军衰弱之际灭掉了刘守光，随后占领了幽州、沧州。

朱友珪做了不到一年的皇帝，就被朱友贞篡权。朱友贞做了皇帝后，在赵岩的建议下将魏博镇（今河北大名县）拆分，引起当地将士的不满。李存勖见有机可乘，立即率兵平定了魏博镇。

此后，李存勖的实力可以与后梁抗衡了。不过，后梁国主朱友贞虽然昏庸无能，但后梁军中却有几个善战的将领，再加上要抗击南下的契丹人，以致李存勖与后梁打起了持久战。

龙德三年（923年），李存勖在与后梁的数年征战中终于占据了绝对优势，于是建国称帝，设国号为“大唐”，建元同光，国都为魏州（今河北大名县东），后改名为邺都。追赠父祖三代为皇帝，与唐高祖、唐太宗、唐懿宗、唐昭宗并列为七庙，以表示自己是唐朝的合法继承人，史家称之为后唐。

称帝后，李存勖举大兵攻打后梁。此时的后梁气数已尽，几个月后被李存勖灭掉。随后，后梁各地的残余势力纷纷来降。李存勖安抚好各地后，将国都迁至洛阳。称帝后的李存勖与领兵作战时的他判若两人，日益变得昏庸无度。李存勖放着忠臣良将不用,偏偏要用祸国殃民的小人。小人当道，社会风气日益败坏，百姓本以为灭掉了腐败的后梁后可以安居乐业，可谁知一波未平，一波又起。

后梁太祖朱温在位时，已经看到了宦官的危害，索性把朝中宦官统统除掉。不过，宦官中也有正直之人，如当初不让他放弃晋王位的张承业。也许是因为张承业的出色改变了他对宦官的看法，遂大量任用宦官。为了加强中央集权，李存勖将宦官视为心腹，派他们前往各地驻军担任监军。殊不知，物极必反，凡事都要适可而止，否则只会犯下以偏概全的错误，导致最后空有遗憾。

另外，由于对音律的喜爱，伶人自然成为了李存勖宠信的对象。他不仅爱看伶人演戏，而且还与伶人同台演出，与伶人相处得非常融洽。伶人们有了皇帝做后台，在朝中显得极为尊贵。他们春风得意，在皇宫内外进出自如，根本不把朝中大臣放在眼里。李存勖做了皇帝后，经常外出狩猎，随便践踏百姓的庄稼，百姓们敢怒不敢言。

尽管伶人、宦官中还有些许有良知的人，但毕竟是少数。不过，此时的李存勖已经被谗言迷惑，只顾吃喝玩乐，将治理国家视同儿戏。不仅皇帝昏庸，而且皇后也没有母仪天下的风范。在他们的治理下，百姓被各种苛捐杂税压得喘不过气，随李存勖打江山的一些功臣也纷纷落得个“狡兔死，走狗烹”的下场。

在百姓生灵涂炭、将士辛劳作战的情境下，皇帝、皇后、宦官、伶人

等却在作威作福，滥杀无辜。在黑暗中待久了的人，迫不及待地要重见天日，于是有人举起了反旗。当时，攻打四川的将领见郭崇韬、朱友谦先后被杀，按捺不住愤怒，遂起兵造反，为后唐敲响了丧钟。

同光四年（926年）二月，李存勖见四川出现混乱，立即派兵镇压。不料，戍守期已满的魏博镇士兵在回乡途中接到驻守命令后大为不满，遂发生哗变，攻陷邺都。李存勖见远处的四川未平，近处的邺都又生乱，只有继续派兵前去镇压，结果不敌魏博军。李存勖见朝中已无可用之人，此时才想起战功赫赫、忠心耿耿但被他弃置一旁的李嗣源。他将侍卫军交由李嗣源，不料他的做法如同放狗去寻找丢失的羊，结果既丢了羊，又丢了狗。

侍卫军指挥使郭从谦此时与李存勖并不同心，因为他的养父睦王李存乂和被他视为叔父的郭崇韬两人皆被李存勖杀害，他发誓要为他们复仇。后来，他在与李存勖交谈时感觉到李存勖知道他的心思，顿时惶恐不安，于是在侍卫军内散布谣言，鼓动他们造反。就在这时，李存勖令侍卫军出征，使得郭从谦有了更有利的反击机会。李嗣源到了邺都后，被部众拥立为皇帝，遂顺应民心，召集军队攻打李存勖。

明代《三才图会》中的李存勖画像

李存勖见危机四起，顿时手忙脚乱。为了压制李嗣源，他亲率军队出征。为了鼓舞士气，他被迫“取之于民，用之于民”，将盘剥百姓得到的钱财分发给将士。将士们看着这些赏赐，愤慨道：“吾妻子已殍矣，用此奚为！”军心如此动荡，如何能高唱凯歌？作战中，将士要么投降，要么逃跑，李存勖只得退回洛阳。四月，郭从谦见时机已到，立即发动兵变，李存勖在混战中被流矢射伤，不久死去，终年 42 岁。

李存勖建立的后唐一度被视为中兴大唐的存在，且自身实力雄厚，统治版图为五代各国之最，再而庄宗也为李柷上谥号，虽然血脉不同，但有所继承。清人陈鳣编撰《续唐书》时，根据明人陈霆编撰《唐余纪传》的宗旨，以后唐、南唐两朝，上承唐祚，下启宋朝，应当作为五代十国之正统。

三、初即位明宗施政，疑心重祸生肘腋

李嗣源（867—933 年）是后唐的第二位皇帝，也是五代君主中在位时间最长的一位。称帝之后，更名李亶。

李嗣源为沙陀人，本无姓氏，取名邈佶烈，善于骑射，为人沉默寡言，被李克用收为养子，赐名嗣源。在李克用与后梁朱温的战争中，李嗣源倍显神勇，被誉为“李横冲”。至后唐庄宗嗣位，李嗣源连连因功升迁，同光元年（923 年）为横海节度使，率部袭取后梁郓州，即拜天平军节度使、蕃汉马步军副都总管、旋率千骑攻取汴州，灭后梁。拜中书令。

这年十一月，郭崇韬率军平定蜀国，次年正月被杀。自此开始，名臣宿将人人自危。李继麟、李存乂等相次被杀，李嗣源也成为伶人宦官谗害的目标，数次险些被杀。同光四年（926 年）二月，贝州兵变爆发，庄宗不任用近在咫尺的李嗣源为帅，而是自京城派佞臣李绍荣至河北主持平叛。在李绍荣连连失利的情况下，才不得已命李嗣源率军平叛，时叛军已据邺城（今河北大名）。三月六日，李嗣源赶至邺城，与诸军约定明晨攻城。当夜，禁军从马直军士张破败率众倒戈，将李嗣源拥入城中。时李绍荣率军屯于城南，李嗣源虽遣牙将求救，李绍荣拒不发兵。李嗣源入邺城后，兵变首领赵在礼率将校迎拜，要请李嗣源在河北称帝。李嗣源借口到城外收集散兵，脱身出城，但围城诸军多引兵退去，独他所属的镇州兵 5000 人相率归来。李绍荣退军后，即上书庄宗，称李嗣源已与乱军联合叛乱，李嗣源也遣使至洛阳向庄宗解释。李嗣源部将石敬瑭、中门使安重诲力主公开起兵，攻

占洛阳。石敬瑭劝李嗣源道："自古大事成于果断，败于犹豫，您已与叛军共入邺城，无论如何也不会取得今上的信任，更何况他早就对您存有戒心，只要你给我300骑兵，我就可先克大梁，您再率大军相继而进，直指洛阳，这样才能安然无恙，否则，不仅您举家难保，随从将士也将有杀身之祸。"安重诲也说："现在皇上无道，军民怨怒，您若顺从众人推戴，就会安享荣华，若为皇上效忠，只有死路一条。"李嗣源点头称是，马上分派使节到各地进行联络，没有多久，河北的多数节度使以及河南的泰宁（今山东兖州）、齐州（今山东济南）等使都相率归附。李嗣源兵势日益强盛。于二十五日渡河南下，知汴州（今河南开封）孔循遣使到李嗣源营中，向李嗣源说："皇帝也正率军东来，若你能在他之前抵达，汴州就归你所有。"当天，李嗣源令石敬瑭入据汴州。次日，又接到消息说庄宗已向洛阳方向退去，李嗣源令大军缓缓而行。四月一日，庄宗被杀，洛阳大乱。次日，蕃汉马步使朱守殷遣使请李嗣源速入京城，安定局面。李嗣源率军入城，宰相豆卢革率百官请李嗣源登基为帝，李嗣源不许。自称本无他心，待安葬庄宗，迎立太子，就继续回河北抗御契丹。这是安重诲与石敬瑭的精心设计。他们认为，若入城之后直接称帝，叛君自立的痕迹实在难以遮掩，因此，必须一步步地进行。

安重诲、石敬瑭先让百官请李嗣源监国，第一次进行请求，李嗣源自然不答应，第二次也没有同意，等到百官第三次请求时，马上应允下来。次日就入居兴圣宫，受百官朝见。虽名为监国，实际上无异于皇帝，早就忘了几天前讲的"本无他心"的话。

明宗年间铸造的天成元宝

李嗣源监国后，首先做了三件事情：第一件是任命安重诲为枢密使，掌管军机要务。第二件是令各地访寻逃散的诸王，一有消息，安重诲就派人就地杀掉。到最后，庄宗的兄弟子孙除了一个半瘫的邕王李存美外，都没能逃脱厄运。第三件事是派石敬瑭为陕州留后，防备魏王王继岌的伐蜀军东进洛阳。又派养子李从珂为河中留后，防备王继岌北归晋阳（今山西太原）；并派人招抚孟知祥，要他封锁汉中，不让王继岌入川，形成了对王继岌的包围。不几天，王继岌被随从缢杀，征蜀兵由任瑰率领归附李嗣源。这样，李嗣源才开始放心地做皇帝。

王继岌死后第四天，消息传到洛阳，李嗣源马上要百官商定即位的礼仪。孔循建议唐国国运已经完结，应当自建国号，另开纪元。李嗣源却说："我年 13 即随献祖征战，献祖把我视作儿子，后来又跟随武皇近 30 年，先帝近 20 年，武皇的基业就是我的基业，先帝的天下就是我的天下，怎能再建国号？"献祖为庄宗祖父，武皇即李克用，先帝指庄宗。李嗣源在此想以庄宗的合法继承人自居，既可避免篡位之嫌，又可以减少地方势力的反抗与阻力。既然如此，百官便顺水推舟，建议用嗣子柩前即位的礼仪。于是，60 多岁的李嗣源身着孝服，在庄宗柩前即位做了皇帝。这天是四月二十四日，距其做监国仅 10 余日。二十八日，大赦天下，改年号为天成。李嗣源成为后唐的第二代君主——明宗皇帝。

明宗皇帝自幼从军，目不识丁，各地的上书都让安重诲读给他听，但安重诲也识字不多，许多上书无法读通，只得向明宗解释道："臣以忠实之心跟随陛下，掌管军国要政，当今之事，大致能知晓，对于古事、仪礼实在力不从心。"因此，他建议明宗选择一些知名学士参与政务决策。明宗出自行伍，十分担心文人学士们轻视他。安重诲也怕后来人分了他的权势，但又不得不用文人。于是，选来选去，选中了谨小慎微的冯道数人，任命为端昭殿学士，协助安重诲参与机要。明宗又任命率征蜀军回归的任瑰为宰相，削弱庄宗时任命的宰相豆卢革、韦说的权力。任瑰与明宗

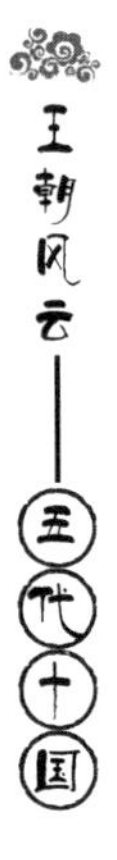

早年共同跟随李克用，十分知己。这次率大军归来后，对明宗又格外忠诚。因此，备受青睐。豆卢革、韦说自恃出身名门，又长期在庄宗朝为相，对这位新皇帝不太放在眼中，有时在殿前奏事也不太讲究礼貌，自以为是，弄得明宗十分恼火。任瑰为相不久，豆卢革、韦说又与安重诲在明宗面前发生争执，来来往往，声疾色厉，明宗退朝后，一位老宫女悄悄地问道："刚才与重诲相争的是谁？"明宗答"宰相"。宫女说道："妾在长安宫中，还没见过臣下敢这样的，他们实在太轻视大家了。"这位宫女是唐朝时的老宫女，因此说在长安宫中时。"大家"是当时人们对皇帝的称呼。明宗听了这话，当然气上加气。第二天，就贬豆卢革为辰州刺史，韦说为溆州刺史。

庄宗统治的几年中，最突出的问题是财力不充，官吏欠俸，士兵缺饷。庄宗与租庸使孔谦只顾横征暴敛，不注意发展生产、与民休息，弄得民不聊生，一片凋零，终于导致倾覆。明宗虽不识字，但长年在外征战，对民生疾苦有所了解。尤其是通过亲身经历，深知庄宗之所以覆败的根源。加之称帝之时，已 60 余岁，丰富的阅历与政治经验，使他成为五代君主中比较成熟的一位政治家。明宗称帝以来，前朝的财政危机继续发展，百官俸禄不仅要折合成实物下发，而且每百钱只能折 50 钱的实物，应当正月发放的俸禄也往往拖到五月才能兑现。唐代以来，吏部要向新任命的官吏颁发告身与敕牒，告身相当于鉴定，敕牒相当于任命书，新任官员要交纳一定数目的钱才能领取告身。但在后唐时代一些官吏无钱买取告身，只领取敕牒便去赴任。明帝称帝之初，依然如此。至于出生入死的士卒们，更是穷困交加。不解决这一问题，李嗣源的江山也坐不稳。因此，在安重诲等人的协助下，明宗采取了一系列措施改善困境、稳定局面。明宗入洛不久，即诛杀庄宗朝租庸使孔谦，孔谦所设立的苛敛条目统统废除。后又任命任瑰以宰相专判盐铁、度支、户部三司，主管财政。任瑰接任后，先请明宗罢除了夏、秋两税的省耗。后唐农民一年分夏、秋两次纳税。过去规定，

徽 陵

每纳税一斗，要额外上交一升的省耗，实际上是额外加征。其后，又请明宗规定地方官不许额外征敛，刺史以下官不许向皇帝进贡，希望由此减轻百姓负担。

明宗称帝的这年秋天，又下令把宫中鹰坊的鸟兽全部放掉，各地不许再进贡这类东西。冯道向明宗庆贺道："陛下可以说是恩及禽兽了。"明宗却说："不对，我对禽兽并无恻隐之心，只是过去随先帝打猎时，常有野兽进入成熟的秋田中，为了追猎野兽，往往把庄稼践踏得七零八落，现在又近秋收，我则此想到畋猎有害无益，所以不许各地再捕捉禽兽进贡。"对于豪强官僚的兼并土地，侵凌百姓，明宗也有所抑止。豆卢革、韦说罢相不久，有人告发豆卢革强夺民田，并纵容自己的田客杀人。韦说强占邻家水井、包庇强夺民财的儿子。明宗闻知大怒，立即又将豆卢革、韦说再贬为费州司户、夷州司户。

这些措施对于恢复经济、发展生产起了一定的作用。

明宗为监国时，庄宗后宫宫女还有1000多人，宣徽使选年少貌美者数百人送到明宗居住的兴圣宫，明宗问："要此何用？"宣徽使答道："负责宫中的各项职掌。"明宗道："宫中职掌应了解过去的习惯与规矩，这些人怎能胜任。"命宣徽使将这些年少女子送回各自家中，只选用一些老年旧

宫人。及明宗称帝后，严格规定：后宫只能留宫人百人、宦官30人，其余的人全部放出。对朝中官吏，明宗则令宰相与吏部商议，无论是各部各司，还是各使属下，凡是有名无实的多余官吏一概废除。当时，洛阳城一带还集结着大批军队，军粮运输十分困难，明宗令诸军分别驻屯于附近有粮的州县，免除了军粮运输的压力。

经过如上努力，后唐的社会生产与财政状况明显好转。府库充实，粮食富足，有的州郡10文钱就可以买到1斗粮。一天，冯道与明宗谈起近来四方无事，五谷丰登，明宗喜不自胜，表示要与百官共享太平。冯道又向明宗谈起一件往事："过去臣在先皇幕府作书记官时，曾出使中山，途经太行山的井陉关，山势十分险峻，悬崖峭壁、弯曲小路，我战战兢兢，十分小心地按着辔绳，缓缓穿过山口，幸好平安无事。谁料踏上平路，刚放开缰绳，想轻松地奔走一下，却险些人仰马翻。我想治理天下也是这个道理吧！"明宗十分赞同他的说法，问道："今年丰收，百姓日子是否富足？"冯道答道："农家百姓遇有灾年，就会流离失所，沦为饿殍；若丰年粮多，又会受到粮贱的伤害，农民在四民当中最为勤苦，全赖陛下爱护扶持。我记得前进士聂夷中有诗写道：'二月卖新丝，五月粜新谷，医得眼前疮，剜却心头肉。'语虽粗俚，却道出了农家的苦情。"明宗马上令左右侍从录下此诗，以后常常讽诵。

明宗之子中，有三人年龄最大：一是养子李从珂，为西都留守，驻长安；一是长子李从荣，封秦王，判六军诸卫事驻洛京；一是宋王李从厚，驻汴州。安重诲专权时，三人都被其压抑。及安重诲死，三人势力开始发展，其中李从荣权势发展最快。

安重诲一死，李从荣开始参与朝政，由于他掌握兵权，又是明宗长子，在朝中十分骄横。无论是范延光、赵延寿还是孟汉琼，他都十分轻视。但他的声名远在宋王李从厚之下，更何况关中还有随明宗多年征战的李从珂，也觊觎着洛京的帝位，因此，朝中大臣人人思危，纷纷请求到地方任职。

长兴三年（932年）十一月，六军诸卫副使石敬瑭不愿与李从荣共事，被派作北京留守（即晋阳）、河东节度使。枢密使范延光、赵延寿也想效法石敬瑭，明宗不许。

次年正月，以秦王李从荣为守尚书令兼侍中。当时诸王都有师傅，宰相惧李从荣威势，不敢为他派任，只是请他自己选择。秦王选中兵部侍郎刘瓒作师傅，刘瓒在明宗面前苦苦哀求，不敢赴任，明宗不许。当时秦王府中都是权宦子弟，少年得志，十分轻佻、骄躁，李从荣对这位师傅从不按师礼接待，总是当作僚属看待。刘瓒面色稍有不悦，李从荣马上命令守门军士不许进门，只允许他一月到秦王府一次，还往往见不到人。这年五月，明宗突然中风，月余未见群臣，洛城的人们人心惶惶，或逃往乡村，或躲入军营，一片混乱，到七月初，明宗硬撑着召见了群臣，人们才安定了一些。

看到明宗病得这般严重，群臣开始考虑立太子的问题。太仆少卿何泽见秦王李从荣权势正盛，先行上表请立李从荣为太子，想以此讨好李从荣。明宗读着表章，泫然泪下，对左右侍从道："群臣请立太子，看来我得到太原养老去了。"次日，召群臣计议此事，李从荣向明宗道："臣儿年幼，愿随父皇学习治国平天下之术，不愿做太子。"下朝后，李从荣又找到范延光与赵延寿责问道："执政想让我作太子，是不是要夺我兵权，把我限制在东宫中？"

李从荣奏请明宗把禁军严卫、捧圣步骑两指挥之兵割作自己的牙兵，每次上朝，都率几百骑兵，前呼后拥，张弓挟矢，横冲直撞。他对范延光、赵延寿诸执政官十分倨傲，并对亲信说："我一旦做天子，一定要杀掉这些老奴才。"范延光、赵延寿自然十分忧虑，多次请求到外地任职。明宗不明内情，以为是因为自己病重的缘故，十分不快，说："要走就走，何必还要向我请求。"赵延寿夫人是明宗的女儿，封齐国公主，见事情僵持，她亲自拜见父亲，解释道："延寿是因为有病，难以料理政事才提出请求的。请父皇恩准。"第二天，两人又向明宗道："臣不敢两人同去，请陛下先准

一人，若新任枢使不称职，臣立召即至。”明宗同意，任赵延寿为宣武节度使，提升山南东道节度使，朱弘昭为枢密使、同平章事。但朱弘昭连连推辞，明宗叱责道：“你们难道都不愿在我身边吗？”朱弘昭这才不再推辞，但妻儿老小都还留在山南，以防万一有变。

赵延寿走后月余，范延光也通过孟汉琼、王德妃，出外作了成德节度使。当时名将重臣多借故请求外任，留在朝中的也往往与秦王建立联系，被明宗信任的亲军都指挥使康义诚也派儿子到秦王府做事，以求两全。

十一月中旬，明宗病情加剧，秦王李从荣入宫探视，明宗已不能抬头，王德妃在一旁对明宗说：“从荣在此。”明宗也没有说话。李从荣走出宫门时，听到宫中哭声不绝，以为明宗已病危。

第二天，他称病不去宫中。其实，当晚明宗的病情略好了一点。李从荣未去宫中，在秦王府与左右亲信抓紧策划。他自知自己十分孤立，不得人心，怕万一百官拥立他人，自己将一无所获，遂决定先下手为强，率牙兵进入宫中。次日晨，李从荣率步兵、骑兵千余人在城中天津桥列阵，先派人向宰相冯赟通告：“我今日要入居兴圣宫，你们各有妻子家属，为人处事不能过于固执，不然，随时可能大祸临头。”冯赟马上驰入皇城，与朱弘昭、康义诚、孟汉琼商讨对策，还未议出结果，监门将军报告秦王兵已到了端门外。孟汉琼马上入宫对明宗道：“从荣谋反，乱兵已至端门。”宫中妃嫔闻讯，相顾号哭。明宗倒十分冷静，问孟汉琼：“从荣何苦如此？”又问朱弘昭：“是否真的谋反？”朱弘昭说：“是，刚才已令守门将关闭宫门了。”明宗悲戚不已，对一旁的李从珂之子、控鹤指挥使李重吉说：“我与你父亲千辛万苦平定天下，谁能料到从荣会受人指使，谋反作乱。你先为我守住宫门，以后要把兵权全交给你父亲。”又命孟汉琼召马军都指挥使发兵讨伐李从荣。

孟汉琼率兵冲出宫门，李从荣正坐在天津桥上，急忙率军抵抗。他没想到父亲还会活着，更没料到会有讨伐他的兵马。他本来是想留重兵在天津桥威慑百官，自己直接入宫在父亲柩前即位。这一来，打得他惊慌失措，很快便溃不成军。李从荣逃回秦王府后，被活捉斩首。

听到李从荣的死讯，明宗心中还是万分伤心，几次昏死过去，病情急剧恶化。李从荣有一个小儿子，自小就长在宫中，明宗十分喜爱，李从荣死后，诸将请求杀掉，明宗哭着说："他有何罪？"但还是交由军卒斩首。第二天，冯道率群臣在雍和殿朝见明宗，明宗哽哽咽咽地对大臣们说："朕家事如此，实在惭愧。"

见过群臣后，明宗马上又病在床上，他令人到邺都（魏州）召宋王李从厚，准备让他嗣位，宋王到洛阳的前一天，明宗病卒，终年 68 岁。葬于洛阳县内，陵为徽陵，谥号圣德和武钦孝皇帝，庙号明宗。

后唐明宗李嗣源是五代时期一个少有的开明皇帝，加之他在位时间稍长，因此能使国家稳定，政治清明，人民休养生息，对历史起了一定的促进作用。但他晚年也有严重的失误，这主要是他的疑心过重，随便杀戮大臣，尤其是连续诛杀宰相任圜和枢密使安重诲，使得君臣离心，父子猜忌，国家元气大为凋伤。所以当他晚年患病之时，变起仓促，祸生肘腋，身膺天下大元帅、守尚书令兼侍中的长子秦王李从荣，妄图夺取帝位，率兵攻打宫门，列阵于天津桥。虽然禁卫亲军奋勇抵御并杀死了李从荣，但他终因受惊、愧恨交加而很快死去。

四、李从厚灵前即位，唐闵帝卫州遇害

李从厚（914—934 年），生于晋阳，小字菩萨奴。父亲明宗称帝时，李从厚才 12 岁，被授金紫光禄大夫、检校司徒。16 岁时，封宋王，又受命镇守邺都。李从厚与兄长李从荣虽为同胞兄弟，但性情差别很大。李从厚好读书，礼贤下士，品性懦弱。李从荣则相反，在他专权的那段时间中，十分嫉恨李从厚的名声，处处防范、猜忌。幸好李从厚对李从荣极其恭敬、顺从，才没有出现大的隔阂。

后唐长兴四年（933 年），李从荣被诛，明宗召李从厚入洛阳。李从厚未到，明宗已死。十二月一日，李从厚即皇帝位，为闵帝。

19 岁的李从厚作皇帝后，很想励精图治，登基的第五天，就召学士给他读《贞观政要》与《唐太宗实录》。不过，在政务的处理上他却十分优柔寡断，掌握不住大纲，朝廷大权被朱弘昭与冯赟掌握。朱弘昭、冯赟二人自恃有拥立大功，在朝中横行无忌。闵帝的亲信宋令询跟随闵帝多年，闵帝一直想重用他，但朱弘昭、冯赟二人坚决不肯，但又不希望他留在闵帝身边，就放他到外地作磁州刺史。闵帝虽不高兴，也无可奈何。

第二年（934 年）正月，闵帝大赦天下，改年号为应顺，取应天顺人之意，又以枢密使、同平章事朱弘昭兼中书令，同中书门下二品冯赟兼侍中。朱弘昭、冯赟二人都出身胥吏，未有战功，对朝中与地方的名臣旧将十分顾忌。他们一方面把几位著名的禁军将领安彦威、张从宾等人分派到地方任节度使，另一方面又对地方上的两大势力石敬瑭与李从珂严加防范。当时李从珂长子李重吉为禁军控鹤都指挥使，朱弘昭、冯赟把他放到亳州作团练使；李从珂有一女在洛阳作尼姑，被召入宫中，实际上作了人质。不过，他们并没有想到，这样做的结果是弄得朝廷空空，内轻外重，随时都可能倾覆。

朱弘昭、冯赟两人看到了局面的严重性，他们向闵帝提出一个换镇方案，就是把一些重要地区的节度使互相交换，削弱他们在各地的势力。二月，改河东节度使石敬瑭为成德节度使，改凤翔节度使李从珂为河东节度使，改成德节度使范延光为天雄节度使，召天雄节度使孟汉琼还京，并派使臣监送各节度使赴任。这引起他们的极大不满。李从珂马上打起“清君侧”的旗号在凤翔起兵。

闵帝听到凤翔起兵的消息，马上要判六军诸卫事康义诚率军征讨。康义诚怕失去兵权，不肯外出，闵帝只得另委他人。以护国节度使安彦威为西面行营都监，率五节度使共讨凤翔，但很快就大败而归。闵帝在朝堂哭哭啼啼地说道：“朕本来无心作天子，被你们拥立后，朕年纪尚幼，国家大事都委托诸公办理，诸公决定的国家大计，朕怎敢不同意？凤翔起兵之初，诸公无不自夸，保证寇不足平。今事已至此，你们还有什么好办法以转祸为福？我看没有，朕要西去自迎从珂，以帝位相让，若仍不免罪责，也心甘情愿。”朱弘昭、冯赟惶惧不安，无言相对，康义诚想率禁军投降李从珂，坚决反对闵帝出城。他说：“凤翔之败，是由于主将失策，现在城中禁军尚多，臣请求率军西去，抗拒从珂。”闵帝派人召石敬瑭为帅，康义诚坚持自己先率军出战。禁军马军都指挥使朱洪实主张坚守洛阳，不能出征。康义诚怒冲冲地说：“洪实不让出征，难道也想反叛吗？”朱洪实也针锋相对地说：“公自己要叛，还说别人谋反，真不知廉耻。”两人在闵帝前你来我往，争执不休。闵帝分不清谁是谁非，下令：“洪实以下犯上，斩首示众。”康义诚是判六军诸卫事，禁军首领，所以闵帝要判朱洪实以下犯上之罪。

康义诚率军将行，闵帝亲自向将士发放赏赐。士兵们一边背着刚领到的赏赐，一边扬扬得意地说：“到凤翔还要再得一份。”也就是说要投降李从珂，再得一份赏赐。康义诚出洛阳后，李从珂大军已到达陕州（今河南三门峡市一带）。康义诚率军方至新安，距陕州尚有200余里，诸军将士就百十成群，争相奔向陕州。当康义诚入陕州境时，麾下仅剩几十人，正巧遇到李从珂派出的侦察骑兵10余人。康义诚解下佩带的弓剑请他们转呈李从珂，并转达投降意愿。

李从厚

闵帝听到康义诚投降的消息，忧急万分，派人召朱弘昭

商计对策。朱弘昭对家人道："此次召我，定是诛杀。"自己投井而死。留守京城的侍卫马军都指挥使安从进乘机派兵杀掉冯赟，把冯赟、朱弘昭二人之首遣人送给李从珂。

闵帝见京城已无法据守，就想奔往魏州，令孟汉琼先行至魏州安排。孟汉琼一出城门，马上驰往陕州。闵帝在邺都时，十分宠信牙将慕容迁，即位后，提拔他为控鹤指挥使。这次出奔魏州，闵帝要他率军相随，他也表示："生死跟随大家。"但闵帝刚出城，他就关闭城门，派人与李从珂联络。四月一日天蒙蒙亮时，闵帝在卫州东遇到奉命来洛阳的石敬瑭。闵帝欣喜万分，马上询问有何退敌良策。石敬瑭反问："听说康义诚率师西讨，情况怎样？陛下为何到了这儿？"闵帝道："义诚也叛走了。"石敬瑭一面叹气，一面暗暗思忖。过了一会儿，他让人把闵帝安排在驿站中，对闵帝说："卫州刺史王弘贽是一员老将，我先入城与他商议一下。"不多久，石敬瑭返回驿站，向闵帝说："弘贽认为陛下此次出奔与前代天子不同，既无将相、侍卫禁军相随，又没有传国玉玺，难以号召天下。"这其实是石敬瑭找到的一个托词。

石敬瑭部将沙守荣指责石敬瑭不忠不孝要出卖天子，被石敬瑭亲将所杀。他们又趁势把闵帝的几十个随从也统统杀掉，只把一个孤零零的闵帝交给了王弘贽。石敬瑭继续率众赶往洛阳。

闵帝出奔的第二天，宰相冯道入朝，至端门，才得知朱弘昭、冯赟已死，闵帝出奔。冯道折返至天宫寺，安从进派人通知冯道："潞王从珂正倍道而来，相公应率百官出城迎候。"冯道只好停在寺中，派人召集百官。中书舍人卢导姗姗来迟，冯道一见，马上上前道："现在就缺劝进文书了，你赶快起草。"卢导说："潞王入京，有百官迎候就足够了，如有废立皇帝的大事，也要等候太后教令，怎么能草率地劝进呢？"冯道劝道："处理事情应当务实。"卢导反驳说："哪有天子在外，臣下就劝他人称帝的？况且如果潞王不肯称帝，反要斥责我们不明大义，到那时事情就更难办了。"冯道还未来得及回答，安从进又派催促百官速去城外，准备迎接潞王。冯道与百官急忙乱纷纷地拥向城西的上阳门，在上阳门外一直等了三天，到四月三日，潞王才到达洛阳。冯道率百官三次上表劝进，次日，太后下令废闵帝为鄂王，以潞王知军国事。又过了二日，潞王在明宗柩前即皇帝位。即位后马上派人到卫州鸩杀闵帝，王弘贽亲自向闵帝进毒酒。闵帝死年 21 岁，无谥号。

五、勇猛刚毅唐末帝，治国无能自焚身

唐末帝李从珂（885—937 年），本姓王，字从珂，镇州平山（今河北平山）人。后唐末代皇帝，唐明宗李嗣源养子，母为宣宪皇后魏氏。

李从珂端谨稳重，沉默寡言，勇猛刚毅，跟随李嗣源征战四方，在后唐灭后梁之战中屡立战功。长兴二年（931 年），出任左卫大将军、西京留守。三年（932 年），拜检校太尉、凤翔节度使。四年（933 年），晋封潞王。

长兴四年（933 年），闵帝李从厚即位后，对李从珂倍加猜忌，先是解除了他儿子李重吉的禁军之权，改任亳州刺史，调离京师；然后又召他出家为尼的女儿李惠明进宫。李从珂听到儿子被外调，女儿被内召，知道新主对他产生了猜忌，终日惶惶不安。

后来，闵帝更是听从朱弘昭、冯赟等人的建议，实行“换镇”政策：诏令李从珂离开凤翔，改任河东节度使。李从珂接到诏令后，颇感不满，想要抗命，又觉得自己兵弱粮少，于是和部下商议。众将领都说：“皇上年幼，朝政都把握在朱、冯两人手里，主上功高盖主，如果离开凤翔，一定凶多吉少。”李从珂于是下定决心，举兵反叛。

应顺元年（934 年），潞王李从珂自凤翔出发，起兵反叛。李从珂反后，让人起草了檄文散发到各地，以清君侧除奸臣为名，请求各节度使共同出兵攻打京师，杀掉朱弘昭、冯赟等人。李从厚命王思同领兵来讨伐，王思同集结各路兵马围攻凤翔城。

凤翔城不是重镇，城低河窄水浅，无法固守。王思同的军队和李从珂

的相比，占了很大优势。在朝廷重兵的大力攻击下，凤翔城东、西关的小城先后失守，李从珂的属下伤亡也很大，再打下去，城池难保，李从珂站在城头上，焦急万分，恨自己没有早点防备，以致将要落个身首异处的下场。情急之下，李从珂三下五除二，将上身的衣服脱掉，露出身上的一个个伤疤，然后站到了城墙上，大哭着说："我自小就跟随先帝出生入死，身经百战，满身创伤，才有了今天的江山社稷；你们大家跟着我，这些事都看在眼里。现在，朝廷宠信佞臣，猜忌自家骨肉，我究竟有什么罪要受此惩罚啊！"在生死关头，李从珂哭得声泪俱下，动之以情，晓之以理，使许多攻城的军士动了恻隐之心，转而支持他，先后劝降曾经的部下羽林军指挥使杨思权、都指挥使尹晖等攻城将领，并趁机一举击败李从厚派遣的所有军队，随即拥兵东进，兵锋直指都城洛阳。

一路上，各郡县无不望风迎降，朝廷派来征讨的军马，也先后投到了李从珂麾下。旬月之间，兵至陕州，进逼洛阳。李从厚无兵无将，仓促出逃。四月三日，李从珂率军进入洛阳城。宰相冯道率领文武百官劝进，李从珂假意不从。第二天，太后下诏废李从厚为鄂王，命李从珂为监国。六日，又立李从珂为帝，他这才登基，做了皇帝，是为后唐末帝，改元清泰。

李从珂

末帝即位，首先要解决的就是军卒的安顿，根本问题是赏钱多少。无论是凤翔起兵时的士卒，还是后来陆续投降的士卒，都是为了一个中心目的——赏钱。赏钱优厚可以使敌阵倒戈，敌兵降服；赏钱不足就是另一番情况了。士卒们为了不断地得到赏钱，也需要不断地拥立统帅，以至拥立皇帝，这是五代动荡的一个重要根源。末帝在凤翔出兵前，就向军士许诺，入洛阳后每人赏钱百缗。因此，一到洛阳，马上召见三司使王玫，询问府库财产。王玫答有数百万。经查核后，实际才有金帛 3 万多两（匹），但赏钱却需要 50 万缗，相差甚远，末帝十分恼怒。王玫立即征收财产税，所得也不过几万缗。末帝对朝中大臣道："军不能不赏，而民又不能不恤，实在难办。"大臣们建议收取房屋居住税，无论是自住还是赁居，都要预收五个月的税钱。经过百般聚敛，得到财物也只有 6 万缗，距 50 万还相差甚远。末帝下令，凡不能如期交税者，一概打入牢狱，昼夜拷打，直到交足为止。一时间，弄得洛阳城中囚徒满狱，自缢、投井者屡见不鲜。诸军士卒则终日在大街小巷吃喝玩乐，趾高气扬。市民们一有机会，就将他们围起责骂一番，双方矛盾十分尖锐。

又经过若干天的努力，除了敛取民财外，太后、太妃们把首饰器物也几乎都拿了出来，再加上各地的进贡，算是有了 20 万缗。看来这是顶点了，末帝终日忧心忡忡。一天晚上，轮到枢密直学士李专美值夜，李专美原在凤翔时，是末帝的掌书记，十分得宠，末帝责问道："卿号称有才，不能为我筹措军财，是不是有所保留，不为我尽力。"专美叩首谢罪，徐徐向末帝道："臣驽愚不堪，实在难当重任，不过，军赏不足，却也不是我的责任。我想自先帝长兴年间以来，赏钱过滥，士卒骄横，接着又是营建先帝陵墓及此次战事，国家府库已空。况且，在目前情势下，即使有无穷无尽的财富，也难以满足骄卒之心，国家存亡不应赖于赏赐，而在于立法规，建纲纪。陛下如果不能改覆车之辙，臣恐存亡难知。现在财力有限，陛下应根据现有财力，均平颁赏，何必一定要遵循原有诺言！"末帝十分赞同。次日下诏，凡在凤翔起事、归附者，军士各赐钱 20 缗，在京军士各 10 缗。诸军自然怨望不满，声称"除去菩萨，扶立生铁"。指末帝铁面无情，也表明他们对拥立末帝有些后悔。

虽然有宰相，也有百官大臣，但末帝只信任凤翔跟来的旧人，实际权力也交由他们掌握。这些人中，以薛文遇、刘延朗为中心，左右朝政，气焰熏天。薛文遇是枢密直学士，刘延朗为枢密副使兼宣徽南院使，在这种情况下，宰相诸人自然是拱手而已，即使是枢密使房暠也不揽事权，每次地方遣使报告情况，枢密院诸公共同计议时，房暠总是伏身酣睡，一觉醒来，地方使者早已离去。这样，刘延朗独执枢密院大权，节度使、刺史自外地入京，一定要先向刘延朗行贿，然后向皇帝进贡，贿礼重者会先被派往内地，贿礼轻者只能前往边陲作官。地方将帅十分怨愤，末帝却未有感觉。

朝政如此，对地方藩镇的关系末帝也未能处置得好，尤其是对最强的一个藩镇石敬瑭的关系，直接导致了他的倾覆。

石敬瑭是明宗的女婿，当年与末帝一道随明宗征战，也以勇猛著称，但两人素来不合。闵帝时，石敬瑭是河东节度使，手握重兵，雄踞河东。末帝起兵，石敬瑭奉闵帝命南下，行至半途，末帝已入京称帝，石敬瑭不得已，仍入京城，朝见末帝，协助安葬明宗。明宗丧事处理完毕，石敬瑭自己不敢要求回河东，以免引起末帝猜忌，只是终日装出一副病恹恹的样子，转移人们的注意力。石敬瑭的夫人魏国公主及太后多次请末帝放其归河东，凤翔旧将多劝末帝留住石敬瑭。李专美等人则建议放石敬瑭回去，以免其他藩镇心中不安。末帝看到石敬瑭病成这个样子，也不太在意他的去留，对臣下说："石郎自少与朕同患艰难，亲密无间，今我为天子，除了石郎还能依靠谁呢？"于是，又任命石敬瑭为河东节度使，北面诸军总管。石敬瑭马上辞归，留夫人与二子在京城。石敬瑭夫人是曹太后之女，二子都是宿卫宫禁的军将，长子石重殷为右卫上将军，次子石重裔为皇城副使。石敬瑭通过他们，密切注视着末帝的一举一动，自己在河中则屡屡声称，病弱不堪为帅。

不过，有些大臣还是看透石敬瑭的用意，他们常常在末帝面前指陈石敬瑭的反常行为，要末帝加以注意。

清泰三年（936年）正月十三日，是末帝生日，他把这天定为千春节，举国同庆。这天，末帝在宫中置下酒宴，与太后、太妃以及皇后、石敬瑭夫人等共同饮酒。石敬瑭夫人请求辞归晋阳，末帝醉醺醺地说："怎不多留几日，如此着急回去，莫非要与石郎一道反叛？"石敬瑭后来听到这个话，更加疑惧，不过末帝对他仍不太留意。

春节后，石敬瑭准备起兵。他把在洛阳及诸地的财产抓紧往晋阳集中，又大规模地招募士卒，打造兵器。当然，这都以抵抗契丹为旗号。二月的一天，有人又向末帝提起石敬瑭一事，末帝从容地说："我与石郎至亲，无可怀疑。不过，最近流言太多，万一因此而失欢，实在太不应该，众卿对流言有何高见？"众大臣默默不语。退朝后，端明殿学士李崧与吕琦聚于李崧家中，俩人商议道："今朝中大臣多持观望态度，长此以往，石敬瑭必然长驱南下，入京称帝。要制止此事，必须防患未然。"他们商议来，商议去，得出结论，石敬瑭如若反叛，必然会借助契丹力量。因此，若末帝向契丹致书通好，每年赠10万缗钱财，契丹必然不助敬瑭，敬瑭也就不敢贸然起兵了。次日晚，二人一同向末帝秘密报告此事，末帝欣然同意，俩人也私下里拟好了《遗契丹书》，等待末帝的诏命。

但过了许久，一直未有动静。原来，末帝对与契丹通好这样的大事一直拿不定主意，又与枢直学士薛文遇商议。薛文遇坚决反对，理由是：以天子之尊屈身事奉夷狄，实在是奇耻大辱。再者，如若契丹提出要娶公主为妻，该怎么办？末帝马上改变主意，召李崧、吕琦到宫中后楼，责问道："卿通古知今，竟出如此主意！朕只有一女，年纪尚幼，卿要把她送到大漠荒沙之中吗？你们还要把我养兵赡国的资财送给契丹，用心何在？"二人一听，目瞪口呆，不禁汗流浃背，再三解释，叩头无数，末帝责骂不已。吕琦年纪已大，气力用尽，叩头稍稍停顿了一下，末帝马上说："吕琦无礼，目中无有人主，该当何罪？"吕琦答道："臣等谋划不周，愿陛下治罪，何必这样叩首求宥？"末帝稍稍息怒，每人赐酒一卮，送了出来。不久，贬吕琦

为御史中丞。此后，臣下更是不谈国事，不顾朝政。

枢密直学士薛文遇也不是不想让末帝解决石敬瑭问题，他之所以反对李崧、吕琦的建议，除了不愿臣服于契丹外，还由于他不想让这一大功让李、吕二人据有。五月的一天，薛文遇独自值夜，末帝与他谈起石敬瑭。他向末帝道："常言说'当道筑室，三年不成'，这事要靠陛下决断。群臣目下各自为自己打算，谁肯尽言？臣以为河东移也反，不移也反，不如先下手为强。"末帝当即决定移石敬瑭为天平节度使，以河阳节度使宋审虔为河东节度使。次日早朝，宣布诏令，文武百官相顾失色，因为这就意味着石敬瑭要反叛了，至于谁胜谁负，难以预料。

接到离任的诏书，石敬瑭当即举兵，他先上表朝中，声称："帝为养子，不应为嗣，请将帝位传给许王。"许王名李从益，明宗幼子。末帝见表大怒，亲自撕裂扔到地上，作诏答道："卿与从厚虽有姻舅之亲，但卫州之事，天下皆知，又有谁人肯相信你会真心拥许王为帝呢？"卫州之事指闵帝逃奔至卫州时遇石敬瑭，石敬瑭冷落无礼，且把闵帝随从统统杀掉一事。第二天，下诏削去石敬瑭官爵，组织诸道军征讨。

五代柴窑遗址

九月，诸军围困晋阳数月，不能克。石敬瑭联络契丹兵马也到达晋阳，唐军大败，退保晋安（今山西太原晋祠南）。石敬瑭与契丹又合兵围困晋安，许多藩镇见形势不好，开始向石敬瑭靠拢。末帝派出的征讨将军也时有投奔对方者。形势如此，他只得下诏亲征。其子雍王李重美劝道："陛下目疾未愈，不能远涉风沙，臣虽童稚，愿代陛下北征。”末帝本来就不想亲自出征，听李重美之言，十分高兴。不过，枢密副使刘延朗等人坚决主张末帝亲征。末帝不得已，率军由洛阳出发。京中诸军自推戴末帝以来，日益骄悍，末帝怕他们乘机作乱，也不敢束之以法。如此北征，后果可想而知。

末帝到河阳后，迟迟不肯北上，召宰相、枢密使商计策略。宰相卢文纪迎合末帝心理，建议末帝应留镇河阳，遣大臣到晋安督战，若不能解围，再亲自北征也不迟。末帝又征询其他大臣的意见，无人有异议。末帝在河阳一驻月余，整日醉酒悲歌，不理军务，臣下有劝他北上的，他就说：“卿毋言,石郎使我心胆堕地。”不过,晋安的情势却是越来越紧张。到闰十一月，内部兵变，守军投降契丹。石敬瑭与契丹联军紧接着又击溃唐援军。各地州镇，纷纷降服石敬瑭。

末帝见事已至此，迁怒于薛文遇，对曾建议与契丹通好的李崧却另眼相看。晋安败后，末帝召李崧商计退路。薛文遇当时正与李崧共同值夜，以为召他们二人，也跟在后面走了进来，末帝马上怒形于色。李崧踩了一下薛文遇的脚，薛文遇惶惶退去。末帝恨恨地说：“我见此物就肉颤，刚才差点抽刀杀掉他。”李崧劝道:“文遇小人，以浅谋误国，不值一杀。”接着，李崧又劝末帝退兵。末帝无奈，只得狼狈地回到洛阳。末帝刚离开洛阳，河阳守蒋苌从简就投降石敬瑭，并为他备好舟船。次日，末帝又想增派兵员据守河阳，但随从诸将多不知去向，军卒们纷纷北去，由洛阳西奔的要地渑池（今河南渑池）也被契丹兵占据。末帝见大势已去，只得带着传国玉玺与曹太后、刘皇后以及儿子李重美等人登上玄武楼自焚，终年 53 岁。骨灰被葬于徽陵一带。

李从珂打仗勇猛,但是治国无能。登基后,为兑现曾许诺给部下的赏钱，督促官吏，百般搜括民财，致使京师的百姓怨声载道，并且任用卢文纪等庸才为相，致使国事日益败坏。

六、周德威战死沙场，李嗣昭拔箭毙敌

1. 周德威

周德威（？—919年），字镇远，小字阳五。朔州马邑（今山西朔州东北）人。后唐大将。他勇猛善战，沉着有谋，为后唐李克用、李存勖父子两代立下无数战功，最后战死沙场。

周德威起初在唐朝大将李克用手下任帐中骑督，骁勇善战，尤其擅长骑马射箭，胆量、气魄、智慧和计谋都有过人之处。由于长期居住在云中地区（今内蒙古托克托一带），十分熟悉边境一带的事情，望见烟尘升起便能料算到兵力多少。唐乾宁年间（894—898年），担任铁林军使，跟随李克用征讨王行瑜，因功加官为检校左仆射，移任内衙军副。

唐光化二年（899年）三月，一位人称“夜叉”的敌军猛将陈章扬言要生擒周德威。陈章经常骑一匹青白色的战马，披挂着鲜红色铠甲，以示与众不同。李克用让周德威好生提防，周德威却说：“陈章只会说大话，还不知鹿死谁手呢。”隔几天来到前线，周德威叮嘱部下说：“如果在阵上看见陈夜叉，你们尽管跑开好了。”周德威穿着普通士兵的服装出马挑战，他的部下佯装退却，等陈章拍马追来时，周德威从背后挥动铁锤将其击落马下，活捉献于李克用帐下。通过这一仗，周德威名声大振。

唐天复年间（901—904年），李克用在蒲县失利，梁将朱友宁、氏叔琮率军逼近晋阳（今山西太原）。当时的部队还没有集结，晋阳城中十分惊恐。周德威与李嗣昭选拔精锐士兵从几个城门同时出击，攻打敌军的营垒，抓住敌人就割下左耳，梁军招架不住就撤退了。

唐天祐三年（906年），周德威与李嗣昭会同燕军攻打潞州（今山西长治附近），梁将丁会投降，周德威因功加授检校太保、代州刺史，接替李嗣昭担任蕃汉都将。次年，梁将李思安率军10万侵犯潞州，周德威在外围率精骑屡败梁军，并命令游骑阻截出来割草放牧的敌人，减轻了潞州的压力。

周德威京剧脸谱

后梁开平二年（908 年）正月，李克用病重，不久去世。周德威被诏班师回朝。这时，庄宗李存勖刚刚即位，周德威在外掌握兵权，招来许多流言蜚语，朝廷上下对此十分担忧。周德威来到之后，只身进朝拜谒，趴在李克用的棺材上放声痛哭，大家的心情才安稳下来。当初，周德威与李嗣昭有私怨，李克用临终前让李存勖把自己的诏命告诉周德威，“倘若不解除重围，我死有遗恨”。李存勖转达了这一遗旨，周德威感动流泪，与李嗣昭和好如初，且奋勇作战，解除潞州之围，因功升任检校太保、同平章事、振武节度使。

开平四年（910 年）十一月，梁军占据深、冀地区，梁将王景仁率 8 万兵临柏乡（今河北南部、滏阳河流域），镇州节度使赶来告急。李存勖命周德威随自己出征，并充任先锋。梁军将领率精兵 3 万人，盔甲上都披挂着丝绸、金银装饰来炫耀军威，晋军见了害怕得变了脸色。周德威亲率精骑攻击梁军的两侧，出入敌军阵地四次，一天内俘获 100 多人，军心遂安。之后，周德威建议缓兵疲敌，李存勖却说孤军救难、利在速决。周德威认为敌人擅长坚守城池，不习惯布阵野战；己方却要依靠骑兵在平地旷野施展，逼近攻伐并非所长。李存勖听了很不高兴，回帐中躺了。周德威十分着急，对监军张承业说：“我们撤退到鄗邑（今河北柏乡北），引诱敌人离开营寨，采用敌进我退的游击战，再用轻骑兵抢掠他们的粮草军需，不超过一个月，必然打败敌军。”张承业向李存勖陈述了这个意见，李存勖这

才高兴起来，当即率军退守鄗邑。

第二年（911 年）正月，周德威率骑兵进至柏乡，预先在村落中设埋伏，命令 300 名骑兵迫近梁军营寨。王景仁率全部人马列阵应战，周德威且战且退，梁军趁机追赶。到了鄗邑城南，正午时分，两军各自摆好阵势，李存勖问是否可以出战，周德威答道："梁军气势昂盛，只能以逸待劳，轻易出击无异于以卵击石。贼军远来，自午至晚，饥饿和干渴在内部侵袭，战斗阵势又在外部施以压力，士气必然懈怠，其将领也一定会谋划撤阵回营。那时趁着他们疲劳困苦，用我们的生力军去压制，敌人纵然不会溃败，也要损失一部分军队。所以，以我之见，最好的出战时机是在傍晚。"众将都赞同这个看法。傍晚时分，梁军阵势渐退。周德威看到战机已经成熟，于是大叫道："梁军逃走了！"并指挥部下奋力追杀。敌人收缩兵力逐渐撤退。李存勖等人趁机冲击，两下夹攻，梁军大败，几乎被全歼，王景仁、李思安仅以身免。

后梁贞明三年（917 年）三月，契丹进犯新州（今河北境内），周德威的军队失利，退守范阳(今河北涿州市)。敌人攻城近 200 天，援兵仍然未到，周德威安抚将士，昼夜上城督战，打退敌人多次进攻，守住了范阳城。

贞明四年（918 年），晋军屯驻麻口渡，即将大举进攻以平定汴州，周德威从幽州率部赶到，部队在胡柳陂宿营。次日早晨，哨骑报告说："梁军到了！"李存勖派人来问战斗准备情况，周德威回答说："梁军日夜兼程而来，还没有来得及修筑营垒，而我军的营栅却已固立。既然深入敌境，就必须想个万全之策。这里离大梁只有一天一夜的路程，敌军家属全在城里，人之常情，谁不牵挂自己的家园？用我们这些深入敌境的部众来对抗他们群情激愤的军队，如果不用计谋遏制敌人，恐怕难于制胜。大王您只管按兵不动，保守营寨，我用骑兵骚扰他们，使其无法立下营寨，到了晚上，乘势出击，必能一举败敌。"李存勖说："我们在大河岸上整天挑战，遗憾的是没有遇上敌人。现在敲响敌人的大门却不出击，这不是壮士的行为！"

然后就率领亲军排队出战，周德威没有办法，只好从命。出战前，他对儿子说：“我不知道将死在哪里呀！”

李存勖与梁军将领王彦章交战，王彦章大败。梁军的游动部队攻入唐军的辎重部队中，唐军士兵惊恐万状。周德威的部队本来兵力就少，再加溃退唐军冲击，无法解救危急，父子二人都战死沙场。

2. 李嗣昭

李嗣昭（？—923 年），五代后唐将领。字益光。李克用弟弟李克柔养子，从小跟随李克柔生活在代州（今山西代县）。

李嗣昭身材瘦小，却精悍而有胆略，沉静刚毅，与众不同。李嗣昭先前酷爱饮酒作乐，一次李克用随口说了一下，他便从此戒酒，终身不饮。年少时，李嗣昭便常从军出征，积累了不少指挥作战的经验。

唐乾宁四年（897 年），梁将李罕之攻取潞州（今山西长治）。李嗣昭奉命率兵征讨，在含口一带大败梁军，俘虏敌兵 3000 人，生擒敌将蔡延恭。获胜之后，李嗣昭迅速包围了潞州，敌兵坚守不出。李嗣昭断绝城内粮草供应，围城多日，敌兵见反攻无望，又没有援兵，于是弃城逃走，李嗣昭得以收复潞州。

唐光化三年（900 年），梁军攻取沧州，李嗣昭率兵出征。朱温亲率精兵 3 万前来迎战，李嗣昭受敌军伏击损失两员大将，转而出兵河阳（今河南孟州市南）。河阳的梁军守将出乎意料，匆忙中驱赶市民登城守卫。李嗣昭从北门发起进攻，攻破了城墙的外垣，因敌军援兵赶到，只好引兵退回。

唐天复元年（901 年）四月，梁军大举围攻太原，李克用正在城内，一时无计可施。李嗣昭选精兵数千人，早晚时分四门出兵袭击敌军大营，或杀或烧，或擒或伤，使梁军疲于奔命。当时正逢连阴雨，敌兵大多身患疾病，加上粮草供应不济，不久即撤军。李嗣昭乘势率精兵追击，获大量军用物资。

天复二年（902 年）正月，李嗣昭进兵蒲县（今山西西南部）。朱温亲

率大军前来迎击，一时聚众达10多万。李嗣昭与周德威的军队被梁军重重包围，不得不突围撤退，梁军乘胜占领慈、汾等州，继而屯兵晋祠（今属山西），进逼太原城。李嗣昭与周德威收拾余部，登城守卫。当时，太原附近各州都被梁军占领，太原孤城一座，而10多万梁军日夜围攻，危在旦夕。李克用忧心忡忡，手下将领劝其弃城退守云州（今山西大同）。李嗣昭力主坚守，李克用听从其议，召集失散兵士，加固城池。李嗣昭带兵昼夜出击，斩将夺旗，梁军疲于应战。10天后，梁军见久攻不下，又损失惨重，便烧毁大营，引兵退走。李嗣昭带兵追击，接连收复了汾、慈等州。

唐天祐三年（906年），李嗣昭任昭义节度使，率兵收复潞州。次年六月，梁将李思安统兵10万围攻潞州，李嗣昭深挖沟壑高筑城墙，坚守潞州。朱温下诏劝降，李嗣昭烧诏书、斩来使，坚决不从。潞州城被围日久，粮食短缺，李嗣昭下令减轻百姓租税，鼓励人们种田务农。为鼓舞气势，李嗣昭他在城墙上设宴犒劳将士，饮酒间被城外冷箭射中腿部，李嗣昭不露声色，悄悄地将箭拔下，继续饮酒作乐，谈笑自如，身边将士竟无一人知晓。后来，李存勖带兵前来，里应外合打退了梁军。

李嗣昭不仅善于指挥作战，而且善于整治地方事务，深得人心。后梁贞明六年（920年），李嗣昭掌管幽州（今北京西南）的军府事务，几个月后离任时，百姓哭着拉住他的坐骑，不让离开。最后，李嗣昭只好在深夜悄悄地出了城。

龙德二年（922年），庄宗李存勖亲自率兵攻打驻守镇州（今河北石家庄）的梁将张文礼。到了冬天，契丹军30万前来围攻庄宗的部队，李嗣昭引300名精骑杀入重围，往来数十回合，杀敌无数，契丹军大乱，李嗣昭护着庄宗回到了自己的大营。

第二年七月，李嗣昭又奉命攻打真定（今河北正定）的王处球。李嗣昭设伏诱敌出战，射杀敌兵大半。敌剩下三四百人躲在城墙的废墟间，李嗣昭骑马射杀，冷不防被敌兵一箭射中头部。当时李嗣昭所带的箭已经用完，便拔下头上敌箭，弯弓射去，一箭射中了对方的咽喉。李嗣昭直到晚上才回到大营，深夜里因伤口流血不止去世。

七、出将入相郭崇韬，功高受妒遭诛杀

郭崇韬（约865—926年），五代后唐名将。字安时。代州雁门（今山西代县）人。初入李克用军，后辅佐庄宗李存勖，历尽艰难，殚精竭虑，出将入相，筹划周到。功高权重却不善吸取前人教训，不能功成身退，最终未能远祸全身。

郭崇韬参军后一直是李克用的部属，曾与好友孟知祥一同任中门副使，参与管理机要。后梁龙德二年（922年），郭崇韬跟随李存勖出征镇州（今河北石家庄附近）时，契丹忽然兵临新乐（今河北西部），众将领担心腹背受敌，都请求撤退，李存勖犹豫不决。这时郭崇韬提议说："契丹王阿保机是为掠夺财物而来的，目前进驻新乐的先头部队，人数并不多，而我军刚刚打了胜仗，士气正旺，应该乘胜进军，契丹见我阵容强大必然逃走。如果我们不战而退，契丹大军也会随之而来。"李存勖觉得有道理，于是带兵出击契丹。契丹军果然接战不久就扔下死伤的兵将逃走了。

第二年，李存勖在魏州（今河北、河南、山东交界）称帝，郭崇韬被任为检校太保、守兵部尚书，充枢密使。这时后梁的军队攻占了卫州（今河南淇县境），并且不断蚕食后唐的辖地，而后唐的主力部队正在南面郓州一带（今山东菏泽东北部）。梁军切断了水路，所以消息不通，难以调动，而魏州城中因建国不久，军民悲观。郭崇韬为此而寝不安席。不久，梁军又急攻杨刘城（今河南偃师南），直接威胁唐的存亡。庄宗李存勖登城四望，一筹莫展。郭崇韬建议打通水路，并且立栅予以保护，一来与主力部队取得联系，二来保证粮运畅通。庄宗同意后，郭崇韬率领1万兵将连夜出征，在敌军控制的地段住下来，派出敢死队向敌军挑战，将控制水路的敌军引到别的地方去交战，让敢死队坚持三天。郭崇韬则带领将士占据渡口，并

明慧大师塔

且抓紧时机立栅筑坝。不久，庄宗带领亲军赶来援助，梁军败退，杨刘之围遂解。此后唐军连连获胜，日益发展。

不久，梁将康延孝投降唐军，郭崇韬把他请到自己的卧室里促膝相谈，详细询问梁军的情况。得知梁军部署四路出击唐军，庄宗立即召集武将文臣商议对策。宣徽使李绍宏建议割地求和。散朝后，庄宗在自己的寝室内单独召见郭崇韬，征求意见。郭崇韬慷慨陈词，决不放弃一寸土地，最后说："我听说傍大路三年盖不起房，就因为说什么话的人都有。如今之事，就在于您的决心了。"庄宗挺身而起说："你的话正合我的心意。大丈夫做事，成则为王，败则为寇，咱们就这样决定了！"当天便给全军下令，将所有家属遣送地处后方的魏州，然后率领大军出征，结果生擒敌将王彦章，攻克汴梁，杀了梁帝，收降了大将段凝，取得了全面胜利。

庄宗李存勖进入汴州（今河南开封）后，举行了郊拜典礼，赏赐功臣。郭崇韬以侍中、枢密使兼领镇、冀二州（今河北中南部）节度使，晋封赵国公，食邑 2000 户，并赐铁券，恕十死。其地位仅次于皇帝，权力达于朝廷内外。他以一贯的忠诚为皇帝谋划，依据规矩办事，所以受到士族及皇族的好评。

进入汴州之初，梁朝的一些大官上将曾予贿赂，郭崇韬都收下了。亲友见他一反常态，便劝他拒绝收礼。他说:“我的职务将相兼备，俸禄上万，根本不缺少什么。只是梁国原先就贿赂成风，送礼的这些人原先都是敌对的死硬分子，现在要他们改换门庭，转变立场，也不容易，如果拒绝，他们必然产生畏惧心理，甚至敌视我。现在把这些东西放在我家里不动用，也如收回国库一样。”后来朝廷又举行郊拜典礼时，他把所收的礼品全部交给皇帝，皇帝用作奖品，奖赏了众人。

天下已定,庄宗逐渐转向奢华,为所欲为。后唐同光三年(925 年)夏天，庄宗想盖一座专门避暑的大殿，郭崇韬谏止，但皇帝身边的大臣不待有令，便动工兴建大殿。郭崇韬奏请停工，庄宗却不采纳他的意见。

郭崇韬清楚自己位高权重，担心受到他人的倾轧、谋害，就对儿子们说想辞官隐退，儿子们却认为他一旦失去职位，便是神龙离水，必为蝼蚁所制。他的好友及昔日的部下听到他有辞官之意，劝他提出辞职请求以堵奸人之口，而皇帝则肯定不会答应；同时奏请皇帝册立其宠爱的魏国夫人刘氏为后,既得皇帝高兴,日后又可获皇后帮助。郭崇韬认为这个主意不错，于是三次上表请求辞退枢密的职位，皇帝果然不答应；又密奏请立魏国夫人为皇后，刘氏便成册封正位。此后他又针对当时的国家形势，写出兴利除弊的 25 条政令，上奏庄宗批准后执行，颇得人心。但宦官仍然对他有所诽谤，他终于辞掉了兼领地方节度使的职务。

同光三年（925 年）,西蜀王衍自立为王。庄宗与郭崇韬商议讨伐之事。郭崇韬因受到宦官的倾轧，正想找机会再立大功，于是主动请求协助庄宗的长子李继岌出征。当时李继岌年纪还小，郭崇韬建议他担起元帅之名，以树立威望。于是便任李继岌为都统，郭崇韬为招讨使，出军西征。临行时庄宗设宴为众将领饯行，举杯嘱咐郭崇韬:“继岌从未学习军政，你跟着我征战了多年，征西之事就全托靠你了。”

郭崇韬率军进入蜀境后，采取先礼后兵的策略，给各州府传去书札，

随后带兵到州府，结果许多州府不战而降。大军既得兵力，又得军需粮草，从未感到匮乏，而声威更大。蜀主王衍派出 3 万人抵抗大军，郭崇韬派康延孝、李严率 3000 精锐骑兵出击，蜀军大败。此后，又有许多州府主动送来符印表示投降，最后王衍也派人请降，打开成都城门欢迎李继岌和郭崇韬及其将领。这次西征从出发到人据成都，共 75 天。对如此神速获胜的出征，当时就有评论说“如板走泥丸，前所未闻”。

然而，就在郭崇韬胜利进军的时候，就有人对他由嫉妒而怀恨在心了。入蜀之后，投降的人争先恐后地送贿赂给招讨使幕府，而李继岌的都统府却十分冷落，只有大将才去参见一下。这时，都统府的属官李从袭等人背后对李继岌说：“郭崇韬收买蜀地人情，居心叵测，你应该有所防备。”于是李继岌对郭崇韬产生猜忌，留心观察。

庄宗派宫官向延嗣带着诏书到西蜀催促班师，郭崇韬没到城郊去迎接，向延嗣愤愤不平。李从袭对向延嗣说：“郭崇韬在蜀专权弄威，李继岌名为都统，实则早被架空，一旦班师，必生祸乱。”说着还流下了悲哀的眼泪。向延嗣返回朝廷后将西蜀之行作了汇报，又添油加醋地向皇后述说了李继岌的处境，皇后便哭着转告庄宗，希望保全儿子的性命。庄宗审查向延嗣带回的西蜀账簿，说：“人们传说西蜀的金银玉宝不计其数，为什么账上却这么少呢？”向延嗣回答说：“据我了解，蜀中的宝物都入了郭崇韬家门了。”庄宗听后怒形于色，立即命令宫官马彦畦速往西蜀视察，吩咐他如果郭崇韬带兵回朝，则无话可说；如果真的迟迟不归，就与李继岌酌情处理。皇后想让皇上下一道诛杀郭崇韬的密诏未成，自己给李继岌写了一封信，让他杀死郭崇韬。

西蜀地方多有山林，平定之初，盗匪成群。郭崇韬顾虑撤走军队城乡不得安宁，派出任圜、张筠两员将领分道招抚散兵游勇，因而推迟了班师的日期。同光四年（926 年）正月，马彦珪到达成都，宣布大军 12 天之后班师回朝。布置停当以后，马彦珪取出皇后的信交给了李继岌，李从袭也从旁力劝，并制造事端，激化矛盾。李继岌毕竟年幼，终于同意了他们的主张。第二天早上，李从袭以李继岌的名义召唤郭崇韬到都统府议事。郭崇韬毫无防备，刚踏进议事厅，脑后一记闷棍将他打倒，接着拥出一帮打手，乱棒齐下，不多时郭崇韬便气绝身亡。

八、誓死不降守晋安，为臣当效张敬达

张敬达（？—936年），字志通，小字生铁，代州（今山西省代县）人，五代时期后唐的将领。因为善于骑射，被李存勖收在身边任职，屡立战功，逐渐升迁为节度使，多次率军在塞下阻击南下劫掠的契丹人。石敬瑭反唐之后，他率军围攻太原，后为来援的契丹军击败，困守晋安寨，拒不降敌，坚守数月，为部下杨光远杀害。

张敬达出身将门，他的父亲张审曾在李克用麾下任直军使，张敬达还是一个少年的时候，就以善于骑射闻名，因此被后唐庄宗李存勖收录在身边，接替他的父亲担任直军使，后因随李存勖平河南有功，继而加封检校工部尚书。

同光四年（926年），李存勖在兵变中被杀，李嗣源入洛阳监国。即位后改名李亶，改元天成，即后唐明宗。张敬达在新帝即位之后，仍受重用，历任捧圣军指挥使，检校尚书左仆射，后改任河东马步军都指挥使，超授检校司徒，领钦州刺史，累迁彰国军节度使、大同军节度使，后徙镇武信军，晋昌军。当时契丹以“借汉界水草”为借口，经常出兵马南侵汉人，张敬达在边塞上经常聚兵于塞下，以阻遏契丹人南下的要冲，契丹人竟然因此不敢南下劫掠，边境上的汉族人民因此得以过上安宁的日子。

长兴四年（933年），李嗣源病亡，他的三儿子李从厚即位，应顺元年（934年），李嗣源的养子潞王李从珂率军攻入京城，夺得皇位，改元清泰。

清泰二年（935年），因为契丹屡次侵犯边境，李从珂任命石敬瑭为河东节度使兼大同、彰国、振武、威塞等蕃汉马步军都总管，屯驻忻州，以

防止辽兵寇边。但由于李从珂猜疑石敬瑭有异志，于是以张敬达为北面兵马副总管、屯兵于代州，以分散和牵制石敬瑭的兵力。

后唐崇福寺陶塔

清泰三年（936年）夏天，李从珂又下诏让石敬瑭移镇天平，担任郓州节度使。改任张敬达为大同、彰国、振武、威塞等军蕃汉马步军都部署。石敬瑭与李从珂矛盾激化，就投靠契丹，认贼作父，在太原称帝，建立后晋小朝廷。李从珂听闻石敬瑭起兵造反，先后任命张敬达为太原四面排阵使、太原四面都招讨使、知太原行府事，去围剿石敬瑭。六月，张敬达调集兵马扎营于晋阳城南的晋安，围攻太原。石敬瑭紧急中向契丹求救。

清泰三年（936年）九月，契丹皇帝耶律德光率兵5万，号称30万，自雁门关入援，从阳武谷顺利进至太原，耶律德光到达晋阳之后，把兵马布列在汾北的虎北口，同后唐骑将高行周、符彦卿打了起来，石敬瑭便派刘知远出兵帮助他们。张敬达、杨光远、安审琦用步兵列阵在城西北山下，契丹派轻骑兵3000人，不披铠甲，直奔唐兵阵列。后唐兵看到契丹兵单薄，争相驱赶，到了汾水之曲，契丹兵涉水而去。后唐兵沿着河岸向北进取，契丹伏兵从东北涌起，冲击后唐兵，把后唐兵截为两段，在北面的步兵大多被契丹所杀，在南面的骑兵引退回到晋安营寨。契丹放开兵马乘乱攻击，后唐兵大败，步兵死亡近万人，骑兵却保全了。张敬达收拢残兵在晋安（在晋阳城南）筑构城栅，契丹兵随即包围了晋安寨。此时，张敬达尚且有兵力 5 万人，马 1 万匹，和契丹一决雌雄，胜负未可知也，但张敬达却死守晋安寨，派人向李从珂报信去了。

后唐军被困时间一长，粮食就吃光了。张敬达几次指挥部将高行周、符彦卿率骑兵出战，都因寡不敌众，无法实现突围。副招讨使杨光远、次将安审琦等劝说张敬达向契丹投降，张敬达说："我受明宗和当今皇上的厚恩，当了元帅而打败仗，罪过已经很大，何况向敌人投降呢！现在援兵早晚是要到来，暂且等待吧。如果一旦力尽势穷，那就请诸军斩了我的头，拿着去投降，以求保全自己而获多福，那时也还不晚。"杨光远向安审琦使眼色要杀掉张敬达，安审琦不忍下手。高行周知道杨光远要暗算张敬达，常常带领精壮骑兵尾随张敬达来护卫他，张敬达不知其中缘故，对别人说："行周常常跟在我的脚后，是什么用意？"高行周才不敢再尾随他。诸将每天早晨会集在招讨使的营房中，闰十一月初九，高行周、符彦卿尚未到达，杨光远乘着张敬达没有防备，斩了他的头，率领诸将上表向契丹投降。

契丹耶律德光听到张敬达死讯，对他的忠贞深表哀悼，派人收葬了他的尸体，并告诫自己的部曲和汉军的降将说："为臣当如此人！"石敬瑭灭后唐之后也善待他的家人，张家原有的田宅也都赐还给张敬达的妻子儿女。

第三章 后晋风云

后晋（936—947 年），别称为石晋，初定都洛阳（今河南洛阳），后迁都开封（今河南开封）。从 936 年后晋高祖石敬瑭灭后唐开国，到契丹 947 年灭后晋，共 2 帝 12 年，盛时疆域约为今河南、山东两省，山西、陕西的大部，河北、宁夏、湖北、江苏、安徽的一部分。

一、初露锋芒石敬瑭，明争暗斗举叛兵

石敬瑭（892—942 年），沙陀部落人。沙陀部落本是西突厥别部，长期居住在相当于现在新疆东北部巴里坤湖附近的地方，后来向东迁移到盐州（今陕西定边）一带，是个善于骑马射箭的游牧民族。唐宪宗元和年间，石敬瑭的高祖父石璟，随沙陀军都督朱邪氏入附，被安置于河东，初为河东阴山府裨校，后来因累积边功，官至朔州（今山西朔县）刺史。天福二年（937 年），追尊为孝安皇帝，庙号靖祖。其高祖母秦氏，追谥为孝安元皇后。石敬瑭的曾祖父石郴，英年早逝，赠左散骑常侍，追尊为孝简皇帝，庙号肃祖。其曾祖母安氏，追谥为孝简恭皇后。石敬瑭的祖父石翌，任振武防御使，赠尚书右仆射，追尊为孝平皇帝，庙号睿祖。其祖母米氏，追谥为孝平献皇后。石敬瑭的父亲石绍雍，胡名臬捩鸡，英勇善战，深谋远虑。他在唐末大将李克用和后唐庄宗李存勖的麾下，凭着自己的一手好箭术屡立战功，与周德威相亚，历任平、洛二州刺史，死于任上，赠太傅，追尊

为孝元皇帝，庙号宪祖。石敬瑭的母亲何氏，被追谥为孝元懿皇后。

景福元年（892 年）二月二十八日，臬捩鸡的第二个儿子石敬瑭，出生在太原汾阳家中。虽然是名将之后，且又门第显赫，但没有汉姓，于是，便效仿汉族习俗，给儿子取姓曰石，名敬瑭。石敬瑭做了皇帝之后，为了抬高自己的身世，乱认祖宗，信口胡说，竟称春秋时的卫国大夫石碏，是他家的始祖。

石敬瑭自幼喜好舞棍弄棒，骑马射箭，成人后，身材壮硕，气力非凡。因随其父亲南征北讨，长于戎马之间，自然也就跟父亲学习一些刀枪骑射的本领。他性格沉澹，老成持重，平时寡言少语，于练武之暇，读些兵法书籍，因而逐渐见多识广，懂得了前代名将李牧、周亚夫的事迹。沙陀人历来崇尚习武，不重视文化教育，而石敬瑭孜孜以求，与众不同。这种鸿鹄满志、锲而不舍的行为，在当时的环境下是难能可贵的。当时任代州（今山西代县）刺史的李克用的养子李嗣源非常赏识他，将爱女许配给他，石敬瑭遂成为李嗣源的爱婿。后唐庄宗李存勖，听说石敬瑭射得一手好箭，也很器重他，把他擢居左右。后来后唐明宗李嗣源，又命他督领亲兵部队左射军，把他视为心腹亲信。此后，石敬瑭随军队四处征战，开始了他的真正的戎马生涯。

石敬瑭

石敬瑭临阵勇猛果敢，不愧是将门虎子。他在多次的激战中，冲锋陷阵，殊死搏斗，几次救主帅于危难。贞明二年（916 年），后梁大将刘鄩突然大举急攻清平（今山东临清东），先发制人。晋王李存勖举兵飞驰救援，尚未来得及布兵摆阵，就被刘鄩团团围

困。这时，石敬瑭率10余骑，横槊跃马，勇猛无比，直奔敌营，将危在旦夕的李存勖救出重围，梁兵大败。晋军出奇制胜，凯旋而归。李存勖喜形于色，除了犒劳全军将士外，还特意赏赐给石敬瑭许多金银财宝，并亲手喂他酥饼。在当时，喂酥饼是夷狄最高恩赏。李存勖十分高兴地拍着石敬瑭的肩膀说："将门出将，这话一点也不假！"从此，石敬瑭名声威震军中。第二年后梁大将刘耶又率兵进攻莘城（今山东莘县）西北，李嗣源与之交战多时，互有胜败。虽然双方刀戈相见，但晋王兵力气势不敌对方，李嗣源终于陷入敌阵，一时难以脱身，岌岌可危。关键时刻，又是石敬瑭挺身而出，奋力厮杀，左挡右冲，保护着李嗣源杀出重围，跑了几十里路，才转危为安。当日，石敬瑭再一次冲杀于疆场，致梁军大败，死伤大半。几天后，石敬瑭随李嗣源在梁军据守的堡寨外观察敌情，亲兵卫士都没擐甲，不料梁兵突然出其不意，直奔李嗣源，霎时间，刀刃眼看就要落到李嗣源的脑袋上。在这千钧一发的时刻，石敬瑭横槊跃马，飞身向前，迅速挡开敌人的兵器，紧接着反手一戟，将敌军首领刺落马下，再一次救了李嗣源的性命。

经过多年的南征北讨，疆场厮杀，身经百战的石敬瑭积累了丰富的作战经验，同时也显露了卓尔不群的军事才能。贞明三年（917年）冬，晋王李存勖在魏州简选士卒，日夜操练。过了十几天，他亲自率军冲过冰封的黄河，攻下后梁的重要渡口杨刘城（今山东平阴境内）。李存勖又命周德威、李嗣源、李存审，以及王处直都率军汇集于魏州（今河北大名），准备收过夏粮，储充粮草，就大举攻梁。贞明四年（918年）冬，李存勖率各路兵马自杨刘渡河，在濮州（今山东鄄城北）与梁将贺瑰、谢彦章相持不下。李存勖多次率轻骑到梁营前挑战，被部下劝阻。一次，他又带十余骑兵到梁营，不料中了梁军的埋伏，被团团围住，幸亏李存审及时赶到，击退梁军，将他救出。这次冒险之后，李存勖并未戒掉轻躁冒进的习性。十二月，他又令各路大军齐头并进，绕开贺瑰营垒，直趋后梁城都开封，贺瑰则率部尾随不舍。行至临濮县（今山东鄄城西南）胡柳陂时，两军已遥遥相望。周德威请求晋王李存勖先按兵不动，自己率部骚扰梁军，使其疲惫不堪后再图进击。但李存勖不从，率亲军跃马冲入敌阵。梁军结阵几十里，李存勖左右冲突，又陷入敌阵难以拔足，梁军趁势袭取了晋军辎重粮草。诸路晋军乱成一团，周德威战死沙场，胡柳陂战局十分危急。中午时分，李存勖冲出敌阵，收集散兵5000人左右，率军抢占了周围几个山丘，居高临下。这时李嗣源也率军在另一个山丘之下埋伏，以避敌人的进攻。李嗣源问石敬瑭："梁军首战告捷，旌旗甚整，有何计策将它挫败？"石敬瑭回答说："腊月里天寒地冷，出手打仗就会冻掉手指，我看敌人多是步兵，易进难退。咱们只管吃粮饮水，以逸待劳，就能坐而困之。况且步兵和骑兵相比，强弱悬殊，我们严阵以待，等时机一到，纵马长驱，定能取胜。"李嗣源说："正合我意。"夜幕刚刚降临，梁军列于山下平野，五六千人为一方阵，挥动军旗，骑着战马，逼压唐军。石敬瑭一看，时机已到，喜出望外，便兴奋地大喊："敌将休要逃跑！"亲率左射军，剑拔弩张，射退敌军，并以横扫千军之势，直冲敌阵，接连发起几次冲锋，锐不可当。于是，敌人乱了阵脚，旌旗纷纷倒下，溃不成军，大败而去。胡柳陂恶战，晋、梁互有胜负，双方都损失了2/3的士卒，但最后以唐军转败为胜而告终。

龙德三年（923年）四月，晋王李存勖在魏州（今河北大名）称帝，建立后唐政权，国号大唐，年号同光。在李存勖称帝的第二个月（闰四月），梁朝的郓州守将卢顺密奔至魏州，向庄宗李存勖报告郓州（今山东东平）守军不满千人，军将又不得人心，可以袭取。庄宗当即令李嗣源率精兵5000人由杨刘渡过黄河，悬军深入，攻取郓州（今山东东平）。李嗣源和石敬瑭商量想乘敌军尚未察觉之时，出其不意，奇袭取胜。于是，石敬瑭就带50名骑兵继续走陆路，李嗣源则自济水上船，趁着天阴道黑，直抵郓州城下。石敬瑭率兵直接冲进了东门，但遇到了敌人的顽强抵抗和迎头痛击，石敬瑭本人遭到敌人的暗算，中刃受伤。但他保护着李嗣源，带伤

拼杀，与敌人展开了激烈的巷战，并且左冲右突，神勇非凡。唐军后续骑兵陆续赶到，与敌激战，至次日晨终于占据了郓州。郓州得手后，为唐军打开了通往大梁（今河南开封）的门户。同年十月三日，庄宗李存勖率大军由郓州出发，直捣开封。平曹州，破汴梁，后唐军一路摧枯拉朽，势如破竹，轻而易举地灭了后梁。

石敬瑭随庄宗李存勖南征北讨，冲锋陷阵，出生入死，战功显赫，并多次救庄宗于危难，立下了汗马功劳。但是，李存勖当上皇帝后，却没有封赏他一官半职。石敬瑭依旧在李嗣源的麾下，当一名心腹小校。官职得不到升迁，这对石敬瑭来说，可谓仕途失意，太不公平。他虽心中怨气难消，但却没有怒形于色，流露出丝毫不满。他是在卧薪尝胆，耐心等待局势变化。石敬瑭清楚地知道，像他一样被冷落遗忘甚至遭到妒忌的功臣宿将，不乏其人，而其中最受猜忌的就是他的岳父大人、功居第一的李嗣源。同光四年（926 年）二月，贝州（今河北清河西）兵变爆发。乱军以赵在礼为首直扑魏州，攻占了邺都（今河北大名）。庄宗闻讯后，只好派人招抚，但未能奏效。后又派归德节度使李绍荣率诸军进攻，也屡屡受挫。黄河以北之地连连告乱，庄宗遂召集群臣商量，准备御驾亲征。诸臣纷纷劝阻，并一致荐举李嗣源代他出征。但庄宗并不想任用近在咫尺的李嗣源为攻邺主帅，而是自京城派佞臣李绍荣至河北主持军务。李绍荣连连失利，庄宗又派元行钦前去招抚，仍然无效。这时，群臣议论纷纷，都认为非用李嗣源不可。庄宗不得已，才命李嗣源为统帅，率军前往讨伐。此时叛军已据邺都（今河北大名），李嗣源赶至邺城，与诸军约定明晨攻城。当夜，李嗣源亲入邺城，兵变首领赵在礼率将校迎拜，请李嗣源在河北称帝，士卒也簇拥李嗣源。李嗣源佯装不从，借口到城外收集散兵。诸军士卒唯恐事不成功，因而纷纷逃散而去。李嗣源最后只剩下常山一军，兵 5000 人，马 2000 匹。李嗣源欲申明其不反的心迹，屡次上表申诉，但都被元行钦扣下，不得达于朝廷。李嗣源越发疑惧。正在进退两难的时候，石敬瑭与中门使安重诲力主公开起兵，攻占洛阳。石敬瑭附在李嗣源的耳边悄悄地说：“自古大事成于果断，败于犹豫，天下哪里有上将与叛卒共入贼城，日后尚保平安无事的呢？现在您已与叛军共入邺城，无论如何也不会取得皇上的信任，更何况皇帝早就对您存有戒心。大梁乃是天下之要会，只要给我300名骑兵，我就可以先克大梁，以此为根据地，您再率大军相继而进，直指洛阳，这样才能安然无恙。否则，不仅您举家难保，随军将士也将有杀身之祸。”一席肺腑之言，说服了李嗣源，李嗣源遂令石敬瑭入据汴州。于是，石敬瑭率500骑兵直捣大梁。石敬瑭日夜兼程，渡过黄河，赶到大梁城下，先使裨将李琼以劲兵突入封丘门，自己则踵其后，自西门入，占领了大梁。紧接着，石敬瑭率兵向西挺进，庄宗李存勖在对峙中被士兵乱箭射死。李嗣源顺利进入洛阳，旋即帝位，是为后唐第二代君主——明宗皇帝，改年号为天成。

石敬瑭随明宗李嗣源四处征讨，战功卓著。岳父李嗣源做了皇帝，身为驸马的石敬瑭，地位与从前大不相同，官职也随之一年数迁，步步高升。他先由总管府都校升为光禄大夫、检校司徒、充陕州保义军节度使，赐号为“竭忠建策光复功臣”，又于次年二月加检校太傅兼六军诸卫副使，进封开国伯，并在同年几次赠食邑。不久，又升迁为宣武军节度使、侍卫亲军马步军都指挥使兼六军诸卫副使，进封开国公，赐号为“耀忠匡定保节功臣”。此时的石敬瑭，已基本掌握了后唐朝廷的军事大权，为日后发动叛乱铺平了道路。

石敬瑭

在后唐明宗李嗣源统治期间，

石敬瑭仰仗自己是皇亲国戚，功高勋重，骄横跋扈，盛气凌人。当时，朝廷内部钩心斗角、争权夺利，但在权力角逐明争暗斗十分激烈的情况下，石敬瑭始终立于不败之地。枢密使安重诲也是朝廷重臣，权势极大，因而与石敬瑭的矛盾日益尖锐。到最后，甚至连明宗李嗣源对石敬瑭的跋扈也忍无可忍。长兴元年（930 年）九月，董璋盘踞东川，抗拒朝廷命令，发动叛乱。明宗李嗣源命石敬瑭为东川行营都招讨使，兼知东川行府事，率军征讨。经过多次进攻，石敬瑭虽攻破剑门，但屡遭挫败。这时，西川节度使孟知祥也起兵助东川。至年末，石敬瑭虽组织了几次进攻，但仍未见功效，始终没有多少进展。不想，此时安重诲自请督战，来到军中。这使得石敬瑭心中十分不快。事有凑巧，凤翔节度使朱弘昭，也想搞倒安重诲，他趁安重诲前往阵前督战之机，马上派人飞奔洛阳，向明宗报告："安重诲对陛下心怀怨恨，屡出恶言，不可令至行营，以免他夺石敬瑭的兵权。"接着他又遣人给石敬瑭送信说："重诲举措孟浪，不得人心，若到将军营中，恐怕会引起将士的疑惑，不战自溃，希望能设法阻止他。"石敬瑭见信后，惶恐不安，急忙上奏明宗，要求把安重诲急速召回。明宗当即令安重诲急返洛阳。哪知，安重诲刚返至潼关，又接到诏书，令他以中书令兼护国节度使，不须进京，直接到河中（治所今山西永济西）赴任。安重诲虽然知道这不是好兆头，但却不敢抗旨进京，只好硬着头皮前去赴任。不久，他上表明宗，请求致仕，想在河中养老，退出政坛，摆脱厄运。但厄运最终还是降到了安重诲的头上。安重诲致仕后，明宗令新赴任的护国节度使李从璋将安重诲刺死。这样，石敬瑭在政治斗争中，终于除掉了一个重要的竞争对手，扫清了仕途上的障碍，其地位更加稳固。到了明宗末年，石敬瑭被加兼侍中、太原尹、北京留守，并被任命为河东节度使，兼大同、振武、彰国、威塞等军蕃汉马步军总管，改赐竭忠匡运宁国功臣。在内地，他是后唐军事力量的最高统帅，在边疆他又成为镇守边关要塞的封疆大吏。此时的石敬瑭集政治、军事大权于一身，为日后称帝打下了坚实的基础。

后唐长兴四年（933年），明宗长子李从荣被诛，明宗召宋王李从厚入洛阳。李从厚未到，明宗已死。十二月一日，李从厚即皇帝位，是为后唐第三位短命君主——闵帝。第二年（934年）正月，改年号为应顺。闵帝素来懦弱，处理政务优柔寡断，掌握不住大纲，朝廷大权被朱弘昭与冯赟掌握。他们二人在朝中横行无忌，朝廷内部矛盾更加激化。他们向闵帝提出一个"换镇"方案，想借以削弱各节度使在地方的势力。二月，改河东节度使石敬瑭为成德节度使，改凤翔节度使李从珂为河东节度使，改成德节度使范延光为天雄节度使，召天雄节度使孟汉琼还京，并派使臣监送各节度使赴任。这些举措，很自然地引起了节度使们的极大不满。李从珂马上打起"清君侧"的旗号在凤翔起兵，要争夺皇位。闵帝命判六军诸卫事康义诚率军征讨，但康义诚投降了李从珂。闵帝闻讯后，焦急万分，慌忙召姐夫石敬瑭赴阙讨伐敌军。石敬瑭与诸将商量了一番，决定不妨先去观望一下形势，然后随机应变，再作决断。于是，石敬瑭就率军沿着山道迤逦而行。四月一日，天刚蒙蒙亮时，仓皇逃跑的闵帝只带50名禁卫军，在卫州（今河南汲县）东遇到奉命来洛阳的石敬瑭。闵帝欣喜万分，以为来了救星，马上询问有何退敌良策。石敬瑭不作正面回答，却反问："听说陛下已派康义诚率师西讨,战局如何？陛下为何到了这儿？"闵帝哭泣着说："康义诚也叛变走了。"石敬瑭一听，顿时变了脸色。他看到闵帝那失魂落魄的样子，低着头暗暗思忖，打起了自己的算盘：李从珂勇猛善战，名震军中，现在又招降纳叛，其实力大大增加，而自己却羽翼未丰，强弱悬殊，恐怕暂时难以与他抗衡。眼下朝廷内忧外患，风雨飘摇，与其保护这位众叛亲离、昏庸无能的皇帝，引火烧身，倒不如暂避风头，以便日后保存自己的实力，等待时机。想到这里，他装模作样地长叹了一口气，阳奉阴违地对闵帝说："卫州刺史王弘贽是一员精明强干的老将，我先入城与他商议一下。"王弘贽的想法与石敬瑭如出一辙。他老谋深算，精明练达，早已看出石敬瑭想撒手不管、嫁祸于人的鬼主意，便顺水推舟，含沙射影地说：

“自古历朝天子遭难搬迁，都有将相、侍卫、府库，使群臣有所瞻仰。然而，当今陛下此次出奔与前代天子不同，除了有50名骑兵外，既无将相、侍卫、禁军相随，又没有传国玉玺，难以号召天下，即使他人再有忠义之心，恐怕也无能为力了。”这其实也是石敬瑭正要找的一个托词，所以他等于碰了个软钉子。石敬瑭回到驿馆见了闵帝，把王弘贽的话禀报了一遍。闵帝卫士奔洪进勃然大怒，指着石敬瑭厉声斥责：“你是明宗的爱婿，与之共享富贵，也应与之共承忧患，今天子蒙难，向你求救，你却支吾其词，推卸责任，如此不忠不孝，不是出卖天子、迎合叛贼了吗？”弓箭库使沙守荣也义愤填膺，盛怒之下，拔出佩剑要刺杀石敬瑭，但被石敬瑭的亲将陈晖飞步上前挡住，两人斗了几个回合，沙守荣被一剑劈死，奔洪进一看此景，毅然挥剑自刎。石敬瑭一不做、二不休，干脆趁机指使牙内指挥使刘知远，引兵闯进驿舍，把闵帝身边的几十个左右随从统统杀掉。诛除异己之后，石敬瑭只把一个孤零零的闵帝撇在驿舍，自己则继续率军赶往洛阳。不久，闵帝李从厚即被末帝李从珂鸩杀。

应顺元年（934年）四月七日，潞王李从珂即位于明宗柩前，成为后唐的最后一位皇帝——末帝，改年号为清泰。

石敬瑭与末帝李从珂随明宗一道，在数次征战中，都以神勇善战而成为明宗李嗣源的左右亲信，都依仗权势骄纵横行。然而两人相互猜忌，互不服气，隔阂很深。末帝李从珂即位后，石敬瑭因明宗丧事，不得已仍入京城朝见末帝，协助办理安葬明宗。明宗丧事处理完毕，石敬瑭自己不敢贸然要求回河东，怕引起末帝猜忌。他整日愁苦寡欢，忧心如焚。时间一长，竟至病倒，他便干脆以一副病恹恹的样子，来转移人们的注意力，并且多次通过夫人魏国公主和岳母曹太后请求李从珂让他归镇河东。末帝本来就对石敬瑭很不放心，而今凤翔旧将和部分大臣也多次劝他留住石敬瑭，这使得他一时犹豫不决。这时，大臣韩昭胤、李专美二人认为，石敬瑭和宣武节度使赵延寿都是明宗的女婿，赵延寿驻扎汴梁，其父赵德钧镇守幽州

（今北京市），拥有重兵。倘若陛下猜忌石敬瑭，恐怕赵氏父子也会惶恐不安而起异心。而曹太后和魏国公主，也从旁一力劝说。由于上述原因，再加上末帝又亲眼看到石敬瑭病得不成样子，所以也就不太在意他的去留，打算索性送个人情算了，就对臣下说："石郎自少与朕同患艰难，亲密无间，今我为天子，不信任石郎，还能依靠谁呢？"于是，他任命石敬瑭为河东节度使，北面诸军总管。石敬瑭留下夫人与二子在京城，马上辞归河东。

桑维翰坐像

石敬瑭对于末帝李从珂的话，表面领受情意，但心中却十分有数，他回到太原后，加紧了策划叛乱的步伐。他首先在末帝李从珂身边设置耳目，探听情报，并收买了岳母曹太后的左右侍从，暗中窥视末帝的动静。此外，他的夫人是曹太后之女，二子又都是宿卫宫禁的军将，通过他们也可以密切注视着末帝李从珂的一举一动。他自己则在河东故作姿态，屡屡声称病弱不堪为帅，使末帝放松警惕。与此同时，他还把在洛阳及诸地的财产，抓紧运往晋阳集中，并且以抵抗契丹为旗号，大规模地招募士卒，打造兵器，扩充自己的军事实力。他借口备边，一方面请求增兵运粮，把戍守幽、并二州的禁军全部控制到自己手中，另一方面大肆搜刮民财，强征军需。有些大臣看透了石敬瑭准备谋反的野心，常常在末帝面前指出石敬瑭的反常行为，要末帝加以注意。其实末帝也并不糊涂，他命武宁节度使张敬达为北面行营副总管，屯兵代州（今山西代县），借以牵制石敬瑭；又命羽林将军杨彦洵为北京副留守，监视石敬瑭。

清泰三年（936 年）正月十三日，是末帝李从珂的生日，他把这天定为千春节，举国同庆。石敬瑭的夫人魏国公主也入京祝寿。这天，末帝在宫中置下酒宴，与太后、太妃及皇后、石敬瑭夫人等共同饮酒。酒宴未完，石敬瑭夫人请求辞归晋阳，末帝醉醺醺地说："怎不多留几日，如此着急回去，莫非要与石郎一道反叛吗？"石敬瑭听到这些话后，更加疑惧，遂决心举兵反叛。

二、太原起兵演丑剧，认贼作父儿皇帝

唐朝以前，北方各少数民族少见对中原进行大规模的滋扰，至多就是反抗中原政权对其辖制而与中原军队发生战争，其地点也多在边疆。但到了五代时，却有一支夷族部队深入到中原腹地。从此，北方诸民族打开了统治中国的思路并超乎想象地把这种理想实现了。

就在中原乱战的时候，有一支北方的夷族军队伺机南下。这支夷族军队就是契丹的部队，人不多，但其不同于中原军队的作战方式，采用游击战法，能打就打，不能打就跑，见机行事，异常灵活，居然深入到中国腹地直达当时的国都开封。

契丹在唐贞观年间活动于长城以北内蒙古巴林右旗以南，西北面受两个强邻突厥和回纥的制约，南面受李唐的钳制，因此，契丹在突厥与唐之间摇摆不定，一时归唐，一时反唐臣归突厥。武则天时曾发大兵征讨。唐玄宗时期，契丹首领再次叛唐。唐朝为了防御契丹，加强东北边防兵力，建立了范阳、平卢两节度，重用胡人安禄山，结果酿成安史之乱。可以说，对于契丹的逐渐兴起和对中原的进犯，自唐以来就没有找到有效的办法对其进行钳制，到了五代时，中原之地就屡受其扰。

916 年，辽太祖耶律阿保机称帝，建立了奴隶制国家——契丹国。辽太祖率兵亲征，西打甘州回纥，东灭渤海国，然后挥师南面，伺机进攻中原。

次年，契丹围攻幽州，激烈的战事持续长达 300 多天。晋安国（河北

邢台）节度使李嗣源出兵救援幽州，契丹军战败而归。但在921年镇州（河北正定）发生兵变，波及其北邻的定州。为报父仇，王都引契丹兵来攻打定州。这是有史记载第一次汉人与契丹勾结攻打中国的实例。晋王李存勖率兵救定州，与契丹大战于望都（河北望都），契丹军队再次败退。

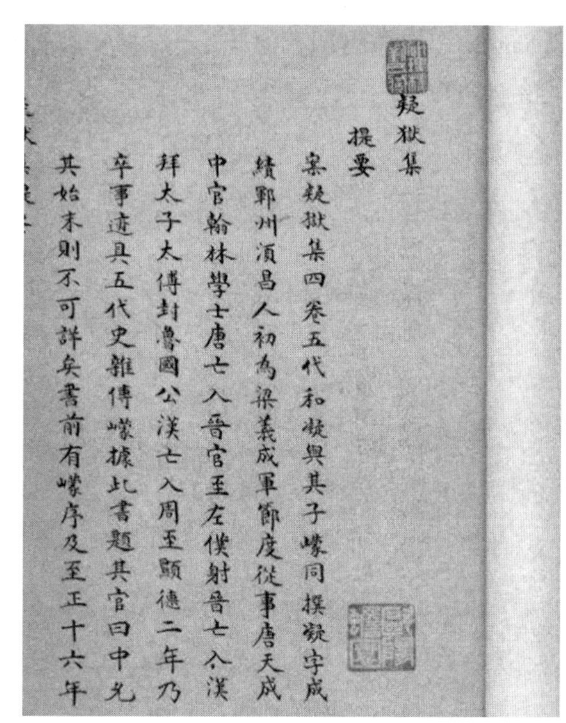
疑獄集
提要
案疑獄集四卷五代和凝與其子㠓同撰凝字成
績鄆州須昌人初為梁義成軍節度從事唐天成
中官翰林學士唐亡入晉官至左僕射晉亡入漢
拜太子太傅封魯國公漢亡入周至顯德二年乃
卒事迹具五代史雜傳㠓據此書題其官曰中允
其始末則不可詳矣書前有㠓序及至正十六年

后晋《疑狱集》书影

928年，后唐义武（河北定州）节度使王都叛唐，后唐政府下令派成德（河北正定）节度使王晏球讨伐王都，王都向契丹求助，于是契丹派遣大将惕隐助战定州，王晏球处于强敌之下不屈不挠，用兵力擒惕隐。契丹折损一员大将，无心恋战大败而去。

而此时，石敬瑭为进一步探明末帝李从珂的底细，虚心假意上表末帝，说自己久患重病，不宜再掌兵权，请求解除他的职务，调往别镇。枢密直学士薛文遇，也对末帝进言说："常言道：'当道筑室，三年不成。'这事要靠陛下决断。群臣目下各为自己打算，谁肯尽言？臣以为河东移也反，不移也反，只是早和晚的区别罢了，不如先下手为强。"于是，末帝顺水推舟，当即决定命石敬瑭移镇郓州，为天平节度使，以河阳节度使宗审虔为河东节度使。并令张敬达催促起行。接到离任诏书后，石敬瑭做梦也未想到会弄假成真，因而决定当即举兵。他紧急招诸将商量说："当初我回太原时，皇上曾保我到老不变，现在又忽降此令调任。皇上生日时，又与公主说了

那番话，这不是明明在猜忌我吗？我本意并不想反，而朝廷硬逼我造反，我岂能束手待毙？况且太原是军事要塞，地险粮多。我想内檄诸镇，外求援于契丹。成功与否，自在天意，诸君以为如何？”掌书记桑维翰、都押衙刘知远都竭力支持，赞成此计。一个说，兴兵传檄，帝业于成；一个说，只要推心屈节求于契丹，彼定助我。刘知远是沙陀人，勇猛善战，一直追随石敬瑭，在其麾下掌军事，颇有计谋，是石敬瑭的心腹将领。桑维翰，洛阳人，身矮面宽，丑陋无比，后唐时中过进士，擅长文词，诡计多端。当下，桑维翰替石敬瑭起草一道降表，向契丹太宗耶律德光称臣称子，还许诺割让卢龙一道和雁门关以北各州，作为求助契丹出兵相助的条件。

清泰三年（936 年）五月，石敬瑭举兵叛变。他首先发动政治攻势，上表朝中声称:“帝为养子，不应为嗣，请将帝位传给许王。”许王名李从益，是明宗的幼子。末帝李从珂见表大怒，亲自撕裂扔到地上，作诏答道：“卿与从厚虽有姻舅之亲，但卫州之事，天下皆知，又有谁人肯相信你会真心拥许王为帝呢？”卫州之事指闵帝逃奔至卫州时遇石敬瑭，石敬瑭不但不加礼敬，反将其随从统统杀掉一事。第二天，末帝即下诏削去石敬瑭官爵，组织诸军征讨。

石敬瑭担心自己的力量不够强大，因而不敢贸然南下，直取洛阳。他在太原城内再次上表，徒以笔墨相挑衅，目的在于等待对方的分裂和契丹的援兵。

五月至八月，末帝李从珂派诸军征讨。其中张敬达一军，在太原城南的晋安乡下寨，把太原团团围困，接连攻城。石敬瑭和刘知远亲冒矢石，奋力抵抗，才挡住了张敬达的进攻。张敬达见急攻不下，就围城设立栅栏，想将石敬瑭叛军困毙城中。可惜，正值夏季，阴雨连绵，木栅被风涛刮倒。又筑土城，仍被倾盆大雨冲倒，围墙始终不能合拢，形势十分不利。而此时太原城内也岌岌可危，叛军粮草日益减少，士兵饥饿困乏，人心浮动。石敬瑭终日坐立不安，如坐针毡，十分焦急地指望着契丹军队早日到来。

九月，诸军围困太原数月，仍不能克。石敬瑭株守孤城，好不容易度过了夏季。契丹太宗耶律德光亲自率领骑兵5万，虚张声势，号称30万，自雁门而南来援。援军迅猛异常，没几天就长驱直入太原城下，列阵于汾水北之虎北口。耶律德光先派人对石敬瑭说："吾欲今日便破贼，可乎？"石敬瑭急忙派人飞驰告说："唐军势气盛旺，不可轻敌，不如等到明天商议后，再战不迟。"哪知，使者尚未赶到，契丹士兵已与唐军开战，远远望去，但见尘土飞扬，刀光剑影。石敬瑭急忙命令大将刘知远出兵相助，里应外合。这时，张敬达、杨光远等率步兵，列阵于城北西山下。契丹耶律德光派遣骑兵3000人，连盔甲也不披挂，直冲其阵。唐军见契丹兵这样虚弱，争相逐之，赶到汾水，契丹兵涉水而去。原来，这是契丹的诱兵深入之计。当唐军沿岸追击时，契丹伏兵自东北大起，唐军被拦腰截断，已追到北岸的步兵，全部覆没。契丹又纵兵追杀南岸唐军。结果，张敬达所率步兵大败，死者近万人，血流疆场，只有骑兵保全，逃回晋安寨。唐军降者千余人，石敬瑭下令全部杀死。太原之围遂解。

石敬瑭

当天晚上，秋风飒飒，旌旗猎猎。在灯笼火把的照耀下，44岁的石敬瑭由众官簇拥着，出城拜见33岁的耶律德光，口称"儿臣叩见父皇"。礼毕，两人携手入城。耶律德光喜形于色，高兴地说："相见恨晚矣！"石敬瑭也像对待亲爹一样，毕恭毕敬。老子竟比儿子小11岁，石敬瑭上演了一幕历史上罕见的丑剧。

石敬瑭当皇帝心切。他想，自己既然举起了叛旗，就应该有一个号令

天下的名分，但又不敢向老子耶律德光直说。他左思右想，心急如焚，十分烦闷。

十一月的一天，耶律德光对石敬瑭说：“我 3000 里来援助，事情必须成功。看你的相貌和气量，真乃中原之主。天命有属，时不可失。我已征询蕃汉群臣意见，就册立你为天子吧。”这话正中石敬瑭的心坎。然而，他又不敢立即接受，便装模作样地辞让了几次。在文武大臣的再三劝说下，才假装勉强答应下来。耶律德光作册文，命石敬瑭为大晋皇帝，筑坛于太原北门外的柳林，择日举行登基大典。届时，耶律德光亲手脱下自己的袍服衣冠，为石敬瑭穿上，石敬瑭穿着一身契丹服饰，不伦不类地在南面就座，接受群臣们的朝贺，正式做了契丹的儿皇帝，改元天福，国号大晋，史称后晋。

石敬瑭攻入洛阳后，把燕云十六州割让给契丹。从此，中国北边大门洞开。

看一看燕云十六州在地理上的位置，就知道后果有多严重！

燕云十六州：幽州（北京）、蓟州（天津蓟州市）、瀛州（河北河间）、莫州（河北任丘）、涿州（河北涿州）、檀州（北京密云）、顺州（北京顺义）、新州（河北涿鹿）、妫州（河北怀来）、儒州（北京延庆）、武州（河北宣化）、云州（山西大同）、应州（山西应县）、寰州（山西朔州东）、朔州（山西朔州）、蔚州（河北蔚县）。

这十六个州，沿长城以南从东向西有五六百公里，相当于中国北方的防务线被突破，而契丹的原活动范围正好在此条防务线以北，契丹军队从此可以进退自如，并为后来进入中原做好充分的军事准备。当然，这些都是地图上的地标，真正被契丹所掌控，也不是在地图上一划就了事的。

契丹得了燕云十六州后，认为自身的势力陡然增强，下一个目标就是继续南下，将边界推进到黄河岸边。

太原之围虽解，但后唐优势还没有完全丧失。第二天，石敬瑭联合契丹包围了晋安寨。但晋安寨却久攻不破。此后，各地讨伐之师，相继而来。前来救援晋安寨的后唐大将、幽州节度使赵德钧及其子宣武节度使赵延寿（也是后唐明宗的女婿），也遣使厚赂耶律德光金帛，并密书请立赵德钧为皇帝，条件是：一、父子所部两路兵南取洛阳，不烦契丹兵援助。二、与契丹为兄弟国。三、允许石敬瑭占据河东。耶律德光见晋安寨一时难破，东西两面都有后唐援军，又怕雁门关以北各州唐军抄他的后路，心中十分担忧。屯兵柳林看守辎重的契丹老弱，每到傍晚，便收拾行装准备逃跑。耶律德光权衡利害，认为赵德钧父子提出的条件，虽然比石敬瑭的条件差得多，但被抄截后路的危险却可以避免，自己又没有必胜的把握。因此，有意接受赵德钧父子的条件。

石敬瑭闻讯后，大为惊慌失色。急忙派遣桑维翰求见耶律德光，说："大国举义兵以救孤危，一战而唐兵瓦解。奈何又听信赵氏父子的诞妄之辞，贪毫末之利而弃重成之功呢？假使让我得天下，必将竭中国之财以奉大国，岂是小利所能比的？"耶律德光说："不是我负前约，只是兵家权谋不得不这样罢了。"桑维翰见说服不了耶律德光，又不好回去交差，干脆索性就跪在帐前赖着不走，从早到晚，涕流满面，苦苦哀求。耶律德光无可奈何，只好答应了石敬瑭的要求，拒绝了赵德钧父子。石敬瑭听到桑维翰的禀报后，这才放下了心。

不久晋安寨的后唐大将杨光远、安审琦杀死张敬达，举兵投降了。石敬瑭拔掉这颗钉子之后，率师随耶律德光南下。到潞州城时，赵德钧父子出城迎拜，被耶律德光囚禁后送回契丹。一路上，后唐将官士卒纷纷投降。末帝李从珂见大势已去，只得带着眷属登上玄武楼自焚。石敬瑭开进洛阳，后定都汴京（今河南开封），开始了历史上五代十国时期的第三个王朝——后晋。

众所周知，后梁、后唐两朝几个皇帝，依靠武力篡夺帝位，这是军阀本色，在历史上司空见惯，倒也不是创例。而石敬瑭原是后唐明宗的驸马，

逐步升迁，直至掌握了后唐军事大权，但他却最终背叛了后唐。他不惜割地输款，甘心当儿皇帝，暴露了肮脏的灵魂和丑恶的嘴脸，在中华民族几千年的历史上实属无耻之尤！

石敬瑭称帝后，后晋王朝不仅是一个黑暗腐朽和残暴至极的封建小王朝，而且也是中国历史上最早出现的一个外族的傀儡政权。石敬瑭对契丹贵族恭敬备至，经常“遣使聘问”，“更表为书，称儿皇帝，如家人礼”。每年除贡给 30 万匹布帛外，“其余宝玉珍异，下至中国饮食诸物，使者相属于道，无虚日”。石敬瑭不但自己甘心奴事契丹，还要求臣下跟着他一起认贼作父，谁如不愿意屈膝服从，他就下令贬官或杀头。天福三年（938年），契丹赐给石敬瑭徽号，石敬瑭也献徽号于契丹，派兵部尚书王权作为使臣。王权说：“我祖宗累为将相，从来没有奉使而称陪臣者，我虽不才，年纪却不小了，岂能远使于契丹！即使违诏得罪，亦所甘心。”石敬瑭一听火冒三丈，立即将王权贬官。

泾州（今陕西泾县）节度使张彦泽恨幕僚张式直言忤意，欲加杀害。张式闻讯后，恐惧欲逃。这时，石敬瑭不辨曲直，竟将张式流放商州（今陕西商县）。但张彦泽还是不满意，派人当面向石敬瑭要挟说：“若不得张式，恐致不测！”石敬瑭只好屈从，把张式押送给张彦泽，任他将张式裂口挖心，截断手指，残酷杀害。这个张彦泽本来就声名狼藉，他做一任地方官，就被人揭发出 26 条罪状，许多人要求加以严惩，而石敬瑭因他有过迎降之功，只下令削夺一阶一爵而已。这种政治上腐败昏庸的王朝政权，其失败是势所必然的。

另一方面，当时的政局是，各强大的节度使都想做皇帝。石敬瑭常对人讲：“天子宁有种耶？兵强马壮者为之耳。”石敬瑭是沙陀人，沙陀族是当时居住在内地的一个少数民族，与汉族人有着建立王朝的同等权利。但是，这些军阀都是一些勇于杀戮、残忍暴虐的武夫，根本不懂经纬天地、治国安邦的道理。他们凭借手中的军队，利用士卒渴望获得厚赏的欲望，加以骄兵悍将作乱的积习，而争得帝位，因此政权交替频繁，皇帝在位难以久长。

在经济上，大规模的军阀混战，对社会生产的破坏十分严重。后晋时期，依然是兵连祸结，从而导致“丁壮毙于锋刃，老弱委于沟壑”。由于士兵主要来源于农民，他们需要的是安居生产，而不是没有止境的割据混战。因此，被强迫驱使当兵的农民，纷纷逃亡。而军阀们为了保证足够数量的军队，就想方设法，千方百计地防止士兵逃亡，如利用放任纵容、姑息抢掠等方法，鼓励士兵替自己打仗等，从而使当时的社会生产力受到严重破坏。另外，石敬瑭每年除须向契丹贡给帛 30 万匹外，逢时过节、吉凶庆吊，都额外奉送礼物。连契丹太后、皇后、皇子亲子、将相大臣都有财物可得。因而晋朝统治者不得不大量搜刮民财，对人民横征暴敛、严刑峻法，除田赋外，还重叠地向农民征收繁多的附加税，从而更加重了人民的痛苦。人们流离失所，背井离乡，逃亡外地，以求生存，一方面严重影响了北方社会生产的恢复和发展，另一方面则导致北方的经济文化重心逐渐南移。

在军事上，后晋政权竭力奉侍契丹，但仍不能满足契丹贵族无止境的要求。石敬瑭割让幽、云等十六州土地予契丹以后，中原王朝北境大门洞开，河北大平原就无险可守，河东也仅存雁门关等要隘（相当于现存的内长城一线）。正如石敬瑭的心腹重臣桑维翰所说的那样：契丹骑兵利在坦途，中原步兵利在险阻，“赵魏之北，燕蓟之南，千里之间，地平如砥，步骑之便，较然可知”。河北燕山山脉，向来是中原政权保卫国家、抵御游牧民族侵扰的屏障。然而，后晋割地后，燕山山脉处于契丹的内地，幽州成为契丹的重镇，只要马足一

后晋天福元宝

动，向南就是一马平川，直到黄河，再也没有难以逾越的地形了。从此以后，直到北宋，建立在中原地区的政权，均失去了北边的天然屏障。契丹雄居燕山，一直是对中原王朝的严重威胁。石敬瑭行伍出身，当不是不知道这一地区战略地位的重要性，然而他为了满足帝位欲望，竟丝毫不管这些。这样，契丹以幽州为据点，随时可进入河北、山西、山东的辽阔地带，对中原地区进行掠夺。更兼中原地区内部的分裂和政治上的腐败，进一步为契丹贵族进行侵扰提供了可乘之机。

后晋时期，河北、山东一带已经不断发生人民的反抗。“寇盗充斥，民不安其业。”“兖、郓、沧、贝之间，盗贼蜂起，吏不能禁。”中原人民不堪契丹贵族的蹂躏，展开了顽强的斗争。他们纷纷举起义旗，武装自卫，用暴力来反击暴力。“所在州镇，多杀契丹守将。”起义军每股多者数万人，少者不下数千人，最少的也有数百人。河北、山西、陕西、山东等地起义军给敌军以沉重的打击，用自己的力量，收复了河南、山东、安徽等部分地区。在广大人民的反击下，契丹贵族恐慌不安，耶律德光向左右说：我不知汉人“难制如此”！因而仓皇北返。天福十二年（947 年）三月，在撤退途中，耶律德光病死在河北栾城的杀胡林。

综上所述，石敬瑭在位 7 年间，既是皇帝，又是奴才；既是绵羊，又是豺狼；是一个集高贵与卑贱、软弱与凶残于一身的人物。他投靠契丹，甘当儿皇帝，但最终又被契丹太宗耶律德光气病，于天福七年（942 年）六月，死在邺都的保昌殿，终年 51 岁。

三、景延广口出狂言，石重贵被俘亡国

后晋高祖石敬瑭死后，晋出帝石重贵（913—974 年）即位。石重贵的亲生父亲石敬儒是石敬瑭的兄长，早年在唐庄宗部下为将，早死，所以他被石敬瑭收养为子。由于石敬瑭的五个儿子早死，而石重睿年纪尚幼，所以只好立石重贵为帝，史称晋出帝。

石重贵虽为皇帝，朝中大权却由侍卫亲军都指挥使景延广掌控。景延广无勇无谋，却狂妄自大，目空一切，不可一世。他自掌权以来，改变了石敬瑭对契丹的一贯政策，拘禁其使者，杀害契丹商人，抢夺其货物。石重贵对契丹称孙不称臣，引起契丹的不满，战争一触即发。景延广不做好战争准备，却口出狂言，声称："晋朝有十万口横磨剑，翁若要战则早来，他日不禁孙子，则取天下笑，当成后悔矣！"契丹主闻言大怒，连年进兵侵扰中原。而后晋王朝内部却有不少军阀也想乘乱夺取皇位，唯恐天下不乱。如石敬瑭的儿女亲家杨光远，原后晋大将赵延寿、北面都招讨使杜重威、李守贞等，无不是此类人物。在契丹与后晋的战争中，幸赖广大军民的拼死奋战，才使契丹军屡次受挫而退，有时还败得很惨。

晋辽兵衅虽开，但晋却戎事不饬，视战争为儿戏，许多晋臣暗中降辽，如平卢节度使杨光远密召契丹，言中国可取。早已降辽的赵延寿欲依靠辽国，取晋代之，也极力说服耶律德光进攻晋朝。开运元年（944 年），耶律德光以赵延寿与赵延昭为先锋，亲自率军攻晋，开运元年正月攻陷贝州（今河北南宫东南部）。攻陷贝州后，辽军前锋抵达黎阳（今河南浚县），耶律德光所率大军屯兵元城（今河北大名县），任赵延寿为魏博节度使。晋以高行周为北面行营都部署，景延广为御营使，并下诏亲征，沿黄河设防。在晋辽的交锋中，中原军民团结一心，奋勇作战，抵御辽兵，所以辽兵进攻屡屡受挫。耶律德光急于取胜，便听从赵延寿的主意，自率大军 10 余万，在澶州城北（今河南清丰县）列阵，欲一战取胜。晋以高行周先发，击辽，辽围高行周于戚城（今河南濮阳北部），博州刺史周儒降辽，引辽兵攻郓州（今山东郓城）以支援叛将杨光远。出帝派李守贞击败周儒，自率大军救援高行周，解契丹之围，又与辽军战于澶州，双方皆有损耗，辽军分兵两路北撤，留赵延寿守贝州。出帝亦留高行周守澶州，又命李守贞击杨光远，获胜。

出帝自澶州归京都后，日益骄侈，景延广亦乘势使气，凌辱诸将。出

五代四大天王木函彩画

帝怕景延广不逊难制，便任其为西京留守，致书辽主，欲重修旧好，耶律德光复书拒绝，以为“已成之势，不可改也”。同年十二月便发兵击晋。

开运二年（945 年），辽兵驻军元氏（今河北元氏县），赵延寿仍为先锋。晋出帝欲亲征，因有疾未成行，令马全节屯兵邢州（今河北邢台市）、赵在礼屯兵邺都（今河北大名县东北部）。战争之时，晋朝廷畏惧而下令后撤，晋兵不知缘故，误以为战败，于是溃退，撤至相州（今河南安阳县）时，晋朝廷复下令死守。军心复归稳定，数万人列阵于相州安阳水南岸。此时辽太宗在邯郸，听传言以为晋军大至，于是仓皇北还，攻相州的辽兵则不战自败。此时出帝病愈，听马全节之意，欲乘胜夺取幽州。于是下诏亲征。诣军依次北上，攻取满城（今河北满城县）、遂城（今河北徐水）。辽军闻讯回兵，晋军后撤。至阳城（今河北清苑）两军交锋，晋军李守贞等利用天气条件，乘大风而奋力击辽，辽因轻敌而大败。是谓阳城大捷。

阳城之捷后，出帝以为天下无事，专事游乐，搜刮四方珍奇，多造器玩，大兴土木，其赏赐优伶无度，朝廷上下醉生梦死，荒淫无耻，因而大失民心。

开运三年（946 年），辽瀛州刺史诈降，劝晋发兵取瀛州（今河北境内）。出帝轻敌自信，遂以杜重威为元帅，李守贞为副元帅，率军击辽，出征前下诏言，此次北征要先取瀛、莫（今河北境内），安定关南。次取幽、燕，荡平塞北。又发布赏格：擒获辽主者，授上镇节度使，赏钱万缗，绢万匹，银万两。大军征发，京师守备空虚。同年十一月，晋军至瀛州，州城城门洞开，寂若无人。杜重威不敢轻易进取。撤军至武强（今河北武强县），闻知辽军已南下入寇，欲取道冀、贝南回，彰德节度使张彦泽劝军发恒州（今河北境内），晋军与辽军夹滹沱河对峙。杜重威使张彦泽为先锋，辽军则暗中派兵抄晋军后路，断其粮道与归路。奉国指挥使王清建议自率步兵2000人为先锋，渡河击敌，请杜重威率军后援。王清所率兵卒，作战甚勇，辽军向后稍撤。晋将请乘胜渡河，杜重威不许，王清孤军奋战，连续派人请求后援，均为杜重威拒绝。王清及渡河部队全部战死，晋大军隔河相望，无不愤慨。王清战死后，杜重威便与李守贞密谋降辽。辽兵因此而得恒州，又引兵自邢、相南下，派张彦泽率骑兵2000人先取开封。张彦泽长驱直入。晋出帝作降表，向辽称臣。高行周亦自澶州至京师表示归辽。张彦泽纵军抢掠，次年（947年）耶律德光入开封，贬出帝为负义侯，并将皇室押往辽国，安置在建州（今辽宁朝阳县）。晋辽之战以晋的灭亡而告终。

石重贵一家北行时，有时饭也吃不上，只得杀畜而食。石重贵一行人风餐露宿，忍饥挨饿，备受凌辱，好容易到了黄龙府，契丹国母又召往怀州。怀州在黄龙府西北千余里，石重贵只得重新上路。幸逢契丹内部发生了王位之争，新王永康王允许他们暂住辽阳，自此供给稍有保证。

后汉乾祐元年（948年），永康王至辽阳，石重贵着白衣纱帽拜之。石重贵有一幼女，永康王之妻兄求之，因年幼谢绝。不几日，永康王就遣人夺走，送给妻兄。

乾祐二年（949年），石重贵一家被允在建州（今辽宁朝阳西南）居住。行至中途，石重贵生母安妃病死。到建州后，得土地50余顷，石重贵令一行人建造房屋，分田耕种。这年，契丹述律王子又强娶石重贵宠姬赵氏、聂氏而去。石重贵悲愤不已，但也无奈。

石重贵墓志铭称他于保宁六年（974年）六月十八日去世。

后晋因为契丹而建立，最后又因为契丹而灭亡，真是兴也契丹，亡也契丹。

四、李通理身历两朝，景延广不降自绝

1. 李周

李周（871—944 年），原名李敬周，字通理。邢州内丘（今河北内丘）人。唐朝潞州节度使李抱真的后代。五代后唐、后晋将领。

李周 16 岁时便当了唐朝内丘地方的捕贼将。当时，河朔地区（今黄河以北地区）群盗蜂起，商旅行人如果没有专人保护就不敢走出本郡甚至本乡。太原士族卢岳携带家眷盘缠滞留内丘，进退两难。李周听到此事后，主动提出护送。路过西山时遇到贼寇从树林里射出箭来，李周面对树林大声呼喊："你究竟是谁？请站出来说话。"林中贼人听出是谁，当时就悄悄地溜走了。卢岳善相，他见李周有将相之相，就劝他投河东李氏（李克用）。李周说家有老母在堂，不便远离，而后返家。

不久，后梁大将葛从周攻下邢、洺二州。李克用麾兵南下，攻打梁军，在青山口筑起了营垒，李周就投到了青山寨。李克用见到李周时十分高兴，当时就给予赏赐，并让他充任黄头军使。李克用平定云州（今山西大同）、李存勖进攻柏乡，几次战阵上，李周都英勇杀敌，连续立功，因而升任匡霸都指挥使。李存勖进入魏州后登基称帝，李周率兵驻扎在临河杨刘（今山东东阿北一带），保卫魏州。庄宗北伐时，李周奉命与和尚焦彦宾守卫杨刘城。梁将王彦章以数万兵马来围攻，李周日夜冒着敌军的箭雨疾石拒敌守城，同时派人飞马报请庄宗派兵速来援救。庄宗却说："有李周在城里守备，我还有什么忧虑呢！"于是带着大军慢慢挪动，每天不误打猎游玩，全不把援救危城之事放在心上。等他到达杨刘城时，城中断粮三天，然而城池依然固守如初。解围之后，庄宗对李周说："不是你九死一生地抵抗，城中人就都被梁兵掳走了。"

后梁同光二年（924 年），李周历任相、蔡二州刺史。平定西蜀后，授为西川节度副使。天成二年（927 年）春，调任遂州两使留后，不久回朝。

一年后出任邠宁节度使。当时庆州刺史窦廷琬拒不接受朝廷的命令，李周奉命出兵败之。长兴、清泰年间（930—936 年），先后在徐、安、雍、汴四州领兵坐镇。他所到之处，从无苛政，士民百姓都很高兴。

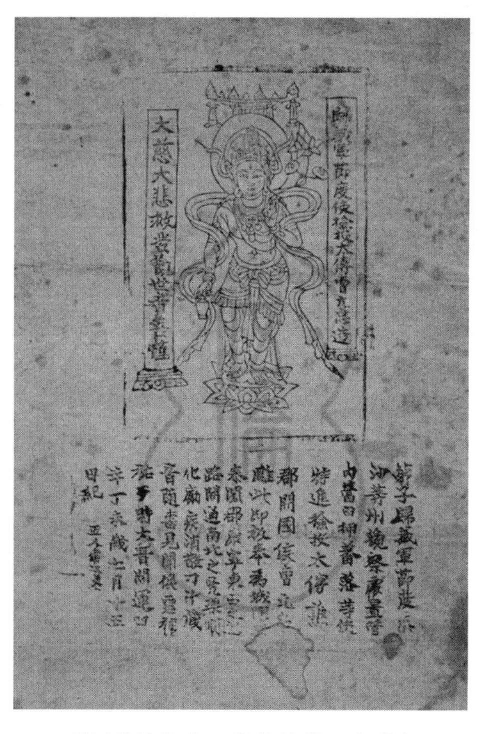

后晋敦煌归义军节度使曹元忠雕印

晋高祖石敬瑭称帝后，李周又去镇守邠州，官至检校太师兼侍中，后调回朝廷。出帝石重贵离开京都汴梁时，命李周为留守。出帝回京后，授开封尹。后因病去世，享年 74 岁。赠授太师，陪葬后唐明宗徽陵之北。

2. 景延广

景延广（892—947 年），字航川。后晋将领。陕州（今河南陕县）人。

景延广的父亲景建擅长射箭，曾经教导他说："射箭如果射不进铁里，就不如不发箭。"因此，景延广后来以善于力挽强弓而见称于世。

后梁时期，景延广在邵王朱友诲帐下做事，朱友诲图谋反叛被囚禁，景延广逃走。后来跟随梁将王彦章在中都作战，王彦章兵败，景延广身负数伤，勉强逃脱一死。

后唐明宗时，朱守殷率汴州守军反叛，晋高祖石敬瑭当时担任六军副使，主持诛杀参加朱守殷叛乱的人员。景延广当时是汴州军校，理应被杀，但石敬瑭怜惜他的才干，暗中放了他，后又录用为客将。石敬瑭即位后，又先后任命他担任侍卫步军都指挥使等职。

石敬瑭去世后，后晋出帝石重贵继承王位。景延广为此出了不少力，

所以总是夸耀自己的功劳。起初，石重贵被立为皇帝时，后晋大臣们商议报告契丹，献表称臣；唯独景延广不肯，仅仅在信上自称为孙子。大臣们都知道这样做不行，但又无法使他改变主意。契丹果然大怒，屡次以此谴责后晋。景延广对契丹使者说：“先皇帝是你们契丹拥立的，但现在的天子是中原国家自己册立的，可以做你们的孙子，但不能做你们的臣子。况且晋朝有横磨大剑十万口，老爷子要开战，那就来吧，他日约束不住孙子，一定会受到天下人的取笑。”使者知道这番话势必挑起两国的争端，担心以后没有凭据，就要他把这些话写在纸上。景延广命令属吏全部记录下后交给使者，使者带回去报告了契丹主，契丹主更加生气。但景延广、石重贵君臣穷奢极欲、醉生梦死，既不管外敌虎视眈眈，也不管每年有十几万百姓饿死。

天福九年（944 年）春天，契丹入侵，景延广跟随石重贵北征，担任御营使，与敌对峙于澶、魏二州之间。先锋石公霸与契丹在戚城遭遇，高行周、符彦卿兵力单薄不能赴援，飞骑催促景延广增兵，景延广却按兵不动。三位将领被敌军包围了好几层，石重贵亲自率军前去援救，他们才得以冲出重围。三将一起向石重贵哭诉，然而这时景延广正手握禁军，众将都由他节制，石重贵也拿他没法。契丹曾向晋军呼喊道：“景延广叫我们来，为何不见他出来迎战？”当时，各将领都拼死力战，景延广却连敌人都未曾见到。

契丹离去，石重贵回到京师，就调景延广出京担任河南尹，留守西京洛阳。景延广居住在洛阳，郁郁不得志。看到后晋日益衰落，估计无法抵挡住契丹，于是整夜饮酒，大兴土木，置妓玩乐，为所欲为。

后来，石重贵后悔与契丹交恶，派遣供奉官张晖携表向契丹称臣求和，但未获准允。耶律德光进犯京师，行至相州（今河北、河南交界），派数千名骑兵混杂在晋军中渡过黄河，直奔洛阳，前来捉拿景延广。景延广顾虑家小，未能逃走或自杀。契丹骑兵突然赶到，景延广就与从事阎丕驰马去封丘进见耶律德光。耶律德光斥责景延广说："南北失和，都是因为你。"于是喝令手下给他戴上枷锁，准备把他送回契丹。走到陈桥百姓家停宿时，景延广夜半自掐喉咙而死，时年 56 岁。

五、安重荣觊觎皇位，遭背叛身首异处

安重荣（900—942 年），字全道，小字铁胡，朔州（今山西朔州市）人。五代十国时期后唐、后晋时期将领。

安重荣出身累世勋阀。祖父安从义曾任利州（今四川广元）刺史，父亲安全官至振武（治所在单于都护府，今内蒙古和林格尔西北）马步军都指挥使。安重荣臂力过人，能骑善射，曾担任后唐振武巡边指挥使。后唐清泰二年（935 年），身兼太原尹、北京留守、河东节度使三要职的石敬瑭在晋阳举兵反叛，为了扩充实力，取后唐而代之，派人暗地招纳安重荣。安重荣见后唐朝廷腐朽虚弱，尽失人心，败亡已成定局，便率领 1000 余名骑兵赶赴太原，投于石敬瑭麾下。清泰三年（936 年），契丹主耶律德光册封石敬瑭为太晋皇帝。后晋国正式建立，安重荣被授为成德(治所在镇州，今河北正定）军节度使。

安重荣精明干练，处事决断，作为一个武夫，留意致道，勤于政务，每遇诉讼案件，亲临大堂明辨曲直，依法裁决。至于百姓徭役、课税、仓库耗羡等大事，他更是事必躬亲。这样，同僚及衙役们不敢贪赃枉法，胡作非为，镇州一带得以保境息民。

安重荣由一军卒起家，为时不久，即扬名显身，飞黄腾达。他目睹后唐末帝李从珂、晋高祖石敬瑭靠兵变得践帝位的事实，也滋长了谋权篡位之心，曾对别人说："天子，兵强马壮者当为之，宁有种耶！"安重荣平素倨傲跋扈，时有僭越之举，为当朝权贵所不容，心中常对此愤恨不已，只因羽翼未丰，时机未至而不敢贸然下手。

作为后晋王朝开国皇帝的石敬瑭，深知自己是在契丹主耶律德光的扶

植下才登上帝位的。于是，石敬瑭拜年纪比自己小11岁的耶律德光为父皇，自己甘作儿皇帝。当时，以耶律德光为首的契丹统治者，对境内北边诸族横征暴敛，肆意抢掠，并胁迫各部落青壮年男子自备衣粮甲杖，扬言合力进犯中原。少数民族人民一则不堪于契丹巧取豪夺，严刑峻法的残暴统治，二则感到南侵出师不义，必遭失败，故不愿为契丹效命，他们中的吐谷浑、沙陀、突厥等部落首领纷纷携带部众老小、牛羊、车帐、辎重，跋山涉水，不辞艰险，投奔中原王朝。黄河流域的党项、逸利、越利诸族部落首领也遣使送上契丹授予的委任状、诏书、旗帜等物，控诉在契丹奴役下的困顿劳苦之状，盼望后晋王朝联合诸部落，共同讨伐契丹，后晋割与契丹的幽云十六州的人民思归中原之心更为迫切。朔州节度使赵崇联合本城将校杀掉伪节度使刘山，也企盼回到后晋怀抱。安重荣对呻吟于契丹铁蹄之下的人民较为同情和支持，他招诱一些少数民族部落进入塞北。耶律德光得知此事，立即责令石敬瑭，将这些人押送回辽，并要他严罚保护部民的官吏。

石敬瑭拿到耶律德光的圣旨，感到左右为难，因为安重荣手握重兵，态度强硬，如若惹怒、后果不堪设想。石敬瑭奈何不得安重荣，只好派供奉官张澄带领兵士2000余人，将已居住在并、镇、忻、代一带（今山西中部、河北西部一带）的少数民族部落百姓驱逐回原地，但少数民族部落的百姓去而复来，安重荣又将他们收留，安排妥当，顺势招兵买马，编制甲兵，伺机发难。这时，石敬瑭接连传出圣旨，嘱咐安重荣对契丹依计而行，不论遇到何种情况，后晋君臣部需恪守成约，勤谨事奉。安重荣此时对石敬瑭仍抱有一线希望，他上了一份洋洋千言的奏章，其中一一细述了辽境内反抗浪潮势如汹涌、各部落向往中原王朝、盼归之心似箭、有的部落冒险弃暗投明以及朔州节度使倒戈的情况。强烈要求后晋朝廷顺乎民情，乘势发兵，征讨契丹。如此，所有受契丹压迫的部落会群起响应，后晋必能稳操胜券，大获全胜，上可洗国耻，下可慰人望。为了争取更多舆论的支持，安重荣又将奏章要旨书写成文，传阅于后晋文武大臣及四方藩镇，颇

契丹武士

得朝野上下的理解与同情。石敬瑭阅毕奏章，见安重荣反形已露，坐卧不宁，他亲至邺都（今河北大名县西北），连下十道诏书劝谕安重荣，安重荣见石敬瑭一心卖国求荣，后晋危如累卵，前途黯淡，决心与他分道扬镳。

后晋天福六年（941 年），石敬瑭北巡邺都，京城空虚。安重荣致书山南东道（治所在今湖北襄阳市）节度使安从进，让他起兵造反以形成南北夹击之势。安从进一起兵，安重荣立即率部响应。这一年，旱、蝗灾害严重，百姓困顿不堪，安重荣以抗辽相号召，很快聚集起饥民数万人扑向邺都，声言要觐见石敬瑭。队伍行至宗城（今河北威县东 30 里），与前来镇压的杜重威部遭遇。双方交战之紧要关头，素与安重荣有矛盾的赵彦之突然倒戈，奔降晋军。安重荣措手不及，大败而逃，其将士 2 万余人皆溃散，大部分冻饿、被杀而死，只有安重荣及 10 余名骑兵得以生还。他们用牲畜皮革做成铠甲，动员全城军民把守镇州城门。杜重威派大军重重包围镇州。素日苦于后晋暴敛媚敌的镇州军民在外无援兵、内缺粮草的情况下奋力死战，拒不投降，重创晋军。

天福七年（942 年）正月，安重荣手下一将领被晋军所收买，从城西水碾门引官军入城，守城军民 2 万余人壮烈牺牲。安重荣又率领仅存的吐谷浑数百名骑兵退至牙城，并力守御，终因饥困力竭，寡不敌众而失败，安重荣被后晋军队俘获。石敬瑭下令将安重荣头颅砍下，装在一个匣子里，向“父皇”耶律德光报功，奴才嘴脸暴露无遗。

第四章 后汉风云

后汉（947—950 年），五代十国时期由沙陀族建立的中原王朝，都城东京开封府（今河南开封）。

后唐覆灭后，石敬瑭建立后晋，任命刘知远为河东节度使。947 年，契丹灭后晋后占据中原，但因契丹兵在中原烧杀抢掠，大失民心，只好北撤。刘知远抓住时机，在太原称帝，国号汉，史称后汉，后攻克并定都于汴州。

948 年，刘知远第二子刘承祐嗣位，即汉隐帝。950 年李守贞等藩镇发生叛乱，汉隐帝命郭威征讨。但汉隐帝猜忌郭威，欲杀之，郭威不得已反叛，汉隐帝为溃军所杀，后汉就此灭亡。

一、刘知远拥兵自立，建后汉积劳成疾

刘知远（895—948 年），字达，晋阳（今山西太原）人，沙陀族。后汉开国皇帝（947—948 年在位），称帝后，改名为刘暠。

刘知远从小为人沉稳庄重，不好嬉戏。到了青少年时期，正值李克用、李存勖父子割据太原，刘知远就在李克用的养子李嗣源（即后来的后唐明宗）部下当了一名军卒。当时，石敬瑭为李嗣源爱将，在战斗中，刘知远两次不顾自己的生死安危，救护石敬瑭于危难中。石敬瑭对他感激之至，以其护驾有功，将他调到自己的帐下，做了一名牙门都校，不久升任马步军都指挥使。

刘知远

后唐清泰三年（936 年），石敬瑭在刘知远等人谋划下，在开封称帝，建立了后晋，史称后晋高祖。作为谋划石敬瑭称帝的功臣，刘知远得到应有的报酬，除了很多的赏赐外，石敬瑭还先后任命他检校司空、侍卫马步都指挥使、点检随驾六军诸卫事、许州节度使、朱州节度使、检校太傅、北京（今太原）留守、河东节度使等职，享尽了荣华富贵。

后晋天福七年（942 年）当了 7 年“儿皇帝”的石敬瑭得病死去。养子石重贵继位，由于是石敬瑭手下的红人，石重贵随即加封刘知远检校太师，晋位中书令。后晋开运元年（944 年），契丹主耶律德光率军南下，石重贵任命刘知远为幽州道行营招讨使，迎战契丹军。刘知远机智勇敢，指挥得当，很快在忻口大破契丹军，契丹军败回。

石重贵为此加封刘知远为太原王、北平王，但不久，契丹军又来侵犯，刘知远在朔州阳武谷再次打败契丹军。随着官职的不断提升，以及对契丹军战斗的胜利，刘知远已不满足于当一个北平王，他意图称霸河东，成就王业。然而石敬瑭对他有知遇之恩，他不好意思立刻与石重贵反目，所以对朝廷的诏命他是半推半就，一方面不服调遣，作战中逗留不进；另一方面也偶尔主动出击一下，好让朝廷与契丹不致小看自己。

刘知远深知，契丹只不过是游牧部族，不会久居中原不退，只是掠夺些财物后就会主动离开，再加上中原人民的坚决抵抗，他们不会长久待下去。而石重贵就不同，他作为国家的皇帝，是不会轻易离开中原的，因此也会成为他称帝的最大阻碍，所以刘知远一边在与契丹战斗的过程中了解地形，一边又与契丹勾结，奉表称臣，同时加大力度募集士卒，养精蓄锐，加紧称帝的准备。

后晋开运三年（946 年），耶律德光率契丹军大举进兵，攻入开封，石重贵投降，后晋灭亡。刘知远认为时机成熟，于后晋开运四年（947 年）在太原称帝，建立了后汉政权。为了掩饰其政治企图，他不改国号，而是沿用石敬瑭的年号，为了能够笼络人心，争取后晋旧臣的投诚，他下诏禁止为契丹搜刮钱帛；并慰劳保卫地方和武装抗辽的民众；将诸道的契丹人一律处死，等等。当契丹在中原人民抗击下退出后，刘知远乘机进入开封并建都，改名字为刘暠，改天福十三年（948 年）为乾祐元年，史称高祖。

他即位后，减免赋税，大赦天下，果断采纳了皇后李氏的建议，拿出宫中所有财物赏赐将士，还任用贤能，再加上治军严明，很快使经济恢复了过来。

契丹军进入中原后，到处以“打草谷”的名义掠夺财物、杀害无辜百姓，中原地区人民反抗不断，耶律德光被迫北撤，留萧干守卫汴京，刘知远看准时机，采纳了郭威“由汾水南下取河南、进而图天下”的正确建议，命史弘肇为先锋，举兵南下，一路势如破竹，所向无敌，很快拿下了洛阳和汴京。刘知远稳定中原局势后，令魏州的杜重威移镇归德（今河南商丘南），与原归德节度使高行周对调，杜重威抗命不从，刘知远令高行周与慕容彦超率军讨伐杜重威，杜重威誓死守城，汉军日久无功，刘知远恐生他变，亲自来攻，死伤甚巨，刘知远见强攻不克，多次遣人招降杜重威，许以不死，此时魏州粮草用尽，城中将士多逾城逃亡。十一月二十七日，杜重威出城投降，刘知远言而有信，没有杀杜重威，封其为检校太师、守太傅、兼中书令、楚国公。至此，中原基本上平定。

乾祐元年（948 年）正月，刘知远因伤长子刘承训之死而病重，召史弘肇、

王章、苏逢吉、郭威等人托孤，临终前，刘知远认为杜重威反复无常，于是授意托孤大臣除掉他。随即驾崩，时年 54 岁，谥曰睿文圣武昭肃孝皇帝，庙号高祖，葬于睿陵。其子刘承祐继位，是为后汉隐帝。

二、勋旧大臣乱朝纲，隐帝发难反遭殃

汉隐帝刘承祐（930—951 年），并州晋阳（今山西太原）人，沙陀族。后汉末代皇帝（948—950 年在位），后汉高祖刘知远之子，母为李皇后。

刘知远称帝后，他的旧日僚佐均成为朝廷重臣，占据各大要害部门。杨邠、郭威任正副枢密使，苏逢吉、苏禹珪任宰相，王章任三司使，史弘肇任侍卫亲军马步军都指挥使兼平章事。这些人中除郭威外其余均为蛮横无知、贪暴残酷之徒。如宰相苏逢吉，早在河东为幕僚时，刘知远命其静狱以祈福，实际上是要他释放囚犯，而他却把全部囚徒统统处死，号曰“净狱”。当了宰相以后，仍不改旧习，曾草诏要将为盗者的本家和四邻、保人全族处斩，有人驳斥说：“为盗者族诛，已不合王法，何况邻保，这样做不是太过分了吗？”苏逢吉不得已，才勉强删去“全族”二字。

刘知远（截右边图）

至于史弘肇更是残暴绝伦，他掌握禁军兵权，警卫都邑，只要稍有违犯法纪，不问罪之轻重，便处以极刑。甚至太白星白昼出现，因为有人仰观，就被处以腰斩。有一百姓因酒醉与一军士发生冲突，也被诬以妖言惑众而斩首。至于断舌、决口、抽筋、折足等酷刑，几乎每日不断。

王章任三司使负责理财，唯

知暴敛，致使百姓因此而破产者比比皆是。旧制，两税征粮时，每1斛加收1升，称之为“鼠雀耗”，而王章命令加收2斗，相当于以往的10倍；旧制，官库出纳钱物，每贯只给800文，百姓交税也是如此，每百文只交80文，称之为“短陌钱”，而王章规定官库给钱每百文只给77文，但百姓交税每百文仍交80文。后汉还规定私贩盐、矾、酒曲者，不论数量多少，统统处以死罪。

中央大员如此，上行下效，地方官员更加残暴。青州节度使刘铢执法残酷，行刑时，双杖齐下，谓之“合欢杖”；他还根据犯人年龄的大小决定杖数，而不问罪之轻重，谓之“随年杖”。卫州刺史叶仁鲁捕盗时，往往将普通平民当成盗贼杀戮，或挑断脚筋，抛弃山谷，致使这些人“宛转号呼，累日而死”。西京留守王守恩为了聚敛钱财，胡乱收税，税目之多，包括上厕所，上街行乞，都要交税，甚至连死人的灵柩，如不交钱，也不准出城埋葬。有时还放纵部下，强抢或偷盗人家钱财。因此后汉的统治是五代十国中最残暴的，百姓极度困苦，以致卖儿贴妇都不能度日。

刘知远死后，宰相苏逢吉等人秘不发丧，诱杀了杜重威。

刘承祐年幼即位，朝政被勋旧大臣杨邠、史弘肇、王章、郭威所把持，武夫掌权歧视文臣，遭致内部矛盾不断。这些武夫悍将，个个专横跋扈，议论朝政时，吵吵嚷嚷，大呼小叫，根本不把皇帝放在眼里，使隐帝难于忍受。这些人只知舞枪弄刀，却根本不懂安邦定国的道理，有时争吵起来，甚至拔刀动剑，几乎闹出人命。

各种跋扈行为使汉隐帝实在忍无可忍，于是和亲信商议，伏兵殿门，趁杨邠、史弘肇、王章三人上朝之时，一举将他们杀死，尽灭其族。又派人刺杀镇守邺都的郭威，郭威闻讯遂举兵反抗，率领大军杀奔汴梁，击败了后汉禁军。汉隐帝落荒而逃，途中被杀。郭威进入汴州后请太后临朝称制，并决定迎立刘知远之侄武宁节度使刘赟为帝。就在刘赟动身前往汴梁

时郭威指使人假报契丹入寇，自己率大军出京迎敌，行至中途，兵士哗变，将黄袍披在郭威身上，拥立郭威为帝，然后转回汴梁。

刘赟行至宋州时郭威已抢先一步进入汴梁，逼迫太后下诏封自己为“监国”，总揽朝政大权，并以太后名义下诏废黜了刘赟，降封刘赟为开府仪同三司、检校太师上柱国、湘阴公，又遣部将郭崇威到宋州将刘赟囚禁在当地。951 年，郭威正式登上皇帝宝座，年号广顺，国号周，史称后周。

后汉从建立到灭亡仅 3 年，历 2 帝，是五代十国里最短命的政权。

三、恃军弄权史弘肇，蔑臣欺主遭诛杀

史弘肇（？—950 年），字化元。郑州荥泽（今河南郑州西北）人。五代后汉名将。他勇猛敏捷，亦有战功，故官至武将极品。但他恃军弄权，蔑朝臣、欺主上，最终不得寿终。

史弘肇生来勇猛敏捷，跑起来能追上飞奔的骏马。后梁末，从每 7 户

后汉年间海会院

人家征调1个士兵，史弘肇入伍，被选入禁军。后汉高祖刘知远统率禁军时，史弘肇担任军校。后来，刘知远镇守太原，让史弘肇担任武节左右指挥，遥领雷州刺史。刘知远在太原建立汉国，代州的王晖拒不从命，史弘肇率兵打败了他，因功升任忠武节度使、侍卫步军都指挥使。

史弘肇严肃刚毅且寡言少语，有部下稍微违反了他的旨意，当即被用马鞭活活抽死，军中士兵为此吓得双腿直颤。因此，在刘知远起兵举事的一开始，史弘肇率兵所到之处都秋毫无犯，两京得以秩序井然。不久即又升任侍卫亲军马步军都指挥使，兼任归德军节度使、同中书门下平章事。

这时契丹返回北方，留下进攻潞州的耿崇美部下王守恩。刘知远派史弘肇前去攻打，耿崇美战败逃走，王守恩率全城士兵归顺后汉。同时，河阳的武行德、泽州的翟令奇等人，都迎接史弘肇而自动归附。史弘肇进入河阳，刘知远随后赶到，于是进入京师。不久，刘知远病情加剧，史弘肇与杨邠、苏逢吉等人一同接受了临终遗诏。

后汉隐帝时，河中李守贞、凤翔王景崇、永兴赵恩绾等相继反叛，关西一带兵连祸结，京师亦恐惧不安。史弘肇发兵警戒巡查，专事杀戮，罪过不分大小轻重，一律处死。当时太白星在白日出现，百姓有抬头仰观的立刻被当街腰斩。集市中有个醉汉冒犯了士兵，便被叫作妖言惑众，定罪为死刑。凡有百姓否认犯罪而告到弘肇那里时，只要他伸出3个手指示意，官吏立刻将其腰斩。除此，还规定了割舌头、撕嘴巴、切筋、削脚等酷刑。大臣李崧被仆人告发要叛乱，结果全家被杀，只留下他的女儿作了史弘肇的婢女。从此以后，那些功臣、宿将和被削职的仕宦人家，无不迁就他们的奴仆，而仆役之人往往胁迫、挟制他们的主人。燕人何福进有一只玉枕，价值14万钱，派仆人去淮南卖掉，买回茶叶。仆人隐瞒了钱数，何福进用竹板责打，于是仆人就诬告何福进。史弘肇逮捕并审讯何福进，判他为死刑，其部下分别强占了何福进的妻子女儿，同时

没收了他的家产。

隐帝刘承祐自从关西结束战争以后，逐渐亲近小人，与后赞、李业等人嬉闹游乐无度，太后的亲戚们也经常干预政事，但史弘肇与杨邠渐渐地抑制住他们。太后有个老熟人的儿子来谋求补任官职，史弘肇当即斩了他。刘承祐刚听完音乐，赏赐给教坊使等人玉带、锦袍。这些人去向史弘肇致谢，史弘肇大怒道："好男儿为国家出征远行尚未全都受赏，你们有什么功劳，竟敢担当这份赏赐！"全部收取所赐之物，送回宫库。

郭威外出镇守魏州，史弘肇想让他兼任枢密使前去赴任，苏逢吉、杨邠都认为不妥，史弘肇怀恨在心。第二天，在窦贞固家中聚会饮酒，史弘肇举起酒杯高声对郭威说道："昨天在朝中议论，不知怎么搞的意见不一，今天与您干了这杯酒。"苏逢吉与杨邠也举起酒杯说："这是国家的大事，你何必耿耿于怀呢？"于是一起喝酒。史弘肇又说："安定国家，平定祸乱，只需要长枪大剑，像'毛锥子'（毛笔）有什么用呀？"三司使王章说："没有'毛锥子'，军队的费用如何征集来？"史弘肇哑口无言。又有一天，在王章家中聚饮，喝到十分畅快之际，大家划拳行令。史弘肇不会划拳，客省使阎晋卿坐在旁边教他。苏逢吉打趣地说："身旁坐着姓阎的人，还怕什么罚酒呀！"史弘肇的妻子姓阎，原先是酒家的歌妓，他认为苏逢吉是讥笑自己，勃然大怒，丑话大骂，苏逢吉毫不在意。史弘肇又想殴打他，苏逢吉只得先出去了。史弘肇起身找出宝剑想追上去，杨邠笑着说："苏公是汉的宰相，您若杀了他，把天子放在什么位置啊？"于是史弘肇骑马飞驰而去，杨邠一直陪送他到家才返回。从此以后，将相二人势同水火。刘承祐派王峻在公子亭摆宴劝解，二人这才重归于好。

当时，李业、郭允明、后赞、聂文进等人也想掌权用事，不喜欢执掌权柄的史弘肇等人；刘承祐年龄渐长，对身受大臣摆布的处境也愤愤不平。

李业等人乘机攻击史弘肇，说他震慑人主，不早除掉将来必会谋反作乱。刘承祐心有疑虑，夜里听见外面作坊锻造兵甲的声音，便以为是来了谋反的士兵，直到天亮也睡不安稳，更觉夜长梦多。于是与李业等人在宫中密谋。后汉乾祐三年（950 年）冬十月十三日，史弘肇与杨邠、王章等人入朝，坐在广政殿东侧走廊，几十个甲士从殿内冲出，擒杀 3 人，同时诛灭了他们 3 家。

后周太祖郭威即位后，追封史弘肇为郑王，以礼安葬。

四、残忍好杀苏逢吉，穷途末路自杀亡

苏逢吉（？—950 年），京兆长安（今陕西西安市）人。其父苏悦为后汉刘知远从事。刘知远镇守河东时，苏逢吉常代父作奏记。苏悦向刘知远推荐苏逢吉说："老夫耄矣，才器无取。男逢吉粗学援毫，性复恭恪，如公不以犬之微，愿令事左右。"刘知远召见苏逢吉，见其精神爽秀，甚爱之，用为节度判官。

刘知远性情刚直威严，宾佐很难谒见，唯苏逢吉日侍左右。后晋天福十二年（947 年），刘知远称帝，后汉立，苏逢吉为中书侍郎、同中书门下平章事。朝廷大事的议决、制度草拟，皆由苏逢吉掌管。然他学识浅薄，裁决不当，所以后汉尤无法度，不施德政，民怨甚多。

苏逢吉在位以权谋私，收纳贿赂，谤者大哗。因后汉高祖信任，无人敢告发。李永吉自凤翔初到京师，苏逢吉认为李永吉是故秦王李从俨之子，家世王侯，当有奇货，便派人告诉李永吉，许以一州之官，而求其先王玉带。李永吉无此物，苏逢吉又派人到市场购买，价值数千缗，责成李永吉奉献给他；王筠自晋末使楚，由楚回京师，苏想王筠定得楚王重贿，便派人向王筠索取，王筠无奈，只好以其橐装之半献之；苏逢吉妻武氏去世，他强迫百官和州镇百姓送绫罗绢帛，以备缟素。

辽代古墓壁画上的契丹武士手持骨朵形象

苏逢吉生活豪华奢侈，常命家厨做山珍海味或于私第大张酒宴，以召权贵，每次耗资千余缗。他生性残酷，好杀戮。他随高祖在太原时，高祖过生日，命其清理狱囚，为刘知远祈福，叫“静狱”。苏逢吉到狱中，不问犯罪轻重，统统处斩，回报说：“狱净矣。”

后晋宰相李崧随契丹军北上，高祖入京师，把李崧的田宅甲第赐苏逢吉，苏逢吉又借机霸占了李崧在西洛的田宅。李崧由契丹回京师后，出宅券给苏逢吉看，引起苏逢吉的不满。李崧之弟李屿对苏逢吉霸占其家产时出怨言。因此，苏逢吉便诱使李家仆夫诬告其谋反，李崧与弟李屿、李义被捕入狱。李崧自诬伏罪：“与家僮二十人，谋因高祖山陵为乱。”苏逢吉将“二十人”改为“五十人”，尽诛李崧家；当时，天下多盗贼，朝廷派使捕逐，苏逢吉自拟诏书下州县，诏书称“应有贼盗，其本家及四邻同保人，并仰所在全族处斩”。由此导致郓州捕贼使张令柔尽杀平阴县 17 个村村民数百人。

高祖临死前对宰相苏逢吉、枢密使杨邠、郭威、指挥使史弘肇说："人生总有一死，死亦可惧。但承训已殁，承祐依次当立，朕虑他幼弱，后事一切，不得不托诸卿！""眼前国事，尚无甚危险，但须善防杜重威！"高祖死后，苏逢吉说："且慢！且慢举哀！皇帝有要旨传下，须立刻办了，方可发丧。"接着，拿出诏敕，派侍卫带领禁军，捉拿杜重威及其子杜弘璋、杜弘琏、杜弘遂，驱至市曹斩首。

隐帝刘承祐即位后，命杨邠掌机要，郭威主征伐，史弘肇典宿卫，王章总财赋，国家大事，尽在四大臣掌握，宰相苏逢吉、苏禹珪等反若赘瘤。加上二苏多次迁补官吏，杨邠屡加裁抑，遂导致将相生嫌，互怀猜忌，适逢关西乱起，中书侍郎、同平章事李涛，奏请杨邠、郭威二枢密出任重镇，抵御外侮，内政可委二苏办理。不料杨邠、郭威二人，误会李涛意，疑他联络二苏，从旁便入宫泣诉于太后，自请留奉山陵。李太后面责隐帝，命罢李涛政柄，勒归私第。隐帝欲使母欢心，更加重用四大臣，二苏愈抱不平。

乾祐三年（950年），辽兵入侵，枢密使郭威出镇邺都，督率各道抗辽。史弘肇提议，郭威虽出镇邺都仍可兼领枢密使，苏逢吉据例辩驳，反对兼任。史弘肇愤然道："事贵从权，岂必定援故例，况兼领枢密，方可便宜行事，使诸军畏服，汝等文臣怎晓得疆场机变哩！"苏逢吉畏史弘肇凶威，不敢较量，退朝后说："用内制外，方得为顺。今反用外制内，祸变不远了！"次日，隐帝出诏，授郭威为邺都留守、天雄军节度使兼枢密使。

隐帝年少，杨邠、史弘肇等揽权，隐帝虽不敢当面斥责，心中却很懊恨。苏逢吉与史弘肇有隙，每次见到太后的弟弟李业，就用言语挑拨，使李业杀史弘肇。隐帝为了自身安危，将杨邠、史弘肇、王章等人杀死，并株连家族，尽捕三人党羽。派使赍诏，密授邺都行营马军都指挥使郭崇威，步军都指挥使曹威，令杀郭威及监军王峻，命苏逢吉权知枢密院。

郭威闻讯起兵回朝，拟清君侧，与京城守军战于城北刘子陂。隐帝不顾李太后的百般劝阻，出城观战，守军大败。隐帝和随行的苏逢吉等数十人留宿七里寨。次日，隐帝回城受阻，逃到赵村，慌忙下马，被茶酒使郭允明从背后一刀刺死。大势已去的苏逢吉只得自杀，结束了罪孽的一生。

第五章 后周风云

后周（951—960年）是五代的最后一个中原王朝，统治范围包括今河南、山东、山西南部、河北中南部、陕西中部、甘肃东部、湖北北部以及长江以北的江苏、安徽地区。从951年正月后周太祖郭威灭后汉建国，定都东京开封府（今河南开封），至960年赵匡胤陈桥兵变建立北宋，共计历经3帝，享国10年。

一、郭文仲起兵立国，周太祖治国有方

后周太祖郭威（904—954年），字文仲，别名郭雀儿。邢州尧山（今河北省邢台市隆尧县）人。父郭简，官至顺州刺史。五代时期后周建立者（951—954年在位）。

郭威家道贫穷，早年丧父，母亲携他改嫁郭氏，于是乃改姓郭。

郭威3岁时，随母亲和继父迁居太原。但没有住多久，继父就被沙陀突厥军虏杀，母亲不久也谢世。郭威小小年纪就成了孤儿，由姨母韩氏收养。姨母也是一个破落户，家道并不宽裕，因此，郭威少年时过着十分贫困艰苦的生活。

长大以后，郭威生得虎背熊腰，形体魁梧，力大如牛，胆大气壮。郭威特别爱好武艺，不愿种田，渴望从军。18岁时，割据地方的军阀潞州（今山西长治）节度使李继韬为了扩充势力，招募豪勇，郭威遂跟随其生父的

亲属常氏去应募。李继韬见郭威年轻气盛，好斗多力，十分喜欢。当即留于帐下为牙兵。牙兵乃藩帅亲兵，待遇很高，纪律较严。由于郭威生性好动，经常犯禁。李继韬爱其勇，常给予庇护，这就使郭威更加任性了。

郭 威

龙德三年（923 年），后唐庄宗李存勖灭后梁，杀与梁结盟的潞州军阀李继韬，并将李继韬的牙兵统统配为观夫，郭威当然也在其中。当时郭威才 21 岁，转在后唐充当“马铺卒使”。郭威并不是一个莽汉子，他自小聪敏，颇喜欢读书，从军后，仍然经常读书。有一次他去拜访义兄幽州人李琼，李琼正在读《阃外春秋》，郭威一看是一部兵书，好不欢喜，遂拜李琼为师，要求李琼悉心教导，对历史上的存亡治乱之事、治国用兵之道都悉心研讨。当时郭威公务很忙，他就把书藏在袖中，出公差时亦随身带着，有空闲便看，于是见识大增，政治上逐渐成熟老练起来了。

同光四年（926 年），郭威 24 岁。这一年他交了桃花运，娶得一位绝代佳人柴氏做他的妻子。有了柴氏做贤内助，郭威的事业和生活有了新的起色。可惜，小两口生活虽美满，美中不足的是多年未生一男半女。柴氏就把哥哥柴守礼的儿子柴荣领来收养。柴荣幼时聪明，深得姑母姑父的欢喜，于是郭威就认作自己的儿子。

郭威一直在军中任职，十分能干，有勇有谋。他曾跟随石敬瑭攻战，替石敬瑭掌管军籍，得到倚爱。石敬瑭称帝，建立后晋，郭威也小有升迁。后来郭威改隶于石敬瑭的部将侍卫马步都虞候刘知远麾下，又成为刘知远的心腹。

开运三年（946 年）十二月，契丹军在杜威导引下攻入开封，虏走后晋少帝石重贵，灭掉后晋。契丹军因遭到中原人民的反抗，未敢久留，掠得大量财物后即退走了。郭威与苏逢吉、史弘肇等在太原劝刘知远称帝，建立后汉。由于郭威为刘知远的建国立下了汗马功劳，一下子由牙将超升为枢密副使、检校司徒，成为统率大军的将领，其养子柴荣也被封为左监门卫大将军。刘知远统兵南下，进占汴梁（即开封），将其定为都城。不久，刘知远恢复了后晋的版图，坐稳了皇帝，对郭威也更加信任起来。

这时柴夫人已死，未能享受这富贵生活。郭威既位至宰相，也就续弦娶了几房姬妾，不久生下两个儿子，取名青哥、意哥。养子柴荣也娶妻生了三子。

乾祐元年（948 年），后汉高祖刘知远病死。郭威与苏逢吉同受顾命，立刘知远子刘承祐为帝，是为隐帝。隐帝拜郭威为枢密使，掌全国兵权。郭威于是成为后汉最重要的大臣。

不久，河中节度使李守贞据城反叛，朝廷震骇。接着，又有赵思绾、王景崇举兵反叛。隐帝任命郭威为同平章事西征，各路兵马并由郭威节度。郭威以沉毅坚韧最后获得了全面胜利。隐帝厚加赏赐，加郭威官检校太师兼侍中。

这年十月，契丹入寇，北边诸州告急，隐帝认为只有郭威才能阻挡敌军，于是又命郭威率军迎战，以宣徽南院使王峻为监军。郭威率大军星夜兼程，到邢州时，契丹闻郭威来了，知道难以对付，即自行退兵，郭威想穷追猛打，刘承祐不准。到乾祐三年（950 年），郭威只得率大军班师回朝。

十一月十四日，郭威正与宣徽南院使王峻坐于衙堂商议边事，突然澶州（今河南濮阳县）镇宁节度使李洪义、侍卫步兵都指挥使王殷遣澶州副使陈光穗来报，说京城发生了政变。两人一听不觉大惊失色。原来，十三日晨，他们把宰相史弘肇等大臣多人杀死灭族。又遣心腹密诏李洪义杀王殷，还密令护圣左厢都指挥使郭崇威等杀郭威。李洪义得密诏十分惶惑，就给王殷看，二人深感事情严重，即遣陈光穗驰告郭威，共商对策。郭威召集柴荣及诸将商议，大家听说宰相史弘肇等惨死，个个义愤填膺，这时部将郭崇也拿出隐帝给他让他杀郭威的密诏给大家看，诸将更加冒火。郭威把情况公布于众，对将士们说："我起自微贱，佐先帝创立国家，有大勋于国，今上有诏来取我首级，诸位若图功业，可以取我首级去报功。"大家齐声呼喊，说皇上左右小人诬罔，愿随郭威起兵以清君侧。郭崇等也哭着表示愿听郭威调遣，万死不辞。于是郭威调集大军，浩浩荡荡地向首都开封进发。

十九日，隐帝刘承祐遣刘重进率禁军迎战，企图阻止郭威大军前进。但士兵厌战，未及接战便退。二十日，刘承祐只好亲率禁军于刘子陂列阵。二十一日进行了一场阵地战，除慕容彦超率部进行了一些抵抗外，隐帝手下的兵将纷纷投降，慕容彦超见状亦率兵逃到兖州去了。刘承祐稳不住阵势，只好后退。二十二日，刘承祐被其部下郭允明杀死于开封北郊。于是，郭威率大军蜂拥而入开封城。

郭威和王峻一起来到刘知远的遗孀太后李氏宫中问安、申述自己被迫起兵的理由，并请求立刘氏后代继承皇位。李太后提议立徐州节度使刘赟，他乃刘知远的弟弟刘崇的儿子，于是派老宰相冯道往徐州迎立。在刘赟未入都以前，凡军国大事，皆以李太后名义发教令而行。郭威又请李太后临朝听政，政事则由自己决断。这时，河北诸州又奏契丹大军入寇，边境告急，太后于是又命郭威统军北征。

乾祐三年（950 年）十二月一日，郭威离开京师出发，十六日到达澶州（今河南濮阳县），这时士兵都不愿走了。十九日，郭威令大军继续进发，到二十日，军士大叫大嚷坚决不走了。郭威假装躲进屋内，不少人就爬墙登屋进入郭威居处，向郭威面请要他当皇帝。郭威身不由己，披上黄袍登上城楼。数万大军齐集城下，也不打契丹去了，稍微休整了一下，便回师开封，逼太后任他为"监国"，夺得国政。广顺元年（951 年）正月，郭威正式称帝，国号大周，定都汴京，史称后周。

郭 威

广顺元年（951 年），郭威杀刘赟于宋州。刘赟的父亲刘崇见状，即于晋阳（即太原）自立为帝，仍用汉乾祐年号。他占有河东十二州之地，史称“北汉”，与郭威的后周政权长期对峙。同年二月，刘崇发兵五道攻晋州（今山西临汾市），遭到后周节度使王晏的痛击，北汉军死伤甚众，只得退兵。

十月，契丹又兴兵 5 万会同北汉入寇，刘崇率兵 2 万进攻晋州。至十二月，天气渐冷，下起了大雪，刘崇和契丹军不敢久留，烧营夜遁。周军乘机追击，北汉兵跌入崖谷中伤亡很多，契丹兵马亦损失了十之三四。后周军大获全胜，北汉自此元气大伤，自后虽仍年年入寇，但规模不大。契丹自此次大败后，也没有再组织大的进攻。北部边境基本上安定下来，郭威便开始集中精力处理内政。

郭威调整了权力中枢，以自己的心腹王峻和老臣范质、冯道为宰相，养子柴荣居外领重兵，任澶州节度使。又追封夫人柴氏为皇后，并礼葬后汉隐帝刘承祐，迁太后李氏于西宫，不时问起居，竭力安定政治局势。于是通使各国，接受各地朝贡。

郭威立国后，努力革除唐末以来的积弊，重用有才德的文臣，改变后梁以来军人政权的丑恶形象。他崇尚节俭，仁爱百姓，曾对宰相王峻说：“我是个穷苦人，得幸为帝，岂敢厚自俸养以病百姓乎！”他不但重视减轻人民的赋税负担，自己带头俭省，下诏禁止各地进奉美食珍宝，并让人把宫

中珍玩宝器及豪华用具当众打碎，说："凡为帝王，安用此！"

郭威去曲阜拜谒孔庙、孔子墓，并下令修缮孔庙，禁止在孔林打柴毁林，造访孔子后裔，提拔其为官，表示要尊崇圣人，以儒教治天下，为周王朝治国奠定了思想基础。

郭威在位期间，对改革累朝弊政颇有成绩。免除后汉所设额外苛敛以及中唐以来地方官进奉的"羡余物色"；废止了后晋、后汉一些极残忍的刑法；民众与蕃人"一听私便交易"，诸州所差散从亲事官等，一齐遣散；对累朝极为严酷的盐、酒、皮革的禁令稍予放宽；废除京城内无名额的僧尼寺院等。对恢复农业生产，郭威也采取了有效措施。授无主田土给数十万归中原的幽州饥民，放免其差税。以田分给现佃户充永业，使编户增加 3 万多。无主荒地听任农民耕垦为永业，提高农民生产的积极性。

郭威的治国体制，是通过改革达到统一中国的目的。他所进行的改革不仅是多方面的，而且收到了显著的效果。综合起来，主要包括：提倡节约俭朴；整顿吏治纲纪；减轻压迫和剥削；招抚流民，组织生产；治理河患，灌溉良田；准备统一，开展统一战争。郭威的政治、经济改革和统一战争，收到了显著的效果。

郭威除了改革利民之外，自己也非常注意节俭，尽量减轻人民的负担。他生活异常俭朴，衣食住行都很节俭，下诏禁止各地进奉美食及地方土特产品，珍宝就更不用说了。他对大臣们说："朕出身寒微，尝尽人间疾苦，也经历了国与家的灾难，如今当了皇帝，怎么能养尊处优拖累天下百姓呢！"他不仅不让进奉宝物入宫，还让人将宫中的珠宝玉器、金银装饰的豪华床凳、金银做的饮食用具一共几十件，当众打碎在殿廷之上。郭威经常对侍臣说："那些帝王，怎么能用这种东西！"

在治理国家方面，虽然郭威有些能力，但他仍然谦逊地重任有才德的文臣，以行动来改变从后梁以来军人政权的丑恶形象，他对这些有才德的大臣们说："朕生长于军旅之中，不懂得学问，也不精通治国安邦的大计，文武官员有利国利民良策的就直接上书言事，千万不要只写一些粉饰太平的无用话。”

在提倡节俭、严惩贪官、严禁军队扰民等方面，郭威也推行了一些有益的措施，使唐末以来极为混乱的北方社会开始走上安定的道路。在他的精心治理下，中国长期战乱的局面开始转向统一，开始显露出民富国强的迹象，为周世宗也为赵匡胤的事业打下了坚实的基础。

广顺三年（953 年）十二月，只当了三年皇帝的郭威突然得病。他预感到自己或许要一病不起，就把治国重担交给了养子柴荣，因为他的亲生儿子早在邺都起兵时就被后汉隐帝刘承祐杀光了。柴荣自幼跟随他长大，知道民间疾苦，经过数年军旅锻炼，拥有丰富的政治经验和超人的毅力。郭威病重在床，柴荣不离左右，日夜侍疾。柴荣实际上是郭威最亲也是最信得过的人，是最可靠的政治接班人。

新年，郭威强忍病痛，咬着牙登殿举行了朝庆大典，将这一年改为显德元年（954 年），并大赦天下。他知道自己在世上的时间不多了，就写好了遗诏，将皇位传给柴荣。郭威拉着柴荣的手，面对众大臣，他硬撑着身子，用微弱的声音说道：“我以前西征，看到唐朝 18 个皇帝的陵园没有不被人掘开的，这都是因为里边金玉珠宝藏得太多了。汉文帝死后薄葬，他的墓至今保存完好。人既然死了，就不要让活人受累。我不求什么，只求年年有人到我的墓地洒扫一次。若太忙不去也不要紧，只需遥祭，记住我就行了。另外，把我心爱的盔甲、弓、剑分别葬于我作战过的战场，作为纪念。这就是我最后的心愿，千万不要忘记我的话。”接着，他大封群臣，命柴荣继位说：“我看当世的文才，莫过于范质、王溥，如今他俩并列为宰相，你有了好辅弼，我死也瞑目了。”当晚（壬辰日），郭威病死于汴京宫中的滋德殿，享年 51 岁。谥号圣神恭肃文武孝皇帝，庙号太祖。四月，葬于嵩陵。

郭威生于乱世，长于军伍，勇武有力，豪爽负气，略通兵法，善抚将士，以军功累迁至枢密使高位，终以军事实力为后盾，取后汉而代之，是五代

时期军人专权的代表人物。

二、周世宗励志改革，画蓝图壮志未酬

后周世宗柴荣（921—959 年），邢州尧山（今河北省邢台市隆尧县）人，祖父柴翁、父柴守礼是当地望族。五代时期后周皇帝。在位 6 年，未改元，仍用显德年号。

后周世宗柴荣是五代时期一个很有作为的皇帝。

柴荣的父亲柴守礼是个破落地主，其姑母早年嫁给了同乡郭威。因郭威没有儿子，便收养了柴荣。当时郭威尚未发迹，家道沦落，柴荣便和姑母一起操持家务，共度清贫。劳动之余，柴荣刻苦练习骑马射箭，阅读各种史书典籍。郭威看他聪明伶俐，为人敦厚，就认他为干儿子，不久，柴荣随郭威入伍，开始了戎马生涯。天福十二年（947 年）四月，26 岁的柴荣被提升为左监门卫大将军；广顺元年（951 年）正月，郭威称帝后，柴荣被任命为澶州刺史、镇宁军节度使、检校太保，并封为太原郡侯；不久，柴荣被调到京师，加封检校太傅、同中书门下平章事（相当于中书令、宰

郭威墓简介

相之职），参与朝政；第二年三月，柴荣任开封府尹，晋封为晋王。后来，郭威病死，柴荣登基，是为后周世宗。

后周世宗精明强干，志气宏大。他在继位后，为了解决政府的赋税收入和进行统一战争，继承郭威的遗愿，继续进行了一系列改革，在政治上、军事上和经济上都取得了重要成绩。

后梁君臣在战争时期用决黄河之堤作为阻敌手段后，黄河决堤成灾的次数越来越多。后周世宗柴荣继位的第一年，便派大臣李谷到澶、郓、齐一带，征发 6 万民工堵塞决口，仅 1 个月的时间，就全部完工。事隔 6 年，黄河又在原武（今河南原阳）决口，后周世宗又派大臣吴千祚，征发 2 万民工前往修堤塞口。这些工程虽不能彻底解决问题，但毕竟减少了灾害。柴荣在五代时期，是唯一能够认真修治黄河的皇帝。

显德四年（957 年）四月，世宗下诏疏浚汴水，向北流入五丈河（今开封北）；两年后，又下令进一步疏通。黄河和淮河之间的交通线，本是唐朝廷取得南北财富的生命线。南北分裂以后，这条航线完全淤塞。后周世宗柴荣从显德二年（955 年）起，便命宁武节度使武行德，初步加以疏通；显德五年（958 年），又疏浚汴沟通黄淮之间的全部航线；两年后，又在汴梁城外，引汴水通蔡水，沟通了京城与陈（今河南淮阳）、颍（今安徽阜阳）之间的水道交通。这是在汴水以西，大体上与汴水平行的一条道。后来，北宋每年从东南运进大批粮食，靠的就是后周世宗时期开辟的这条水上通道。

后周世宗继位后，为了治理天下，很重视整顿朝中政纪。他除了任用李谷、王溥、范质等人做宰相，魏仁浦为枢密使外，汲取太祖纵容王峻、王殷专权的教训，决定大权独揽，亲裁政事，执掌赏罚。他对大臣们说："我决不能因发怒就刑人，也不能因高兴就赏人。"实践中，他也是这样做的。群臣有了功劳，他不吝啬重赏；有了过失，按规定处罚，即使很有才干、很有声誉的官吏，只要犯了罪，他都要依法办事。

后周世宗期间，对法律也进行了重新修治。五代律令文字难懂，条目

繁杂，多达 156 卷，贪官污吏借以舞文弄墨，愚弄民众。显德四年（957 年）五月，后周世宗下令，由御史张湜等注释删节，由王溥、范质等把关审定，重治法律。经过删繁就简，制定出《刑统》21 卷，第二年，颁布《大周刑统》，使全国有了统一遵守的法令。以后宋代一直沿用后周的《刑统》，这是继唐律之后的又一部重要律书。

后周世宗在大权独揽的同时，也很注意纳谏，要求群臣极言得失。他说："一个人不可能没有过失。古代的圣主，还总想听逆耳之言，求苦口良药，何况我呢？我继位已有一年，处理政事，我觉得有些不一定恰当，你们怎么能看不出来呢？可是竟没有一个人出来指出我的过失，这是为什么呢？对我的过错，你们说了，我不听取是我的不对，你们不说，就是你们的不对。今后，能秉公直言的提升，临事畏缩的贬职。"接着，他又命近臣写出《为君难为臣不易论》及《开边策》各一篇。多谋善断的北部郎中王朴在上书中慷慨陈词，详尽分析了当时的形势，提出了必须任用贤才、奖功罚罪、去奢节约、实施薄敛，才能达到政事清明、粮财充盈、士民归顺，然后方能统一天下的方针。后周世宗听了高兴地接受了，马上升王朴为左议谏大夫、知开封府事，但对那些不法赃官则严惩不贷。五代战争频繁、流民遍地。后周世宗注意安置难民，分发口粮，分配荒地，这对于农业生产的恢复和发展起了积极的作用。他继位的第二年，就颁布了处理逃亡户土地的法令，允许农民申请耕种无主的土地，缴纳田租；根据逃亡户主返回时间的长短发还不同数量的土地。他还规定，逃亡户主凡 3 年以内回来的，可以收回土地的 1/2；5 年以内回来的，可以收回 1/3；5 年以上回来的，除坟地外，一律不能收回。规定中，还对因被契丹掳去而离开土地的农民，放宽了收回土地的年限：5 年内回来的，可以收回 2/3；10 年内回来的，可以收回 1/2；15 年内回来的，可以收回 1/3。

此外，在税制方面，后周世宗也有改进。为实现耕地和租税的统一，958 年，他根据唐代元稹的《均田表》，令人制"均田图"，颁发各州县，均定田租。这些，不但增加了国家财政收入，而且也打击了豪强，使百姓得到休养生息。

针对当时佛教盛行，占用劳动力和耕地，花费大量铜钱制造佛像，以致影响农业生产发展的情况，后周世宗于955年五月，下令在全国禁佛。他规定：凡出家的人必须经家长同意，不能私自出家当僧尼；除在官府注册寺院的僧尼外，其他一律还俗。这一年，先后共废除寺院30336所，还俗僧尼无以数计。后周世宗还下令寺院，除钟磬钹铎之类留用外，所有铜佛像，一律送官府收买，用作铸钱原料。显德元年（954年）二月，北汉主刘崇乘后周世宗新立，勾结辽国，大举入侵。当时辽国出骑兵1万多人，北汉出兵3万多人，联合向潞州进攻。这是决定后周生死存亡的战争，后周世宗决心率兵亲征。皇帝这一举动受到许多朝臣的反对，其中反对最突出的是宰相冯道。冯道原是五代时期一个不倒翁式的大官僚，后世宗当时对他说："北汉主刘崇看我年轻新立，想吞并天下，我一定要亲自出征，不可不去迎敌。"他又说："从前唐太宗创业，多次亲征，我怎敢偷安呢？"冯道带有轻蔑的口吻说："不知道陛下能比唐太宗吗？"世宗怀有必胜的信心说："此汉兵尽乌合之众，我兵力强大，破刘崇好比泰山压卵，怎么不会胜利？"冯道又冷冰冰地说："陛下应平心自问：'你能做泰山吗？'"周世宗颇鄙视冯道的为人，未听其言，立即率兵出征。

柴 荣

同年三月，两军在高平（今山西高平）交战，这就是历史上的高平战役。

北汉军屯兵高平南，后周军

屯兵泽州（今山西晋城）东北。北汉主刘崇率领中军坐镇，派大将张元徽领左军在东，辽将杨衮为右翼在西，阵容严整。后周军虽然人少将寡，但后周世宗柴荣却勇气百倍，态度坚定，大有一举灭敌之势。他命白重赞、李重进军在西，命樊爱能、何徽率右军屯东，命向训、史彦超率精骑在中央，后周世宗本人则骑马上阵督战，派张永德率亲军护卫。刘崇见后周军人少，很有轻敌之心。辽将杨衮提醒他说后周军确是劲敌，不可忽视。刘崇却不高兴地说："机会不可错过，请将军不可多言，看我破敌！"杨衮见他不识时务，很不满意，就此按兵不动，袖手旁观。

两军交战不久，后周将樊爱能、何徽就溃败了，带着几千骑兵向南逃跑。后周世宗见形势危急，就亲自率军督战，亲军将领赵匡胤见樊爱能、何徽二将不战而逃，十分气恼，便和张永德各领2000人上阵冲杀。由于后周将士上下一条心，拼死决战，北汉军支持不住，大败而去，辽军也随之退回代州。

高平一战，不仅阻止了辽国再次蹂躏中原，并为以后进行统一大业的战争奠定了基础。

高平大捷，充分表现了后周世宗临危不惧、力压强敌的卓越指挥才能，但这次战役险遭失败的教训，迫使后周世宗下决心进行军队改革。

樊爱能、何徽等听到高平大捷的消息，厚着脸皮回到高平宿营。如何处理这两个望风而逃的败将军呢？开始后周世宗感到樊爱能、何徽二人对于先帝创业，都是有功之人，有点踌躇不决。张永德则建议说："陛下要削平四海，如果军法不立，虽有熊罴之士，百万之众，又有什么用处呢？"后周世宗接受了这个建议，立即把樊爱能、何徽二人以及其他部将70余人全部斩首；同时，大赏有功将士。赵匡胤就是因这次战役有功，被提升为殿前都虞候（地位次于副都指挥使）的。接着，后周世宗就着手对军队进行改革。五代时的禁军，历代相承，不加淘汰，老弱众多，纪律松弛，不堪一击。后周世宗曾对群臣说："凡兵务精不务多，今以农夫百未能甲士一，奈何朘（榨取）民之膏泽，养此无用之物乎！"于是，他大规模地裁去老弱，留用精兵；又招募天下壮士到京城，不问出身、来历，由赵匡胤考试武艺，择优录用，成立特种精兵，编入殿前诸班；其余骑兵、步兵，令各将帅自行精选。后周军士卒精强，征伐四方，所向皆捷，唐中期以来养冗兵的积弊为之一扫。

整编军队，进一步增强了后周世宗统一天下的雄心大志。他希望自己能做皇帝 30 年，其中 10 年开拓天下，10 年休养百姓，10 年过太平日子。

显德二年（955 年）四月，后周世宗下令群臣讨论统一天下的大计。北部郎中王朴在《平边策》中，提出了“先易后难”的原则。根据王朴的建议，后周世宗从这一年的十一月起，下诏攻取南唐。这是一场旷日持久的战争，前后共达两年零五个月之久。其间后周世宗总结经验教训，采取了三项措施：其一是严明纪律，违者按军法处斩；其二是建立水军，利用降兵的水手，教练水战；其三是赦免淮南各州的囚犯和各种不合理的赋役。显德四年（957 年）二月，后周世宗再次发动攻势，至三月中旬，后周世宗在寿州城下大破南唐援军。同年十月，后周世宗第三次亲自南下，用了近一年的时间，占领了淮南的东部。南唐主李煜怕周军渡江，派使臣带金 1000 两、银 10 万两、罗绮 2000 匹去见世宗，愿献淮南寿、濠、泗、楚、光、海六州和江北四州土地，并表示向周称臣。后周世宗本就无意长期占领江南，见南唐投降，随即同意罢兵。在这场战争中，后周得淮南江北 14 州、60 县，与南唐划长江为界。

在攻南唐的战争中，赵匡胤立有战功，晋升为殿前都指挥使。

显德六年（959 年）四月，后周世宗又亲自率兵北伐契丹。他令义武节度使孙行友守定州西山路，防止北汉救辽；令韩通为陆路都部署，令赵匡胤为水路都部署，世宗自乘龙舟，沿流北进。不久，宁州（今河北青县境）刺史王洪投降，益津关（今河北霸州市）守将终廷辉、瓦桥关（今河北雄县南）辽莫州刺史刘楚信、瀛州刺史高彦晖等皆先后投降。在短短的 42 天中，后周世宗兵不血刃便取得了燕南之地。这年五月，正当后周世宗准备挥兵直取幽州的时候，却患了重病，只好停止前进，在瓦桥关设雄州（今北雄县）令陈思让把守；在益津关设霸州（今河北霸州市），令韩令坤把守。后周世宗自率大军南归大梁。同年六月，后周世宗自知不起，布置后事，命魏仁浦以枢密使兼任宰相，命宰相王溥、范质兼枢密院事，又任侍卫亲军副都指挥使韩通兼任宰相，以赵匡胤为殿前都点检。六月十八日，后周世宗去世。后周世宗死后，由他 7 岁的儿子、梁王柴宗训继位，这就是后周恭帝。

三、七岁恭帝被禅代，点检校尉坐天下

显德六年（959 年）六月，后周世宗柴荣临死之前，封年仅 7 岁的儿子柴宗训为梁王，任特进左卫上将军，并立下遗制："梁王于柩前即皇帝位。"就在柴荣病死的当日，后周众大臣奉柴宗训当了皇帝。

由于年纪太小，由宰相范质、王溥辅政。政局不稳，人心浮动，谣言四起。一些忠于后周的官吏，马上就敏锐地意识到动乱的根源十有八九要出在赵匡胤那里，指出赵匡胤不应再掌禁军，甚至有的人主张先发制人，及早将赵匡胤干掉。可后周恭帝只是改任赵匡胤为归德军节度使、检校太尉。

柴 荣

此时，赵匡胤及其心腹也在加紧活动。一个很明显的事实是，在后周世宗去世后的半年里，禁军高级将领的安排，发生了对赵匡胤绝对有利的变

动。先看殿前司系统，原来一直空缺的殿前副都点检一职，由慕容延钊出任，慕容延钊是赵匡胤的少年好友，关系非同一般。原来空缺的殿前都虞候一职，则由王审琦担任，此人也是赵匡胤的“布衣故交”，与当时已经担任殿前都指挥使的石守信一样，都是赵匡胤势力圈子中的最核心人物。这样，整个殿前司系统的所有高级将领的职务，均由赵匡胤的人担任了。在侍卫司系统的高级将领中，原来赵匡胤只与韩令坤有“兄弟”之谊，当时他正领兵驻守在淮南扬州，京城中实际上只剩下副都指挥使韩通，虽然不是赵匡胤的人，但势孤力单，无法同赵匡胤抗衡。

显德七年（960 年）正月初一，后周君臣正在朝贺新年，突然接到辽和北汉联兵入侵的战报，大臣们慌作一团。小皇帝柴宗训征得宰相范质、王溥的同意后，命令赵匡胤率领禁军前往迎敌。

赵匡胤接到出兵命令，立刻调兵遣将，正月初二即率兵出城。跟随他的还有他弟弟赵匡义和亲信谋士赵普。当天下午，到达了离开封几十里的陈桥驿。晚上，赵匡胤命令将士就地扎营休息。兵士们倒头就呼呼睡着了，一些将领却聚集在一起，悄悄商量。有人说：“皇上年纪那么小，我们拼死拼活去打仗，将来有谁知道我们的功劳，倒不如拥护赵点检作皇帝吧！”大伙儿听了，都赞成这个意见，就推一名官员把这个意见先告诉赵匡义和赵普。那个官员到赵匡义那里，还没有把话说完，将领们已经闯了进来，亮出明晃晃的刀，嚷着说：“我们已经商量定了，非请点检即位不可。”赵匡义和赵普听了，暗暗高兴，一面叮嘱大家一定要安定军心，不要造成混乱，一面赶快派赵匡胤的亲信郭延斌秘密返回京城，通知留守在京城的大将石守信和王审琦管好京城内外大门。没多久，这消息就传遍了军营。将士们全起来了，大家闹哄哄地拥到赵匡胤住的驿馆，一直等到天色发白。

晚上，赵匡胤假装不知，喝得大醉而睡，一觉醒来，只听得外面一片嘈杂。接着，就有人打开房门，高声地叫嚷，说：“请点检做皇帝！”赵匡胤赶快起床，还没来得及说话，几个人把早已准备好的一件黄袍，七手八

脚地披在赵匡胤身上。大伙儿跪倒在地上磕了几个头,高呼“万岁”。接着,又推又拉,把赵匡胤扶上马,请他回京城。

官修史书为尊者讳,将赵匡胤写得无比被动。赵匡胤骑在马上,开口说:“你们既然立我做天子,我的命令,你们都能听从吗?”将士们齐声回答说:“自然听陛下命令。”于是赵匡胤就发布命令:到了京城以后,要保护好后周朝太后和幼主,不许侵犯朝廷大臣,不准抢掠国家仓库。执行命令的将来有重赏,否则就要严办。到了汴京,又有石守信、王审琦等人作内应,没费多大劲儿就拿下了京城。唯一的败笔是王彦升杀死了试图组织抵抗的韩通和他的家人,给赵匡胤的和平演变涂上了周忠臣的鲜血。王彦升就此被赵匡胤恨上了,终身没有当上节度使。

与范质、王溥的见面比较富有戏剧性。先是派潘美去告诉范质等人,当时早朝还没有结束,宰相范质抓住王溥的手说:“仓促遣将,吾辈之罪也。”手指掐入王溥的手,几乎出血。王溥一句话也不敢说。赵匡胤见他们时,

陈桥驿遗址

装出为难的模样说："世宗待我恩义深重，如今我被将士逼成这个样子，你们说怎么办？"范质不知该怎么回答。有个将领声色俱厉地叫了起来："我们没有主人，如今大家一定要请点检当天子！"范质、王溥吓得赶快下拜。

然后举行禅让仪式，但人到齐了，却没有禅让诏书，翰林承旨陶谷从袖子中拿出一份，于是就用了这份诏书。赵匡胤即位做了皇帝，因赵匡胤任归德军节度使的任所在宋州，就以"宋"为国号，定都东京（今河南开封）。历史上称为北宋。赵匡胤就是宋太祖。

赵匡胤受禅后，封7岁的柴宗训为郑王，太后符氏为周太后，居于西宫。以奉大周神位。建隆三年（962年），柴宗训离开开封，出居房州，开宝六年（973年），柴宗训刚刚长成20岁的青年，却不明不白地死了。宋太祖赵匡胤将柴宗训葬于其父后周世宗柴荣的庆陵之侧，谥曰恭皇帝，陵曰顺陵。

赵匡胤曾在一块石碑上留下三条遗训，其中有一条就是：柴氏子孙有罪，不得加刑；纵犯谋逆，止于狱中赐尽，不得市曹刑戮，亦不得连坐支属。宋朝的皇帝基本上都遵守了誓碑遗训，从后来柴家子孙与宋朝共存亡，以及在新旧党争当中失势的官员并没有被杀，还可能会随着政局的演变由罢黜而回到中央这两点就可以证明。

四、四朝将领唐景思，身先士卒阵前亡

唐景思（？—957年），五代后唐、后晋、后汉、后周四朝将领。秦州（今甘肃天水）人。

唐景思年轻时以杀狗卖肉为业。参军后在自称蜀王的王衍军中任军校，带领士卒戍守固镇（今安徽北部）。后唐同光三年（925年），庄宗李存勖命魏王李继岌带兵征讨王衍，唐景思首先以固镇归降后唐，被授为兴州刺史、贝州行军司马。后来契丹攻陷他守的城池，契丹将领赵延寿早知其名，便留他在麾下当壕寨使。

后晋开运三年（946年），契丹进占中原，任唐景思为亳州（今安徽

亳州市）防御使。上任理事的第一天，便有山大王率领的上万草寇围攻州城。唐景思带领有限的兵员登城抗拒，坚持三天，终因寡不敌众而城陷。唐景思带领身边数十人从乱军之中挺身杀出城外，立即派人到邻近州郡求援。援军虽不足千人，但在城乡民众的帮助下，唐景思指挥本部兵马和援军协同作战，终于打跑了草寇。这使唐景思与当地民众建立起了患难与共的感情，因此而后施政多有宽松便民的规定，颇受好评。后汉取代后晋后，唐景思改授邓州行军司马，常常流露出郁郁不得志的情绪。后汉乾祐二年（949 年），他被任为沿淮巡检使，多次打败淮河沿岸的匪盗。当时归德军节度使史弘肇大开告密之门，鼓励仆人告发主人。唐景思有个仆人贪得无厌，唐景思每次都尽量满足他的要求，但这人仍不满足，有一天忽然拂衣而去，向史弘肇揭发唐景思接受厚赂、私藏兵器。史弘肇当即命令亲信官兵 30 人骑马去唐景思家逮人收赃。康景思得知事出之因后，请来人搜查证据。来人当即搜查，只有一筐衣服和几本军籍、粮账而已，于是就放开了他。唐景思说："你们可以给我加上械具送我到京城去。"于是来人就把他带到了京城。

赵匡胤

唐景思有个早年的部属叫王知权的在京城，得知此事后认定是诬告，便劝史弘肇先将其下到狱中，然后调查罪行，以免造成冤案。史弘肇听后对唐景思产生了怜悯之心，便把他先押入狱中囚禁起来，每天还供给酒肉好饭。当初唐景思被当作犯人戴着枷锁进京时，亳州、颍州的民众有许多人自动跟随入京，一致证明他为将清廉无罪。史弘肇看到人心所向，便下令追查告事的仆人，一查便知纯属诬告，就把那仆人定罪问斩，而后释放了唐景思。

后周显德初年，河东刘崇率兵进犯，后周世宗柴荣亲自带领六师迎敌，两军在高平（今宁夏固原）摆开阵势。此时已归后周的唐景思在后周世宗马前先后四次跳跃请战，并说："请给我一副坚固的铠甲，看我如何杀敌效命。"后周世宗允其穿着铠甲冲锋陷阵，并由此战认识了他，战胜之后将投降的士卒编为指挥军，命其带领。显德三年（956 年）春，后周世宗亲自出征淮甸，唐景思再立新功，于是加官饶州刺史，后改授濠州行刺史，奉命率兵攻打濠州。显德四年（957 年）冬，他在攻打濠州时冲锋在前，被敌将刺伤，几天后因伤而死。后周世宗对他的死十分惋惜，特下诏书追赠武清军节度使。

五、但教方寸无诸恶，狼虎丛中也立身

冯道（882—954 年），字可道，自号长乐老，瀛州（今河北沧州西北）人。五代宰相。

冯道早年曾效力于燕王刘守光，历仕后唐、后晋、后汉、后周四朝，先后效力于后唐庄宗、后唐明宗、后唐闵帝、后唐末帝、后晋高祖、后晋出帝、后汉高祖、后汉隐帝、后周太祖、后周世宗十位皇帝，其间还向辽太宗称臣，始终担任将相、三公、三师之位。

祖上有时务农，有时教书，地位都很低，但冯道却从小受家庭的影响，酷爱读书，文章也很有水平。他沉稳忠厚，不挑剔吃穿，只知读书，即使是大雪封门，尘埃满座也要先读书。"书虫"冯道在本地出了名，占据幽州的刘守光慕名将他召去做了幕僚。

刘守光不自量力，总想扩充地盘，还想称帝，冯道此时年轻气盛，多次劝阻，惹得刘守光一怒之下将他打入大牢，幸好朋友相救，这才脱险。也许这次事件使冯道开始变得谨慎起来，也变得圆滑了许多。

刘守光被李存勖俘虏杀死后，冯道也被收入河东，张承业很欣赏他的文章，将他保举给了李存勖，做了掌书记。在后梁和后唐沿黄河反复激战的时候，郭崇韬对李存勖说将领们的饭太奢侈，陪吃的人也太多，导致供应不足，请他下令降低标准，惹恼了李存勖，说让大家另选主帅。他让冯道起草这个命令，冯道劝道："郭崇韬言语有失，不听就行了，但不能分散将士之心。假如敌人得知，一定认为我们君臣不和，那就给了他们可乘之机，请三思为好。"李存勖醒悟过来，马上消了气。

一会儿，郭崇韬也来向李存勖谢罪，这件事就这么平息了。

李存勖称帝后，先升冯道为郎中、翰林学士，灭了后梁又授户部侍郎。不久冯道父亲去世，按封建法律规定，要暂时辞官回乡守孝。服孝期间，家乡闹饥荒，冯道便将自己家里的财物全部拿出来周济乡亲，自己住在茅草屋里，当地的官吏送来的东西他都没有接受，当时契丹也素闻冯道大名，想偷袭将他抢走，由于边境守军严密防备，这才没有得逞。

冯道在家乡并没有摆官架子，而是亲自下地劳动，也上山砍柴，对一些缺乏劳力的人家他也尽力帮助。

守孝期满后，他又回到京城，这时的皇帝已经是明宗李嗣源了，李嗣源久闻冯道大名，问安重诲原来的那个冯道郎中在哪里，安重诲说刚复任翰林学士，李嗣源不禁说道："他肯定是我的好宰相！"

在和大臣们相处时，冯道并非一味地懦弱忍让，有时也讥讽反击，同时团结一些人。加上他有度量，文才出众，日子一长，众人对他都肃然起敬。李嗣源对他的为人也很赞赏，说他当初在家守孝时自己耕种、上山砍柴、不端官架子是真士大夫。

因为李嗣源的赏识，不久冯道便被升为宰相，在李嗣源这个明君手下冯道做宰相很顺利，他也找机会向李嗣源进谏。有一次，李嗣源问起他治国之道，他就说："陛下以德得到天下，应当日慎一日，以答谢天下百姓。臣早年侍奉先皇时，曾奉命出使，过大山的关隘时由于险要，所以非常小心地拉紧缰绳，人和马都没有事。但到了平地上，就觉得不用小心了，结果从马上摔了下来，伤得不轻。此事虽小但所含的道理很大，所以陛下不要觉得天下太平、五谷丰登了就可以松懈点，想多享受一些，应该兢兢业业使江山永固。”李嗣源非常赞同地点点头。

有一天，李嗣源又问冯道：“天下虽然富足，那百姓过得好吗？”冯道说：“谷贵则饿农，谷贱则伤农，这是常理。臣还记得近代举人聂夷中的一首诗《伤田家诗》：‘二月卖新丝，五月粜秋谷。医得眼前疮，剜却心头肉。我愿君王心，化作光明烛。不照绮罗筵，只照逃亡屋。’”李嗣源说：“此诗甚好。”于是让侍臣记录下来，自己经常诵读，以提醒自己。

有一次，李嗣源拿出自己心爱的玉杯给冯道看，上面刻有一行字“传国宝万岁杯”，冯道便说：“这是前世有形之宝，王者则有无形之宝。仁义是帝王之宝，古人说：‘皇帝的宝座叫作位，怎样守住这个位叫作仁。’”李嗣源基本上是个文盲，他听不懂冯道这些话，等他走了，找来别的人一问，才明白了冯道在劝谏他，因而对冯道更加器重了。

冯 道

李嗣源死后，李从厚继位，冯道还是宰相，等李从珂起兵夺得帝位后，他率领百官迎接，但李从珂不喜欢有些圆滑的冯道，让他到京城以外去做官。

不久，石敬瑭勾结契丹灭了后唐，为稳定政局，又让冯道当宰相。这次冯道经受了一次考验，那就是出使契丹。契丹原来就想抢走他没有得逞，现在直接要他去，名义是出使，实际是想把他

要走。石敬瑭不愿让他去，知道很难再回来，冯道说："臣受陛下恩，有何不可！"坚持要走。其他人听说自己要到契丹去，脸色就变了，手也发抖，冯道却镇静地在一张纸上写了两个字"道去"，大家看了流下了眼泪。

契丹王听说冯道要来了，就要亲自迎接，有大臣劝阻他说："天子没有迎接宰相的礼节。"契丹王这才没有去。

为回到中原,冯道用心周旋。有次契丹王话中流露出留他的意思,他说："南朝为子，北朝为父，两朝为臣，岂有分别哉！"得到赏赐后，冯道便都换成薪炭，有人问他为什么这样，他说："北地太冷，我年老难以抵御，所以早做准备。"像要久留的意思，见冯道这样，契丹王很感动，就让他回去，冯道却三次请求留下来，契丹王仍让他走。冯道又在驿馆驻了一个月才启程上路，路上也走得很慢，契丹的官员让住就住，两个月才走出契丹边界。左右随从不解地问："从北边能回来，我们都恨不得插上翅膀飞，您还要住宿停留，为什么这样啊？"冯道说："纵使你急速返回，那契丹的良马一夜就能追上，根本就逃不掉，慢慢走反倒能安全返回。"大家听了，叹服不止。

出使契丹顺利归来后，冯道受到石敬瑭的进一步重用，后晋不设枢密使后，将其职权归入了中书省，由冯道主持，政务不管大小，石敬瑭都问冯道如何处理。有一次,石敬瑭竟问起冯道军事方面的事来,冯道谦逊地说："陛下久经沙场,神威睿智,军事讨伐之事,自行裁断即可。臣只是一个书生，为陛下守历代的成规，不敢有丝毫差错。军事之事，臣确实不知。"

辅佐石敬瑭的时候，冯道也提出过退休，但石敬瑭不准，连他的申请也不看，让人去告诉他，如果不去就亲自上门来请，冯道只好再出来任职。不知冯道是否也觉得为儿皇帝当宰相感到屈辱，所以才提出退休。但最终还是身不由己地继续去做，软弱和忍耐两种特性在冯道身上融合在了一起。

石敬瑭死后，石重贵继位，新皇帝不喜欢冯道，而且有人对石重贵说冯道只能做太平时代的宰相，没能力挽救危难，做兴亡时期的宰相，于是石重贵就将他打发到地方上任节度使。冯道并无怨言，其实他的度量还是比较大的，下放之前他曾经问别人大家对他的评价如何，这人说是非各半，冯道却说："赞同我的人说我是，不同意的人说非，反对我的人恐怕有十分之九吧。"

石重贵在景延广等人的支持下，和契丹开战，大战了三次，最后终因杜重威投降，无兵可调，后晋灭亡，石重贵等也被迫流亡契丹。

冯道前去见耶律德光，遭到斥责，耶律德光问他："你为何来见我？"冯道答道："无兵无城，怎敢不来。"耶律德光又刁难他："你是何等老子？"冯道说："无才无德，痴顽老子。"耶律德光不禁笑了，免了他的罪，又授予他太傅的荣誉职衔。耶律德光还问过冯道如何治理中原："天下百姓，如何救得？"冯道顺着他说："现在的百姓即使佛再出也救不得，只有皇帝能救得！"虽然有点讨好的意思，但据说耶律德光在中原不再像先前那样滥杀了。但契丹军队在中原的掠夺终于导致军民的大反抗，耶律德光只得退兵，没等回到老家，就死在了栾城（今河北栾城）。接着，耶律阿保机长子耶律倍的儿子耶律阮被将领拥立为帝，北上囚禁了述律后。契丹的内争又给中原的抵抗提供了有利时机，被耶律德光一起带走的冯道等人到镇州（今河北正定）时，契丹军被驱逐，获得自由。当时，造反的众将士要推举冯道为帅，冯道推辞说："儒臣怎么能做成这样大的事呢，都是众将的功劳。"看见被掠夺的中原妇女，冯道就变卖东西将她们赎回，然后派人将她们一一送回家。

冯道一生以圆滑著称，因为这个许多人不喜欢他，但冯道也直谏过几次。除了劝谏刘守光、柴荣外，他还劝谏过后汉高祖刘知远。因为百姓违禁买卖牛皮，按照后汉严酷的法律规定要处死刑，当地的判官反对处死，还大胆地上书给刘知远，刘知远大怒，下令犯人和判官一块处死。冯道就出来反对，说牛皮不应该禁止买卖，于民不利，至于判官则是个敢于直言、赤胆忠心之人，不但不应该杀，还应当奖赏。然后冯道将责任揽到自己身上，说他失职，没有及时出来制止这种法令的实施，以致今天害死无辜百姓，

让刘知远治自己的罪，最后刘知远只好赦免了判官和百姓。

不过冯道的度量还是比一般人大一些的，有一个出身军吏的官员在衙门口骂冯道，冯道说:“他肯定是醉了！”然后让他进来，设宴招待，一直到了晚上，也没有丝毫不快和怨言，不久还升了那人的官。

在后汉冯道仍然被授予太师，生活得自由又自在，为此他还写了篇《长乐老自叙》，将他历代的官职都列了出来，他也说了一些为人处世的道理，如“口无不道之言，门无不义之财”。还有三不欺，即“下不欺于地，中不欺于人，上不欺于天”，而且不管贵贱都能坚持。他说死后希望选择一块无用之地埋葬即可，不像别人那样嘴里含珠玉下葬。也不穿豪华的寿衣，用普通的粗席子安葬就行。最后，冯道说他唯一遗憾的是不能辅佐明君完成统一大业，安定八方，所以有愧于曾经担任的官职。但后来后周世宗要北上击退北汉军队时他又极力阻拦，看来他的文章中也有浮华之词。郭威起兵灭了后汉，去见冯道，想试探一下他的看法，是不是可以称帝了，但冯道却没有什么表示，郭威见他碍事，就把他打发到徐州接刘崇的儿子来继位，没等冯道回来，郭威已经在开封称帝，刘崇的儿子被杀后，冯道回到京城，郭威又重用了冯道，让他任宰相。

老年的冯道，这时已经70来岁了，不知为何，他竟又大胆地劝谏了后周世宗一次，而且讽刺后周世宗。当时，北汉军队在刘崇的率领下，联合契丹军,想趁郭威刚死灭掉后周。后周前方军队初战失利,后周世宗柴荣要亲征，冯道就反对，柴荣说要学唐太宗定天下，冯道说不必学唐太宗，柴荣说后周打北汉，如同大山压累卵，冯道又讥讽地问柴荣能做得了山吗。结果惹恼了柴荣，让他负责修郭威的陵墓，当了个没有什么实权的山陵使。自己率领军队亲征去了，在高平大胜北汉军队。陵墓修好后，冯道就病逝了，终年73岁。

后世史学家出于忠君观念，对他非常不齿，欧阳修骂他“不知廉耻”，司马光更斥其为“奸臣之尤”。但他在事亲济民、提携贤良，在五代时期却有“当世之士无贤愚，皆仰道为元老，而喜为之偁誉”的声望。

第三编

十国风云

十国方面，江南地区初期以吴国最强，而后被李昪篡位，建国南唐，其次有吴越国与闽国等。湖广则被荆南、楚、武平与南汉等占据。十国为吴、吴越、前蜀、后蜀、闽、南汉、南平、楚、南唐、北汉，即“吴唐吴越前后蜀，南北两汉闽平楚”十国中方面，江南地区有南吴、南唐、吴越国、闽国等。湖广则被荆南、楚、武平、南汉等占据。南唐国力最强，先后攻灭闽国、楚国，但多次用兵使得国力衰退，最后败于后周。两川地区有前蜀、后蜀，国家富强，是仅次于南唐的强国，然而耽于安乐，最后亡于中原。北汉是十国中唯一在北方的国，是后汉高祖刘知远的弟弟刘崇所建。赵匡胤建立宋朝（史称北宋）后，与其弟宋太宗相继扫荡群雄，最后于 979 年攻灭北汉，基本统一全国，十国结束。

第一章　前蜀风云

前蜀（907—925年），由王建所建，定都于成都（今四川成都）。盛时疆域约为今四川大部、甘肃东南部、陕西南部、湖北西部。历2主，共19年。

前蜀建立后，少有大规模战争，社会生产基本上能正常进行，但王建统治时赋税很繁重。王衍继位后奢侈荒淫，营建宫殿，巡游诸郡，耗费大量财力，加重人民的负担。太后、太妃卖官鬻爵，臣僚也贿赂成风，政治十分腐败。

925年，后唐庄宗李存勖发兵攻打前蜀，王衍投降，前蜀覆灭。

一、入蜀夺川开国帝，大风拔木复大蜀

前蜀高祖王建（847—918年），字光图，小字行哥，许州舞阳（今河南舞阳）人。五代十国时期前蜀开国皇帝。

王建先世卖饼为业，号称“饼师”。不过，他没有继承祖业，而是四处游荡，偷窃抢掠，后被关入狱中。逃出后，先藏到了武当山，在僧人处洪的劝说下，投往忠武节度使杜审权，当了一名军卒。因临阵勇敢，又有计谋，被擢为列校。

唐僖宗二度逃出长安时，王建为清道斩斫使。因他护驾有功，被唐僖宗委以壁州刺史。但在将领相互倾轧中，王建感到依赖皇帝是靠不住的，因此他决心要自己开创基业。

王建到利州后，召集勇士，兴武练兵，又接受部将的建议，注意安抚境内的百姓，养士爱民，因此势力大增，士卒达到数千人。唐文德元年（888年）三月，唐僖宗死，唐昭宗继位，委韦昭度为招讨使，王建为行营诸军都指挥使，并特地割西川邛、蜀、黎、雅四州置永平军，以王建为节度使，进取两川。此时，北方已形成了朱温与李克用两大对抗势力，关陇则有割据凤翔的李茂贞，南方各地也是藩镇割据，形成了若干势力中心，唐王朝实际上已名存实亡，唐昭宗皇帝成为藩镇的掌上玩物。

王建取得两川后，在蜀地务农训兵，发展经济，有效地巩固了统治。唐天祐四年（907年）三月，朱温灭唐称帝。王建率众大哭三日后，即皇帝位，国号大蜀。任唐末著名文人韦庄为宰相，又任命张格、王锴为翰林学士。翌年正月，王建在成都南郊祭天，然后大赦境内，改元武成。同年六月，王建加尊号为英武睿圣皇帝，并立次子王宗懿为皇太子。武成二年（909年），王建颁行《永昌历》。

前蜀武成三年（910年），他下诏劝课农桑，引蜀汉诸葛亮“闭关息民，十年而后举兵”的事例，令地方官关心农业生产，减轻人民负担。他有一篇告诫太子的文字，列举应该注意的事项。这类事项是：亲自审判案件，不让任何人受冤屈，也不让任何人逃脱应受的刑罚；不可骄傲自满；不要相信小人的说话；不要贪声色游猎的享受；安抚百姓，厚待士卒。这几条显然是他总结的政治经验。

王 建

他嘱咐太子，必须经常阅读这篇文字，不可遗忘，并且说只有做到这几条，才保得住社稷。

宋朝熟悉巴蜀情形的人，发表评论，认为王建确实可以和刘备相比，是个好的政治领袖。有人说他对人民的剥削并不算轻，但也承认前蜀的仓库很充实，可见农业生产确有发展，经济情况是良好的。

成都这座锦城，在王建围城时，居民不免困顿，不久以后，仍旧恢复了繁荣的面貌。著名的蜀锦，也仍旧是当地的特产。

王建在位期间，能兼容并蓄，招贤纳士，除文人韦庄、毛文锡、牛峤、牛希济等人外，道士杜光庭、诗僧贯休等人也被他罗致门下，使得前蜀成为当时中国少有的几个文化中心之一。

王建有一个特点，就是特别重视文士，厚待唐朝的名臣世族。巴蜀一向是唐朝中原士大夫避乱的地方，唐末投靠前蜀的“衣冠之绪”很是不少。他们与西晋末年南迁的士族不同，只能寄人篱下，依靠地方势力的保护。原因很简单，西晋末年的士族带有大批宗族、部曲、佃客，到了南方，可以凭着实力，占有土地、山林、川泽，形成特殊的势力，夸耀门阀世族的威风。唐末的名门大族，手下早已没有爪牙，只带点眷属奴婢，像丧家之犬一样，本身是没有什么力量的。地方军阀重用的话，他们就是显贵的高官；不重用的话，就漂泊异乡，至多做个普通的地主而已。

王建重用这些人，有合理的一面。有人说他过于优厚文士，他回答说：“我做神策军将官时，晚上宿卫宫中，看见皇帝召见学士，态度亲切，仿佛同僚朋友，非将相可比。现在我的恩礼，同当时相比，不过百分之一，怎么谈得到过头呢？”我们不知道王建亲近文士究有多少收获，但从他总结的政治经验来看，应该得益匪浅。这些人有丰富的文化知识，对于蜀中文化的发展，也起了积极作用。大诗人韦庄、道士、传奇作者杜光庭等是其中的代表人物。我们在讲文化的章节里，还要讲到这些人，这里就不多说了。

王建厚待这些人，也有没有什么道理的地方。他们中间有些人，根本没有什么学问，昏庸愚蠢，只靠贵公子的身份，坐享俸禄，如韦巽、杜何，就是这样的人物。王建把这样的人也供养起来，实在是受了习惯势力的束缚，把名门世族看得过于高贵了。

但同时，王建对握有兵权的武将一直格外提防，因此在立太子的问题上，又酿成了一次惊心动魄的斗争。

永平三年（913 年）七月初七，宠臣唐道袭因与太子王元膺（即王宗懿）不和，对王建诬称太子谋反。次日，王元膺属下惊惧之下，发动兵变，杀死唐道袭。王建派兵镇压，王元膺逃到民间，藏匿起来。后王元膺被人认出，被卫兵杀害。王建乃废王元膺为庶人，立郑王王宗衍为太子。然而宗衍十分不争气，王建便有悔意，想改立信王王宗杰。不料王宗杰竟暴病身亡，王建怀疑是有人暗算了他。永平五年（915 年），王建兴建扶天阁，并将功臣画像挂在阁中。通正元年（916 年）十二月，王建改国号为“大汉”，改明年为天汉元年。天汉元年（917 年）十一月，王建祭天发生“大风拔木”的凶兆，翌年正月初一恢复“大蜀”国号。

显陵出土的王建铜像

前蜀光天元年（918 年）入夏以后，王建病重不起。五月二十日，王建召大臣至寝殿，嘱托道：“太子懦弱，若不堪大业，可置于别宫，幸勿杀之，只要是王氏兄弟，诸公可择而辅立。徐妃兄弟，只可显爵厚禄，不可使掌兵预政。”六月一日，王建病逝，时年 72 岁。庙号高祖，谥号神武圣文孝德明惠皇帝，葬于永陵。皇太子王宗衍继位，改名王衍。

二、荒淫无道蜀后主，乞降后唐被族灭

王衍（899—926年），本名王宗衍，字化源，许州舞阳（今河南舞阳）人。王建第十一子。

王宗衍自幼习文，有才思，好作艳体诗。但性懦怯，喜游乐，惮于政事。太子王宗懿死后，在母亲徐贤妃、宦者唐文扆及宰相张格的努力下，被立为太子。光天元年（918年）六月即帝位，改名王衍。

王衍即位之后，耽于游乐，不理国政，中书令王宗弼与内枢密使宋光嗣内外擅权，皇太后、皇太妃也各以教令干政，王衍所亲信的内官宋光葆以及吏部侍郎文思殿大学士韩昭等人也是作威弄权。一时间，政出多门，混乱不堪。王宗弼根据行贿多少擢官，韩昭则根据亲旧关系选人，太后、太妃更是直接下教令出卖刺史、县令等官。待选的官员们曾编了一串话讥讽韩昭："嘉、眉、邛、蜀，侍郎骨肉，导江、青城，侍郎亲情，果、阆二州，侍郎自留，巴、蓬、集、壁，侍郎不惜。"也就是说较好地方的刺史官职都被吏部侍郎韩昭做了人情，只剩下巴、蓬、集、壁这些偏远州郡留给选人。但王衍根本就不关心这些，他即位之后的全部精力都放到了奢侈靡乐之中，或外出游乐，或宫中宴饮，无休无止。

即位的第二年春，王衍就与太后、太妃遍游近郡名山，奢费无度。第三年秋，声称亲征凤翔，率妃嫔随从由成都往汉中而来，王衍身着金甲，头戴珠帽，不伦不类，随从队伍连亘百余里，鼓乐声也传到数十里外。百姓们远远望见，以为是灌口袄神下凡，各自躲入房中持香叩头。到汉州（今四川广汉）后，王衍与宫人在西湖泛舟宴饮，一连数日。十一月，派出山南西道节度使王宗俦等人象征性地北进。不几日，就因食尽退兵。但王衍照旧四处游乐。十二月，到达利州（今四川广元）又沿江而下，前往阆州。江中龙舟画舸，前后相连，连船工们也都穿上锦绣衣装。每到一地，地

方官都要大肆贡奉，百姓不堪忍受，怨声载道，王衍一行却怡然自得，且乐且行。王衍写出《水调银汉曲》，让乐工在船上弹唱，又命人沿途搜寻美女，阆州百姓何康有一位美貌女儿，已受聘待嫁，王衍命人强行抢来，结果此女的丈夫大恸而死。

前蜀乾德元宝铜钱

直到乾德三年(921年)春，王衍才返回成都。回成都后，他又大兴土木，先后修造重光、太清、延昌、会真等宫殿，其余亭、门、阁、榭，不可胜纪。又用彩帛搭成假山、粉楼、彩亭，常常一连在内游乐十余日，与狎客、妃嫔终夜长饮，不计时日。宴饮酒酣，王衍往往自己执板，唱起《霓裳羽衣曲》或《柳枝词》，内臣妃嫔和声四起，以此为常。王衍在宫中作乐还不够，还常常到城中酒楼市肆，秦楼楚馆寻欢作乐。每到一处，就题字壁上“王一来”。蜀人好戴小帽，而王衍喜戴大帽，为了不让市民认出自己，王衍又下令蜀中士民必须戴大帽。

乾德四年（922年）夏，王衍听说军使王承纲有一美貌女儿，就令人抢入宫中。王承纲上朝请放出女儿，王衍大怒，将他流放茂州，王承纲女儿自杀。此事使武臣旧将人人寒心。至秋日重阳节，王衍大宴群臣时，嘉王宗寿痛哭流涕，劝王衍爱抚臣下，戒奢减侈。但在座的佞臣韩昭等人却一同嘲骂王宗寿，说他酒后胡言。

乾德六年（924年）夏，新建立的后唐派使节李严来到前蜀，名为通好，实则觇探虚实。李严返回后，向唐主李存勖报告：“王衍昏庸荒纵，又昵近小人，专权之臣王宗弼、宋光嗣等，谄谀专横，黩贪无厌，若大兵一临，

必土崩瓦解。”李存勖遂决计伐蜀。但王衍还未有一点危机感，仍游乐不息。

咸康元年（925年）九月，天雄节度使王承休请王衍北游。天雄治秦州（今甘肃秦安），王承休本为宦者，在宫中屡屡向王衍称秦州多美女，并请求亲自到秦州为王衍挑选，遂被王衍任命为天雄节度使。前蜀的宦官多娶妻，王承休之妻色貌出众，早就与王衍私相往来。因此，这次王承休请王衍往秦州，马上被其接受。太后、王宗弼及群臣纷纷上表，认为后唐随时可能入寇，不能前往秦州。但王衍置之不理，实际上，后唐此时已派出魏王李继岌与中书令郭崇韬率师西来。

十月四日，王衍率佞臣韩昭等人由成都出发。次日，至汉州。镇守边地凤州（今陕西凤县）的武兴节度使王承捷派人送来快报，言后唐大军已进入关中。但王衍却认为这是大臣们故意合谋阻挠自己北行，愤愤地说："我正要耀武北边，何惧唐兵。"仍继续北上，沿途与随从吟咏对答，游山玩水，毫无戒心。登梓橦山时，王衍还扬扬自得地作诗道："驰驱非取乐，按幸为游边。此去将登涉，歌楼路几千。"过白卫岭，韩昭献诗谄媚："吾王巡狩为安边，此去秦亭尚数千……为云巫峡虽神女，跨凤秦楼是谪仙。"君臣一行且行且乐，刚至利州（今四川广元）就遇到溃逃下来的败兵。原来唐兵已大举入境，武兴节度使王承捷投降郭崇韬。至此，王衍才相信唐兵已来。他留王宗弼率军守利州，自己由绵州返成都。

此时的前蜀，真正土崩瓦解，唐军所到之处，前蜀守将或降或逃，几乎无一抗拒者。十一月六日，王衍回到成都。次日，在文明殿召集群臣，君臣相对涕泣，无一人能有救急之策。十五日，王宗弼也逃回成都。王衍及太后前去劳问，王宗弼骄慢无礼，拥兵两侧。当晚，发兵幽禁王衍及太后、诸王，收取玺印，自称权西川兵马留后。十七日，唐军至汉州，王宗弼派人送牛酒前去慰劳，又使王衍召中书侍郎同平章事王玠起草降书，遣兵部侍郎欧阳彬奉表请降。二十六日，李继岌至汉州，王宗弼前去迎候。次日，至成都。二十八日，在升仙桥旁举行了受降仪式。

后唐同光四年(926年)正月,王衍并宗族、百官一行数千人被押往洛阳。三月，行至长安，唐庄宗下诏暂驻此地，不许东来。此时，后唐蕃汉马步总管李嗣源在邺城起兵，庄宗正酝酿亲自东征。伶官景进劝庄宗道:“今蜀中初平，王氏族党不少，若闻知圣上东征，恐骤然生变，不如全部诛杀。”庄宗即下敕，令中使向延嗣带着诏敕前去执行，敕文中称:“王衍一行，并从杀戮。”枢密使张居翰见墨迹未干，赶紧把诏书靠在殿柱上，将“一行”，改为“一家”。

四月三日，向延嗣至长安，杀王衍及其一家。天成三年（928年)，唐明宗封王衍为顺正公，葬于长安城南的三赵村。

三、认义父三改其名，降后唐身死族灭

王宗弼（880—925年），本名魏弘夫，许州（今河南省许昌市）人。为顾彦晖效力时改名顾琛。五代十国前蜀大将、齐王。前蜀开国者王建养子。

王建收了很多部将为养子，魏弘夫也在其中，改名王宗弼。当时，王建统领阆州，自称刺史，想接受养父监军宦官田令孜的召唤去效力田令孜的哥哥西川节度使陈敬瑄。王建把大部分家人托付给盟友东川节度使顾彦朗,带着养子王宗弼、王宗瑶、王宗侃、王宗弁和侄子王宗鐬前往成都。随后，陈敬瑄反悔了，想阻止王建来成都，王建与他决裂，发动战事，最终于唐大顺二年（891年）取胜并掌控了西川。

王建取西川期间，顾彦朗死了，弟弟顾彦晖继承了东川。王建和顾彦朗在神策军共事时是朋友，王建不想在顾彦朗在世时夺取东川，但顾彦朗一死,他就动了心思,而表面上仍和顾彦晖结盟。唐大顺二年（891年）末，山南西道节度使杨守亮攻东川，顾彦晖向王建求援。王建派华洪、李简、王宗侃、王宗弼前去，却密令他们:“你们击败敌军后，顾彦晖一定会邀你们赴宴。你们要请求在军营设宴，趁机抓住他，这样我们就不用再多余打一仗了。”西川军击败山南西道军并迫其撤退后，顾彦晖果然想设宴，但

成都永陵

王宗弼却不知何故把计划泄露给了他，顾彦晖称病拒绝离开首府梓州。两川间的联盟就此终结。

唐乾宁二年（895 年），当王建与顾彦晖酣战时，攻打东川的王宗弼在一场战役中被俘。顾彦晖记得王宗弼先前泄谋之事，饶了他的性命，还收他为子，改名顾琛。但此时顾彦晖已经山穷水尽，他本人及盟友凤翔节度使李茂贞屡败于王建，梓州被围，外无援军。顾彦晖召集家人和养子，想集体自杀。但在自杀前，顾彦晖说顾琛成为养子的时间不长，没必要同死，指着城墙的缺口让他离开。顾彦晖让养子顾瑶杀了他本人和顾家全家，然后顾瑶也自杀。顾琛恢复王宗弼之名，重归王建帐下。

唐天祐四年（907 年），宣武军节度使朱温篡唐建立后梁，自称太祖，时为蜀王的王建最初和淮南节度使弘农王杨渥一同声明寻求和河东节度使晋王李克用、岐王李茂贞结盟讨伐后梁，复辟唐朝。但后梁的封臣们并未随声明而倒戈，王建便自行建立蜀国，史称前蜀，自称皇帝。王宗弼继续在前蜀军中效力，军职无载。

前蜀永平元年（911 年），李茂贞背盟攻打前蜀。身为开道都指挥使的王宗弼率军抵抗，败岐将刘知俊。其他前蜀将领也分别击败其他岐将，岐军被迫撤退。

前蜀光天元年（918 年），时任北面行营招讨使兼中书令的王宗弼正对岐作战时，王建病重。他认为王宗弼沉静而有谋略，适合辅佐太子王宗衍治国。他把王宗弼从北疆召回，命他掌管御林军。王建临死时，内飞龙使宦官唐文扆企图政变夺权，但他的下属内皇城使潘在迎却向王宗弼等高官告密。唐文扆被贬为眉州刺史，又流放雅州，后被处死，王建把王宗衍托付给了王宗弼、王宗瑶、其他养子王宗绾、王宗夔和宦官宋光嗣。王建驾崩，王宗衍改名王衍继位。

王衍封王宗弼为巨鹿王，托以政务。王宗弼凭受贿和个人好恶行政，王衍不理政事，这被视为前蜀衰落的开端。随后，宋光嗣也把军权交给王宗弼。王宗弼后又被晋为齐王。

前蜀乾德五年（923 年），前蜀东北面的主要敌人后梁已被后唐庄宗所灭。924 年，后唐庄宗派李严出使前蜀，名为建立友好关系，实则刺探。李严回唐后，报告说王宗弼和宋光嗣治理下的前蜀已经腐败，王衍无能，易于击破。而王建的另一养子王宗俦认为王衍失德，建议王宗弼废掉王衍另立新帝。王宗弼犹豫不决，王宗俦忧愤而死。王宗弼却对宋光嗣及其同僚宦官景润澄称王宗俦想杀他们而自己阻止了这一切，换取他们对自己的感激。王宗弼的儿子王承班听说后，却对人说："我们家难以免祸了。"

前蜀乾德六年（924 年），王衍命母后徐太后族人徐延琼代王宗弼为京城内外马步都指挥使，众将不平，因为王建生前曾下令不能让徐家掌握军权，但史书没有记载王宗弼本人的反应。

前蜀咸康元年（925 年），后唐庄宗准备发动大举进攻消灭前蜀，以儿子魏王李继岌为西南面行营都统，作为名义主帅，大将枢密使郭崇韬为东北面行营都招讨制置使，作为名义副帅和实际主帅。前蜀猝不及防，王衍不顾王宗弼和徐太后反对，坚持驾临天雄军，同年冬离开时，后唐军刚入

蜀境。武兴军节度使王承捷向王衍告急却无回音，很快投降后唐。武兴失守，王衍才有所警醒，但因为王宗弼和宋光嗣的建议，他停留在利州，派随驾清道指挥使王宗勋、王宗俨、兼侍中王宗昱前去抵抗后唐军。他们遭遇后唐军先锋李绍琛，被击败。王衍害怕了，逃回成都，留王宗弼守利州以抗后唐军，并命他处决王宗勋、王宗俨、王宗昱。而后，宋光嗣的堂弟武德留后宋光葆、王宗侃之子武定节度使王承肇、山南节度使兼侍中王宗威、阶州刺史王承岳等多员蜀将投降。郭崇韬写信劝降王宗弼，王宗弼也开始考虑投降。他放弃利州，和王宗勋、王宗俨、王宗昱在白芀会合，将处决他们的命令给他们看，并一同计划投降。

王宗弼想把王衍交给郭崇韬，于是回到成都，软禁王衍、徐太后和王衍诸子于西宫，收其玺绶，其子王承涓带走了王衍的多名宠姬，王宗弼自称权西川兵马留后，派使者带着礼品和食物犒劳后唐军，并以王衍名义写信给李严，称王衍已准备投降。李严赶到成都面见王衍，命王宗弼在没有防卫的情况下离开成都，以示投降诚意。王宗弼又说如果不是宋光嗣、景润澄及宣徽使李周辂、欧阳晃蛊惑蜀主，前蜀早就能够投降了，于是杀了这些人，献首李继岌，又杀了文思殿大学士、礼部尚书、成都尹韩昭等自己不喜欢的官员。内外马步都指挥使兼中书令徐延琼、果州团练使潘在迎、嘉州刺史顾在珣等因怕死而向王宗弼行贿。王宗弼派王承班把王衍的大批美貌姬妾、侍女连同财物送给李继岌和郭崇韬，并请求让自己当西川节度使。但李继岌却说:“这些东西现在是我家的了,由不得你把它们当礼物送。”

十二月十五日，李继岌、郭崇韬到达成都。王衍率前蜀百官在李严带领下向李继岌投降。前蜀自此灭亡。

与此同时，王宗弼试图说服郭崇韬让他当西川节度使，贿赂了郭崇韬很多礼物想让郭崇韬推荐自己。郭崇韬假装答应，却没有行动。为了向郭崇韬施压和离间李继岌、郭崇韬，王宗弼率一批前蜀官员面见李继岌，要求让郭崇韬当西川节度使。此举让李继岌不再信任郭崇韬了，因为他宠信的宦官李从袭先前就表示怀疑郭崇韬的忠诚。而宋光葆又向郭崇韬上表弹劾王宗弼诬害宋光嗣等人。王宗弼给郭崇韬的财物并不足以犒赏后唐军，后唐军士兵因此不满。综合各种情况，郭崇韬决定杀了王宗弼。十二月二十八日，在征得李继岌同意后，郭崇韬指控王宗弼、王宗勋、王宗渥不忠，将他们族诛，抄没家产。据记载，前蜀官员痛恨王宗弼出卖国家，争着吃他的肉。

第二章 后蜀风云

后蜀（934—965 年），又称孟蜀，孟知祥所建。都成都（今属四川）。盛时疆域约为今四川大部、甘肃东南部、陕西南部、湖北西部。历 2 主，共 32 年。

一、苦心孤诣占两川，乘间称帝蜀高祖

孟知祥（874—934 年），字保胤，邢州龙冈（今河北邢台）人。五代十国时期后蜀开国皇帝。

孟知祥最初跟随父亲为晋服务，逐渐被晋王李克用赏识，被任命为左教练使，并娶李克让之女（一说是李克用之女）为妻，成为李克用的侄女婿（一说女婿）。后唐同光元年（923 年），李存勖称帝，建立后唐，是为后唐庄宗。他定都于洛阳，同时将太原府升格为北京，任命孟知祥为北京留守、太原尹。

同光三年（925 年），后唐庄宗任命郭崇韬为招讨使，让他和魏王李继岌一同征讨前蜀。郭崇韬临行前，向后唐庄宗推荐孟知祥，称其为平蜀后镇守西川的最佳人选。不久，前蜀灭亡，后唐庄宗便任命孟知祥为成都尹、剑南西川节度使。

后唐同光三年（925 年）十二月，孟知祥由洛阳西行，中使马彦珪赶了上来，向他宣示后唐庄宗诏及皇后敕，令李继岌杀郭崇韬。孟知祥叹道“乱

将作矣”，也兼程赶赴西川。17 天后，孟知祥入成都，但郭崇韬已在四天前被杀。蜀中人情汹汹，局势不稳。孟知祥选择廉吏，安慰民心，减免前蜀的苛税杂赋。

孟知祥墓

同光四年（926 年）初，李继岌班师东归洛阳。先锋康延孝在中途反叛，攻破汉州（今四川广汉）。孟知祥当即派大将李仁罕会合任圜、董璋的部队前去镇压，俘杀康延孝，收降其部将李肇、侯弘实等人。

同年四月，后唐庄宗在兴教门之变中被杀，李继岌也在渭南遇害。李克用养子李嗣源被拥立为帝，是为后唐明宗。孟知祥逐渐萌生了据蜀称王的念头。他训练兵甲，扩大兵力，增设义胜、定远、骁锐、义宁、飞棹等军，由李仁罕、赵廷隐、张业等亲信统率。

自后唐天成元年（926 年）起，孟知祥苦心孤诣经营六年，终于占有了东、西两川。后唐长兴四年（933 年）二月，孟知祥又被封为蜀王。应顺元年（934 年）正月，孟知祥在成都即皇帝位，国号蜀，史称后蜀，并以赵季良为宰相。不久，潞王李从珂与皇帝李从厚争位，后唐内乱，山南西道节度使张虔钊、武定军节度使孙汉韶皆归附后蜀。是年四月，孟知祥改元明德。此时的孟知祥已是老病缠身，在六月的一次宴会上，竟无力举觞。七月七日，又在丹霞楼大宴群臣，入夜病情加剧。二十六日，立皇子孟仁赞为太子，当晚去世，时年 61 岁。谥号“文武圣德英烈明孝皇帝”，庙号“高祖”，葬于和陵。

二、蜀后主年少即位，用佞臣降宋灭国

后主孟昶（919—965 年），原名孟仁赞，是后蜀高祖孟知祥的三子。

孟昶自幼聪睿知礼，深为父亲所爱。孟知祥称帝后，他被任命为检校太保、东川节度使、同中书门下平章事，处于储君的地位。明德元年（934 年）七月，孟知祥病卒前，将他立为皇太子，并遗诏旧臣宿将赵季良、李仁罕、赵廷隐、王处回等人辅政。赵季良等人受遗诏的当夜，孟知祥病卒，枢密使王处回派兵守护宫城，秘不发丧，连夜找到赵季良，哭泣不止，赵季良道："泣无益也，当速立新帝，以绝非望。"两人一道召群臣宣布孟知祥遗诏，命太子孟仁赞更名孟昶，在柩前即位。

孟昶年少即位，国政大事多委于辅政大臣，当时李仁罕、赵廷隐为前代宿将，手握重兵，王处回长期为枢密使，典掌机要，三人各行其是，势焰极盛，独宰相赵季良能谨守职分，尽心辅佐。孟昶初即位，李仁罕自恃为功臣宿将，上表求孟昶任命自己判六军诸卫事，并派人到枢密院与学士院监视任命诏书的起草。孟昶不得已，任命李仁罕以武信节度使兼中书令、判六军事，同时又以保宁节度使赵廷隐兼侍中、为六军副使。李仁罕的举动，打破了孟知祥以来的平衡局面，引起赵廷隐等人的不满。此事过后月余，赵廷隐使茶酒库使安思谦告发李仁罕有反心，孟昶令赵季良与赵廷隐处理此事，两人遂合谋将李仁罕诱至赵季良府第，令武士拉下斩首。这样，朝中形成了赵廷隐、王处回、赵季良三人辅政的局面，这种局面维持了若干年，随着孟昶年龄的增大，对权力的要求也越来越强烈，至广政十一年（948 年），将赵廷隐、王处回罢知政事，赵季良也在此前病死。至此，孟昶方可独立地处理政务。

自孟昶即位到他降宋，中原王朝时代更迭，内乱不断，而且又有北方契丹的侵扰与威胁，一直无暇西顾。因此，除后周曾一度出兵攻取后蜀秦、凤、防、成数州外，后蜀边境多安虞无事，保有了几十年的安定局

后蜀铁钱

面。孟昶在国政治理上也能实行一些发展经济、改良政治的措施，使后蜀呈现出短期的繁荣与富足。

孟昶即位之初即颁布劝农桑诏，要求各地刺史、县令将劝课农桑作为主要政务，又曾罢免武将们兼领的节度使职务，改为由文臣担任，改善地方吏治。对于聚敛贪污的官吏也从重处罚。原眉州刺史申贵在眉州任内横征暴敛，残害百姓，并指使狱中盗贼诬连平民百姓为同党，以收取贿赂，申贵常指着狱门对左右说："此吾家钱穴。"孟昶亲政不久，即贬申贵为维州司户，未至任所，又于途中赐死，眉州百姓奔走相庆。孟昶还亲自撰著《官箴》一篇，颁发郡县，告诫地方官们"无令侵削，无使疮痍"，"尔俸尔禄，民膏民脂，为人父母，罔不仁慈"。

后来宋太祖也在这个官箴中选出四句为座右铭，令各地都要刻在石上，置于府案。

在内外安靖的条件下，后蜀经济文化取得较大发展，史称"蜀中久安，斗米三钱，国都子弟不识菽麦之苗，金币充实，弦管歌诵盈于闾巷，合筵社会昼夜相接"。孟昶并下诏将九经刻于石上，以利传诵。广政十六年（953年）五月，又准许宰相毋昭裔出私财百万设立学馆，并雕版印制《九经》颁发郡县，促进了文化的发展与传播。

当然，孟昶虽然有上面清明的一面，但封建皇帝的本性并未改变，即位数年，即迷湎于所谓房中术，不断地采选民女入宫。广政六年（943年），更是下令大选民女入宫，凡年在13岁以上20岁以下的美貌女子都要选入宫中，弄得举国骚动，百姓们纷纷将女儿嫁出，称作"惊婚"。虽新津县

令陈及之极力谏阻，孟昶仍选美不止，使后宫人满为患。仅后宫位号就分成 14 级，自昭仪、昭容至修娟不等。更严重的是赵季良、赵廷隐、王处回等宿将旧臣退出政治舞台后，孟昶重用了一批奸人佞臣，误国误民，新任知枢密院事王昭远、伊审征互为表里、贪侈邪佞，专擅朝政，使后蜀国政日衰。而中原地区又出现了强大的北宋王朝，后蜀的覆亡已成必然。

北宋建立后，实行先南后北的方针，先兵锋南指，于广政二十六年（963 年）三月，平荆南，并积极准备伐蜀。次年十月，山南节度判官张廷伟劝王昭远联合北汉攻宋，建功立业、巩固自己的地位。王昭远即奏明孟昶，派使者赵彦韬等人带着蜡书前往北汉，谁料到赵彦韬却直接把蜡书交给了北宋。宋太祖看过蜡书笑道："西讨有名矣。"随即调动大军，命忠武节度使王全斌等人率领，水陆并进，攻伐后蜀。孟昶则委王昭远为都统，率军拒宋。十二月，宋军攻入蜀境，王昭远连连失利。宋军攻下剑门关后，他战战兢兢、卧床不起，汉源一战，溃不成军，王昭远躲到一间仓房中，被宋军抓获。

孟昶得知剑门失利，马上拿出库中金帛，招募士兵，令太子玄喆率领北上。玄喆根本不懂战事，一路携乐器、拥姬妾，加上伶人数十人作为随从。至绵州（今四川绵阳），听说王昭远失败，惊慌失措，奔回东川，沿途焚掠抢劫，无恶不作。宋太祖闻知后叹道："孟昶无股肱爪牙，其亡不远矣。"

广政二十八年（965 年）正月，宋军大举南下。进至汉州时，孟昶奉表请降。十九日，王全斌至成都，孟昶开门纳降，后蜀灭亡。自宋发兵至此，只用了 66 天。宋太祖将孟昶与太后、妃嫔以及百官全部迁往都城开封，在利仁坊为孟昶修造了府第，并授开封仪同三司、检校太师兼中书令，赐爵秦国公，俸禄同大镇节度使。不过，到开封 7 天后，孟昶即病死于府第，时为乾德三年（965 年）六月，年 47 岁。宋太祖下诏，册增尚书令，追封楚王，葬于洛阳，又加谥号恭孝。

三、毋昭裔兴学藏书，王昭远自比诸葛

1. 毋昭裔

毋昭裔，河中龙门（今山西河津市）人，生卒年不详，是后蜀时一位有识略的谋臣，也是当时颇负盛名的刻书家。

毋昭裔少年时即博学多才，卓有见识，后蜀高祖孟知祥，曾为后唐太原尹、北京留守，镇守今山西地区，大约在这时，毋昭裔效力于孟知祥麾下。同光三年（925 年），后唐发大军攻灭前蜀，随即以孟知祥为成都尹、剑南西川节度副大使，毋昭裔也一同前往，任掌书记之职，同光四年（926 年）四月，后唐庄宗死，李嗣源立，是为后唐明宗。值此，孟知祥训练兵甲，阴有王蜀之志，从而引起后唐朝廷的注意。为了防止孟知祥割据，后唐枢密使安重诲特派李严为监军，督察孟知祥的行动。消息传入蜀中，毋昭裔与诸将吏都请孟知祥不要接纳李严。但孟知祥另有所想，在准李严入境后，将他杀死。不过毋昭裔劝拒李严之事，迎合了孟知祥称王蜀中的雄心。从此，孟知祥对毋昭裔非常器重，视为奇士，据蜀自立后即以他为御史中丞。

后蜀明德元年（934 年），孟知祥死，其三子孟昶继位，是为后蜀后主。后主广政三年（940 年），毋昭裔受命主管盐务，不久又位兼宰相。广政九年（946 年），契丹灭晋。中原离乱，后晋雄武军节度使何建以秦、成、阶三州附蜀。随之后汉建立，汉将赵思绾据永兴，王景崇据凤翔反叛，均赠送财物联络后主。后主贪图其利，出兵接应。这时毋昭裔权衡利弊，认为：从前后唐庄宗志在西图，前蜀王肆意欲北进，各自朝中人臣都上疏力谏，两主却一意孤行，结果均徒劳无益。于是他劝谏后主，以两朝教训为殷鉴，三思而行。但后主利令智昏，不从其言，反又遣安思谦增兵东进，志在夺取关中。但不久后汉将领赵思绾、王景崇均被消灭，后蜀所派军队也失败而归，后主劳兵伤财，未得尺土。几年后，毋昭裔年老，

以太子太师致仕。

毋昭裔自幼家贫，在艰难的条件下求学苦读，深有所感，立志要发展教育事业。他随孟知祥入蜀后，自己好学不辍，同时兴办教育。当时，蜀中经唐末大乱之后，学校皆已荒废，毋昭裔自己出资营造学宫，建校舍，命人按雍都旧本《九经》刻于成都学宫里，又奏请后主下诏刊印此书，使一度困顿的教育再度兴盛。

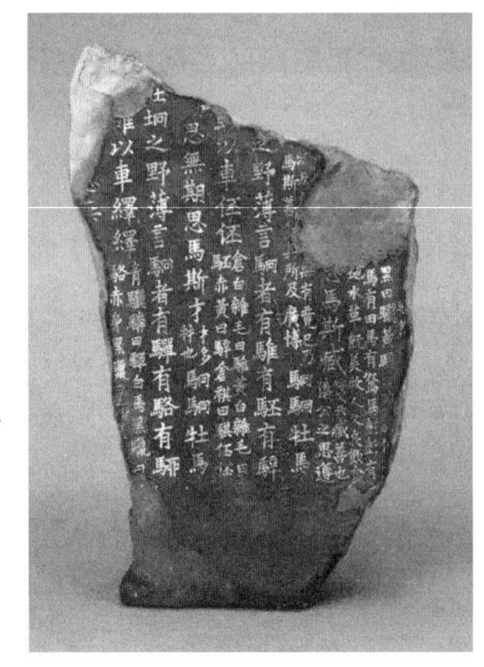

后蜀石经残片

毋昭裔酷好古文，精于经术，极嗜图籍，致力于藏书。据王明清《挥麈录》记载，毋昭裔贫贱时，尝借《文选》《初学记》等书籍，其人面有难色。这件事对他影响很深，他叹道："恨余贫不能力致，他日少达，愿刻版印之，庶及天下学者。"他发誓："异日若贵，当版以镂之，以遗学者。"后来他仕蜀为相，遂践其言，薪俸有余之后，感慨道："今可酬宿愿矣。"

当时，益州始有墨版大多是术数、字学、小书而已。他奏请刻版，按雍都旧本九经印行。命张德钊书写，刻石于成都学宫，主持雕刻石经，又出私财，营建学宫，立印舍，镂版印九经。在广政十六年（953 年）完成后，遍销海内。又令门人句中正、孙逢吉等人刻成《文选》《初学记》《白氏六帖》《九经》、诸史等书。这些书就在社会上广泛流传开来，从而对文化事业的发展起到推动作用。显德年间，又印行《史记》《汉书》《后汉书》诸史。他开创了私人刻印图书之先河，对中国的雕版印刷有重要贡献。

毋昭裔事后蜀两主，以远见卓识、勤谨审慎著名当时。他去世之后，其子孙还因其所刻之书版而加官晋爵。

2. 王昭远

王昭远（912—970 年），字崇明，成都人。五代十国后蜀大臣，官至山南节度使、西南行营都统。

王昭远幼孤贫，13 岁时投靠东都僧人知諲为童子。

后蜀高祖孟知祥入蜀，饭僧于府署。王昭远持巾履，跟随知諲得入。当时太子孟昶刚刚入学，见王昭远聪慧，留下侍奉孟昶左右。孟昶继位，以其为卷帘使，迁诸司使。后枢密使王处回获罪，王昭远任通奏使，知枢密事，处理各种机密事务。不久迁山南节度使。

宋太祖乾德二年（964 年）十月，宋朝派忠武节度使王全斌、武信节度使崔彦进、枢密副使王仁赡、宁江节度使刘光义、枢密承旨曹彬等人率领步骑兵 6 万伐蜀。孟昶听说后，命王昭远为西南行营都统，赵崇韬为都监，韩保正为招讨使，李进为副招讨使，率兵拒战，并对王昭远说："今日之师，卿所召也，勉为朕立功！" 王昭远此时仍非常狂妄，以方略自任，始发成都，蜀主命宰相李昊等饯之城外。王昭远手执铁如意，指挥若定，自比诸葛亮。酒酣，攘臂谓李昊曰："吾此行何止克敌，当领此二三万雕面恶少儿，取中原如反掌耳！"

五代瓷器

结果，在宋军的打击下，王昭远三战三败，狼狈逃窜到利州，焚毁桔柏津的桥梁，留部将守剑门关，自己逃到汉原坡。

宋军追到后，赵崇韬还想召集军队最后抵抗一下，而王昭远却据胡床不能起。赵崇韬战败被擒，王昭远脱下甲胄仓皇逃跑，投奔东川，藏匿民舍中，被追兵活捉。

王昭远被押送回汴京，后被授左领军大将军。宋太祖开宝三年（970年）卒。

第三章 南吴风云

南吴（902—937 年），为杨行密所建，又称“杨吴”。都广陵（即扬州，今属江苏），称江都府。盛时疆域约为今江西全省及江苏、安徽、湖北的一部分。

唐天祐十六年（919 年），杨行密独立建国，改元建制，但并未称帝，仅称吴王。吴顺义七年（927 年），杨溥称帝。吴天祚三年（937 年），吴帝杨溥禅位于徐知诰，吴国灭亡。历 4 主，共 36 年。

一、割据江淮举大旗，成就“十国第一人”

杨行密（852—905 年），原名行愍，字化源，庐州合肥（今安徽长丰）人。南吴初代国君，史称吴太祖。

杨行密幼时丧父，家庭贫困。为人高大有力，能手举百斤的物体，一日可走 300 里路。唐僖宗乾符年间（874—879 年），江淮地区反叛势力群起，杨行密因参加江淮一带的农民起义，失败后被捕。刺史郑棨因为他相貌奇特，于是解开他的绳索，将其释放。

中和三年（883 年），杨行密应募为州兵，戍守朔方（今宁夏灵武），不久提升为队长，守边期满返回。当地军吏非常讨厌他，要他再次出戍。杨行密临行前，军吏假装关心，问他还缺什么。杨行密大声说：“只要取你的头！”当即斩下军吏的首级，携带而出，趁此起兵为乱。起兵后，杨行

密自称八营都知兵马使，淮南节度使高骈以其为淮南押牙。不久，杨行密率兵攻打庐州（今安徽省合肥市），刺史郎幼复弃城而逃，杨行密遂占据庐州。高骈即封其为庐州刺史，并为他改名行密。

光启三年（887 年），高骈部将左厢都知兵马使毕师铎自称营使，合同军使郑汉章、高邮镇遏使张神剑反叛。他们很快攻陷扬州，幽禁高骈。高骈亲信吕用之带一部分兵马逃出扬州，假借高骈之名封杨行密为行军司马，命其速速率兵讨伐扬州叛将。谋臣袁袭对杨行密说："这是上天要把淮南赐与你，要赶快去。"杨行密也意识到这是天赐良机，机不可失，便立即调动全部人马，又向和州刺史孙端借了数千兵士，迅速前往扬州。五月，行至扬州天长，与吕用之会合，海陵（今江苏泰州）镇遏使高霸、曲溪刘金、盱眙贾令威等闻讯后也率兵赶来。此时，叛将张神剑与毕师铎发生矛盾，一气之下便脱离扬州前来投奔杨行密。杨行密的队伍迅速扩大到 1.7 万余人，他们浩浩荡荡，奔向扬州。

与此同时，扬州叛帅毕师铎也感到自己力量单薄，不足以与杨密抗衡，便急速遣人求救于宣歙（治宣州，今安徽宣城）观察使秦彦。秦彦对淮南早已有野心，今见时机到来，即命池州刺史赵锽代为观察使，而自称权知淮南节度使，亲率 3 万多士兵乘筏沿江而下，直达扬州。

秦彦到达扬州的次日，杨行密也率兵赶到，屯兵城外。最初，看到杨行密军队人数远少于扬州，秦彦趾高气扬，令牙将秦稠率兵 8000 出战，结果秦稠战死，兵士损伤几尽。以后双方又交战多次，但扬州屡战屡败，损失惨重。从此，秦彦便闭城自守，不复交战。两军相持长达半年之久，扬州成为一个孤岛，内外交困。城内出现严重饥荒，树皮草木都被吃光，居民只好以观音土充饥。后来出现人吃人现象。当时城内专有售人市场、屠人、屠人场（又叫屠门）。许多人被军人掠去到市场出售，甚至有的夫妻、父子互相捆系在一起到屠门任人宰割。扬州城内仅因饥饿致死者过半，居民仅剩数百家，饥羸不堪。十月，杨行密军攻下扬州西门。秦彦、毕师铎带残兵弃城而逃。杨行密率兵进驻扬州，自称淮南留后。

这时，唐朝廷以朱温兼淮南节度使、东南面招讨使。朱温则封宣武行军司马李璠为淮南留后，以杨行密为淮南副使。杨行密大怒，不予接受，并暗暗派人在徐州布兵遮挡李璠，使其不能到淮南就任。朱温此时正转战于中原，无力顾及南方，只得以杨行密为淮南留后。

历经半年战事的扬州城，此时疮痍满目，饥敝不堪。杨行密看到这般情景，认为此地不利攻守，入驻数日后便把军队、辎重陆续运归庐州、和州一带。正巧蔡州秦宗权副将孙儒率兵前来与杨行密争夺扬州，杨行密便携众离开扬州，回到自己的根据地庐州。孙儒占据扬州后，自称淮南留后，杀掉投奔自己的秦彦、毕师铎，合并其兵，势力大增。

文德元年（888 年）八月，杨行密使部将蔡俦守庐州，自己率兵攻打宣州。围攻数月后，宣州粮尽，无力抵抗，观察使赵锽逃跑，被杨行密部将田頵追擒斩杀，宣州投降，杨行密入主宣州。不久，唐封杨行密为宣歙观察使。

在杨行密全力攻打宣州之时，扬州的孙儒也展开攻势，首先派兵攻取了他的后方庐州，接着又攻下常州、润州（今江苏镇江）等。大顺元年（890 年）正月，朱温遣将庞师古率众兵渡淮水进攻淮南，声称入援杨行密。在庞师古与孙儒兵交战时，杨行密乘机攻取常州、润州，并屯兵驻守。八月，孙儒战败庞师古后，便全力以赴对付杨行密。相继夺回常、润、苏州。次年正月，孙儒尽举淮蔡之兵渡江，自润州转战而南，与杨行密争夺宣歙之地，杨行密部将连连败退。秋七月，杨行密与朱温相约，一起攻打孙儒。孙儒自恃兵强，向各藩镇散发声讨朱全忠、杨行密的檄文，列举杨行密、朱全忠罪状，声称要除平朱全忠、杨行密，引兵清君侧。遂焚烧扬州庐舍，杀戮老弱，驱赶丁壮妇女渡江，接着又焚掠苏州、常州，一路上烧杀抢掠。孙儒亲自率兵，旌旗绵延百余里，号称 50 万，进围宣州。杨行密一面以大兵抵挡孙儒；同时又遣兵攻占苏、常、润三州，以断其后路；又派张训屯安吉，绝其粮道。时值盛夏六月，连日暴雨，孙儒营中粮绝无援，军中

疫病流行，士卒死亡很多，孙儒也患上疟疾，卧床不起，杨行密乘机纵兵击之，一攻即破，孙儒被阵斩。

攻破孙儒后，唐王朝任命杨行密为淮南节度使，他在淮南再无大的对手，开始向淮南以外发展势力，与中原朱温、两浙钱镠不断发生冲突。

乾宁元年（894 年），朱温手下的泗州（今江苏盱眙北）刺史张谏投向杨行密，朱温与杨行密的冲突开始表面化，这年冬天，杨行密派押牙唐令回带着万余斤茶叶到汴州一带交易，朱全忠抓起唐令回，将茶叶全部夺去。杨行密盛怒之下，向唐昭宗上表，声讨朱全忠，请求唐昭宗发河东、兖、郓、易、定之兵与淮南兵一道讨伐朱全忠。

次年三月，杨行密亲自率兵出征，先后攻下濠州（治濠州，今安徽凤阳东）、寿州（治寿春，今安徽寿春）并击退朱全忠的援军。唐昭宗封杨行密为弘农郡王。乾宁四年（897 年），兖州朱瑾败于朱温，投奔淮南，在此之前，杨行密的部众多为江淮人，善水战，不善骑射，兖州兵则善骑陆战，因而，兖州兵的投入，大大加强了淮南的军事力量。

面对杨行密势力的不断膨胀，淮南周围的各个割据力量十分不安，两浙钱镠、江西钟传、武昌杜洪纷纷遣使至长安，请唐昭宗以朱温为都统，共同兴师讨伐淮南。这年九月，朱温军兵分三路，大举进攻淮南，左路庞师古率徐、宿、宋、滑四州之兵 7 万抵达淮水北岸的清口（今江苏清江市北，与楚州隔河相对），准备直取扬州，右路葛从周率兖、郓、曹、濮四州兵抵安丰（今安徽寿县南），准备进攻寿州。中路则由朱温亲自率领，准备接应两侧。一时间，淮南境上阴云密布，士民惊恐不安。杨行密能机动使用的兵力只有 3 万多人，他采取了各个击破的战略，先与朱瑾率领这 3 万多士兵进抵楚州，与庞师古夹淮为营。庞师古是朱温手下的一员悍将，但此人有勇无谋，且狂妄自大，刚愎自用。看到淮南前来迎战的兵力只有 3 万余，一下子便放松了戒备，终日下棋饮宴，以为必胜敌军。朱瑾手下有一士兵曾降奔庞师古，告诉他淮南准备堵住淮水上流，水灌庞师古的营寨，庞师古认为他是在动摇军心，命人斩首了事。

十一月，朱瑾亲率5000骑兵悄悄渡过淮水，换上汴军旗帜、服装，绕到庞师古的军后，诈称是朱温派来的援军，接近敌方营垒时，突然发动进攻。庞师古率士卒仓促应战，这时，上流堵塞的淮水又被放开，冲入汴军军营，汴军士卒更加惊慌失措，杨行密挥动大军渡过淮水，与朱瑾夹击汴军，斩庞师古及其手下将领士卒万余人，其余人众或降或逃，溃不成军。

此时，葛从周正率军屯于濠州，听到消息，匆忙后撤，杨行密与朱瑾率军昼夜兼程，追上葛从周并大败其军，葛从周只身逃去。朱温见势不妙，未敢救援，也撤回汴州。杨行密派人给朱全忠送去一信，称“庞师古、葛从周，非我敌手，公宜自来淮上决战”。骄得之状，溢于言表。此后若干年，朱温因为有了这次失利的教训，加之忙于平安淄青以及河东争雄，一直未与淮南发生大的战事。杨行密也集中精力整顿内部，劝课农桑，尽量避免与朱温直接对抗。

天复元年（901年）底，昭宗被宦官韩全诲劫持到凤翔，朱温声言要出兵讨伐凤翔节度使李茂贞，迎回昭宗。次年三月，昭宗派金吾将军李俨为江淮宣谕使，任命杨行密为东面行营都统，中书令，封吴王，要他出兵讨伐朱温，杨行密只是象征性地将军队开至宿州（今安徽宿县），不久，便撤回。

杨行密对周围的几支割据力量采取的是不同的策略，朱温势力强盛，他不去贸然与之争锋，两浙钱镠虽然与他时战时和，但也不可能一下子吞并，因此，他把女儿嫁给了钱镠之子，求得东部的暂时安定。武昌杜洪势力较小，而且武昌据淮南上游，又是过去淮南道的属地，杨行密在内部稍稍安定之后，便开始对武昌采取大规模的军事行动。天复三年（903年）正月，行密任命开州刺史李神福为淮南行军司马，鄂岳行营招讨使，舒州团练使刘存为副使，率水军万人，溯江而上，讨伐武昌杜洪。至三月，很顺利地攻占了武昌周围地区。包围了鄂州治所武昌，杜洪据城固守，并向

朱温求救。此时，朱温正率军在东部与淄青兵进行决战，无暇南顾，只派韩勍率军万人前来增援。但是，正当李神福击败韩勍援军。准备乘胜攻城时，淮南内部出了问题。这年八月，杨行密的两员宿将宣州节度使田頵、润州团练使安仁义同时反叛，杨行密急忙将李神福召回，令他率军讨伐叛军。并向钱镠求援，经过三个月的激战，终于平定了乱军。天复四年（904 年）初，朱温强迫唐昭宗迁都洛阳，要将唐帝置于自己的控制之下，唐昭宗向杨行密发来密诏，要求他与河东李克用、西川王建等人共同讨伐朱温。杨行密接到诏书后，毫无表示，而是重新集结大军，再度讨伐杜洪。

杨行密墓碑

这年五月，李神福又一次包围了鄂州城，至八月，李神福病重返回，舒州团练使刘存代为招讨使。继续围攻武昌。杜洪求援于朱温，这一次，朱温已无后顾之忧，亲率大军渡过淮河，进攻淮南，另派一支军队救援鄂州。虽然朱温在寿州受挫后退，但援鄂军却进至鄂州一带。刘存先击溃鄂军，将抓获的 300 名降卒斩于城下，杜洪的军卒们士气低落，纷纷出逃。天祐二年（905 年）二月，刘存攻下鄂州，杜洪被俘往广陵斩首。

占有了鄂州，杨行密的目光又盯上了两浙，唐后期以来，两浙一直是唐王朝的重要财源地，极富山海鱼盐之利，杨行密对它一直垂涎三尺，在鄂州攻下之前，两浙睦州刺史陈询、衢州刺史陈璋投向淮南，杨行密派大将陶雅率军进入两浙，救援陈璋与陈询。待鄂州攻下后，陶雅会集了睦、衢两州兵力主动进攻两浙所属的婺州（今浙江金华），攻下后，杨行密任命陶雅为江南都招讨使，歙、婺、衢、睦观察使，准备对两浙进行大战，这年十月，杨行密病重，任命儿子杨渥为淮南留后，十一月，杨行密病卒，终年54岁，谥武忠。乾贞元年（927年）追尊为武皇帝，葬于兴陵。

杨行密于江淮举起割据大旗，遏止朱温南进步伐，成功避免全国更大范围动乱。经略淮南过程中，其政治方略、经济措施和军事思想，对五代十国及其后来社会产生深远影响。其奠基之吴国，实现由藩镇向王国的转型，南方割据势力与北方中原政权并存的局面得以实现，为南唐奠定基础，开启唐宋之交政治整合和经济文化中心南渐先河，有“十国第一人”之誉。

二、大权旁落牙指挥，刀砍绳勒称暴病

吴景帝杨渥（886—908年），字奉天，庐州合肥（今安徽长丰）人，吴太祖杨行密长子。南吴第二位国君，905—908年在位。

杨渥生性懦弱，不习战阵，杨行密东征西讨，主要依靠陶雅、张颢、刘威、徐温等36将，杨渥则长年居扬州。天祐二年（905年）九月，杨行密卧病不起，在一些大将的建议下，派杨渥出任宣州观察使，右牙指挥使徐温暗暗地对他道：“吴王病重，反使嫡子外任，此必奸臣之谋，以后若有人召还您，一定留心，召人如不是我的使者，请切勿应命。”

杨渥到任不到一月，杨行密病重，命判官周隐作书召杨渥，周隐乘机向杨行密建议，杨渥幼弱难理军务，请以大将刘威代主军政。徐温得知此事，大为吃惊，急急赶到周隐住所，取出召杨渥回扬州的符命，派人奔赴宣州，杨渥见徐温使者，便遵命回到扬州，徐温马上建议杨行密任杨渥为淮南留后，造成继承杨行密节度使一职的既成事实，断绝了刘威想代主淮南军务的念头。

杨行密死后，杨渥继立为淮南节度使、东道诸道行营都统，兼侍中，弘农郡王。此时的淮南，外有强敌，内有悍将，局势并不如意。朱温在

北，楚马殷、江西钟传在南，两浙钱镠在东，军权被几员大将分别掌握，杨渥能直接指挥的只有守卫节度使牙城的数千亲军。杨行密生前，曾对两浙进行了一系列战争，取得了睦、衢、婺等州，但在他病重时，钱镠即开始反攻，杨渥继任的第二个月，睦州告急，天祐三年（906 年）正月，宣州观察使、大将王茂章又投奔了钱氏，睦州、婺州连连失守。四月，钟传病死，手下将佐立其子钟匡时为留后，但钟传的养子、握有重兵的江州（治今江西九江）刺史钟延规十分不满，遣使向淮南投降。杨渥命升州刺史秦裴为西南行营都招讨使，率兵进取洪州（今江西南昌市，为镇南节度使的治所），在钟延规的配合下，九月便攻下州城，大掠三日，杨渥自兼镇南节度使。

灭掉了江西钟氏，杨渥的自信心陡然上涨，骄奢狂妄，不把诸将佐放在眼中。他终日在牙城内宴乐，或单骑出游，随从左奔右走，难以找到他。左、右牙指挥使张颢、徐温稍一规劝，他便大骂不止，并说："你们若认为我无能，为什么不杀掉我，你们来作节度使。"二人见他如此说，心中十分担心、疑惧，密谋废掉杨渥，另立新主。

杨渥挑选壮士，号称"东院马军"，广泛安置亲信为将领官吏；所任命的人仗势骄傲专横，欺凌蔑视功臣旧人。张颢、徐温暗中谋划发动叛乱。杨渥父亲杨行密在世的时候，有数千名亲军驻扎在节度使所居的牙城之内，杨渥把他们迁出在外，用腾出的空地作为骑射的场地，张颢、徐温因此没有忌惮了。

杨渥镇守宣州的时候，命令指挥使朱思勍、范思从、陈璠率领亲兵 3000 人；等到继位以后，召回广陵。张颢、徐温让朱思勍等三位将领跟随秦裴攻打江西，因此防守洪州，又诬陷三将图谋叛变，派别将陈祐前去杀他们。陈祐从偏僻小路兼程前进，六天到达洪州，穿着平民衣服、怀揣短兵器直接进入秦裴帐中。秦裴大惊，陈祐告诉他缘故，于是召朱思勍等饮酒，陈祐数说朱思勍等的罪状，把他逮捕斩首。杨渥听说三将被杀，更加忌恨张颢、徐温，想要杀死他们。

天祐四年（907 年）正月初九日，杨渥早晨处理事务，张颢、徐温率领 200 牙兵，手执刀剑直入庭中，杨渥说:“你们真的要杀我吗?”张颢、徐温回答说:“不敢这样做，想要杀您左右扰乱政事的人罢了!”于是数说杨渥的亲信 10 余人的罪状，将他们拖下去用铁檛（古代盛润滑车轴油膏的器皿）打死。称之为“兵谏”。诸将当中不与张颢、徐温同心合力的，二人逐渐设法将其处死，于是军政大权全归二人，杨渥不能控制。

淮南左牙指挥使张颢与右牙指挥使徐温专断军政事务，杨渥心中不平，想要除掉他们却不能。张颢、徐温自感不安，共同策划杀死杨渥，瓜分南吴国土来向后梁称臣投降。

天祐五年（908 年）五月，徐温、张颢经过密谋，在扬州由张颢出面，派将领纪祥等手持兵器闯入杨渥寝宫，坦率地对杨渥说:“奉命来杀你!”杨渥忙说:“你们如果能反正，去杀掉徐温、张颢，我就各封你们为刺史。”众人听了都心动，只有纪祥不答应，并且举刀砍去，杨渥中刀倒地。纪祥见他还没有断气，又用绳索将他活活勒死，对外则宣称杨渥暴病而死。时年 23 岁，谥号景王。杨渥的弟弟杨溥称帝后，追谥杨渥为景皇帝，庙号烈宗，陵号绍陵。

三、权臣把政若傀儡，改元称王郁郁终

吴宣帝杨隆演（897—920 年），字鸿源，初名杨瀛，又名杨渭，庐州合肥（今安徽长丰）人。吴太祖杨行密次子，吴烈祖杨渥同母弟，母夫人史氏。南吴第三位国君。

天祐五年（908 年）五月，张颢、徐温合谋害死杨渥后，两人间又产生了不可调和的矛盾。张颢积极活动，自己要作淮南节度使，继承杨渥的位子，徐温不同意，与门客严可求密谋推立杨隆演。

杨渥死后第四天，张颢在牙城密布士卒，召诸将前来议事，士卒夹道

五代彩绘武士俑

列剑戟，剑拔弩张，张颢在庭中居中而坐，诸将只许只身入内，张颢想用这一方式强迫众将推他作淮南节度使。众将到齐后，张颢厉声问道：“谁当继位？”诸将不敢对答，张颢连问三遍，一次比一次威风。这时，严可求走上前，悄悄对他说：“军府至大，必须要由您主持，不过，陶雅、刘威、李遇诸将，与您一样都是先王的36将之一，如果您自立为淮南节度使，他们能屈膝侍奉吗？不如辅立隆演，您居中执政为便。”一席话，说得张颢心神不定，拿不定主意，严可求乘机取出早已准备好的杨行密夫人史氏的一份教令，率诸将跪下听读。史氏教令要求诸将拥立杨隆演，不要背负杨氏，行不义之事。诸将纷纷表示遵令。杨隆演就是这样作了淮南节度使，弘农郡王。

此事之后，张颢与徐温更是不能相容。张颢请杨隆演派徐温为浙西观察使，想使他离开扬州，徐温毫不示弱，拒不赴任。徐温趁诸将朝集于牙城时，选30壮士冲入牙堂，斩杀张颢，并宣称张颢是杀害先君杨渥的祸魁，与此同时，把纪祥等四人一道捉来斩首。

杀掉张颢，徐温成了诸将中势力最强的一位人物，杨隆演任命他为左、右牙都指挥使，掌握了淮南实权。

徐温执掌淮南军政后，注意安定内部，建立法度，发展农业生产，与周边诸国保持稳定关系，没有发生大规模的战争；不过，对淮南的内部，他控制得却是越来越紧，杨隆演实际上被逐渐架空。天祐六年（909年）三月，徐温看到淮南水兵集中于金陵（今江苏南京市），金陵又是淮南的要冲之地，自己请求兼领升州（治金陵）刺史，派养子徐知诰为升州防遏使兼楼船军使，驻守金陵。

徐温专权，杨行密时代的一些与徐温同代的宿将渐渐不满，宣州观察使李遇、镇南节度刘威、歙州观察使陶雅等人尤为激愤，徐温采取了各个击破、恩威并施的手法，先罢去李遇观察使一职，李遇不服，徐温派兵围攻宣州，杀掉李遇及其一族。李遇败亡后，陶雅、刘威到扬州请罪，徐温对他们十分恭敬，封官晋爵后，遣回原镇守地。

天祐九年（912 年），徐温与诸将拥杨隆演为吴王，自己为镇海节度，同平章事。不久，徐温又要求吴王任自己为管内水陆马步诸军都指挥使，守侍中、齐国公，镇润州，以升、润、常、宣、歙、池六州为齐国之地。徐温以为自己对淮南的控制已十分稳固，留其子徐知训居扬州秉政，自己居润州（今江苏镇江市）。第二年，徐温移镇升州，派原居于升州的养子徐知诰守润州。

徐温离开扬州后，徐知训在扬州胡作非为，经常凌辱宿将朱瑾，对吴王更是随意调笑，每遇节庆良日，王府欢宴，他便令吴王与他一道扮装演戏，自己饰主人，吴王饰奴仆。在外出游乐时，也往往令吴王相随，动不动便大骂一通，吴王常常泪流满面。

天祐十五年（918 年）六月，朱瑾率众袭杀徐知训，提着首级向吴王报告，但吴王惊骇不堪，用手捂着脸奔入内府。朱瑾在徐知训亲兵的围攻下，自刎而死。驻守润州的徐知诰闻讯，率兵渡江，进入扬州城，安定了局面。徐温命徐知诰代徐知训秉政。

徐知诰秉政，对吴王客气了许多，他深知这是得人心的第一步。平日也注重任用文人，杜绝请托，“虽宿将悍夫无不悦服”。

武义元年（919 年），徐温拥立吴王为吴国王，改元，设百官，徐温为大丞相都督中外军事，诸道都统，镇海、宁国节度使、守太尉兼中书令，东海郡王，徐知诰为左仆射、参政事兼知内外诸军事。

杨隆演少年即位，政权掌握在徐氏手中，等到称王建国后，不是他的本意，经常郁郁不乐，酣饮解闷，又很少吃饭，慢慢就卧床生病。武义二年（920 年）五月二十八日，杨隆演去世，时年 24 岁，谥号宣王。其弟杨溥继立，僭号称帝，追尊杨隆演庙号高祖，谥号宣皇帝（《旧五代史》作惠皇帝），葬于肃陵。

四、强称帝为人作嫁，囚丹杨杨溥被害

吴睿帝杨溥（900—938 年），庐州合肥（今安徽长丰）人。吴太祖杨行密四子，吴烈祖杨渥、吴高祖杨隆演之弟。南吴末代皇帝。

武义二年（920 年）五月二十八日，杨隆演去世，按次序杨隆演的弟弟庐江公杨濛应当即位，但徐温专政，不想立年龄大的为君，于是拥立杨溥继任吴王。六月十八日，杨溥即位，尊母亲王氏为太妃。七月，改升州大都督府为金陵府，拜徐温为金陵尹。

顺义元年（921 年）二月，改年号为顺义，赦免境内。同年十一月，在南郊祭天。驾临天兴楼，大赦。拜徐温为太师，严可求为右仆射。

自武义二年五月，代病死的兄长杨隆演为吴国王之日起，杨溥就是一个地道的傀儡。当时，徐温居金陵（今江苏南京），遥控大权；徐温养子徐知诰坐镇吴王所在的扬州，处理军政庶务；徐温的另一个儿子徐知询则在金陵襄助父亲。

杨溥既然无法过问政务，其主要活动就是主持重要仪典，其他时间多在宫中、宫外四处游乐。徐温委派亲信翟虔为阍门、宫城、武备等使，监察吴王的一举一动。翟虔自恃与徐温的关系，时常凌辱吴王及其家人，并要吴王为他父亲避讳。翟虔之父名翟雨，翟虔不许吴王说雨字。顺义四年（924 年）冬，在吴王的多次要求下，翟虔才报请徐温许吴王到白沙观看楼船。十一月，吴王来到杨子县南的白沙镇，文臣们请改镇名为迎銮镇。徐温也自金陵赶来朝见。吴王在与徐温谈话时，故意将雨说成水。徐温询问

缘由，吴王道:“雨是翟虔父名，我避讳已成习惯。”古人避讳只是为尊者讳、为长者讳，翟虔要吴王为他父亲避讳是属于大逆不道。徐温当即向吴王请罪，吴王缓缓地对徐温说:“公之忠诚，我已尽知，不过，翟虔在此实在无礼，宫中及宗室所求多不能满足。”徐温表示要斩翟虔，吴王又说:“斩首又太过分，可以迁到远处。”徐温将翟虔流放到抚州。

此事过后，徐温对吴王外松内紧，防范更严。乾贞元年（927年）冬，徐温计划至扬州，劝吴王称帝，这样既可以同时提高自己的地位，又可以在以后禅让中直接取得帝位。还未出发，徐温就病死在金陵。临死，令自己的儿子徐知询前去劝进。徐知询听到凶讯，马上又回到金陵，代父镇守，并召知诰奔丧，徐知诰称吴王不许，不肯前往。十一月，徐知询入朝，徐知诰将他扣在扬州。这样，徐知诰独掌了吴国大权。接着，吴王被加尊号为睿圣文明光孝皇帝，徐知诰也以中书令，都督中外诸军事。

大和四年（932年），徐知诰向吴王上表，自称辅政日久，要告老回返金陵，留其子徐景通为司徒、同平章事，知中外左右诸军事，继续辅政，他在金陵充当起当年徐温的角色。次年五月，徐知诰开始在金陵营造宫殿，准备将吴王迁到金陵。吴王不肯前来，大臣们也多不愿离开扬州。

此计不成，徐知诰干脆直接让吴王封自己为齐王，割升州等十州地为齐国，以金陵为西都，设置百官，金陵成为吴国实际上的首都。

天祚二年（936年）十二月，徐知诰使诸将先至扬州，称颂其功德，要吴王传位徐知诰，又由扬州赶往金陵劝进，吴王感慨地说:“吴国命运要终结了！”左右侍从劝道:“此天意，非人事也。”

次年八月，吴王被迫下诏禅位齐王徐知诰，并将玉玺送往金陵，十月，徐知诰遣使者到扬州，自称“受禅老臣”，为吴王上尊号为“高尚思玄弘古让皇帝”，向吴王保证“宫室、乘舆、服御皆如故”。

昇元二年（838年），吴王被迁到润州（今江苏镇江）丹杨宫，徐知诰专门委派丹杨宫使，率重兵看守。这年十一月，吴王正在楼上诵读佛经，

徐知诰派人前来刺杀，吴王用香炉掷击来人，但还是被害。时年 38 岁，追谥睿皇帝，葬平陵。其亲属被迁到泰州集中看管，后全部被杀。

五、翻云覆雨掌大权，软硬兼施奠基业

徐温（862—927 年），字敦美，海州朐山（今江苏连云港西南）人。五代十国时期吴国大臣，南唐烈祖徐知诰（李昪）的养父。

徐温年轻时以贩盐而为强盗。杨行密在合肥起兵时，徐温隶属其帐下，与杨行密共同起事的刘威、陶雅等人，号称三十六英雄，但唯独徐温未曾有战功。

天复二年（902 年）六月，杨行密发兵讨伐朱温，以副使李承嗣暂时主持淮南节度使府中事务。军吏想要用大船运送军粮，时任都知兵马使的徐温说："运路很久没有通行，芦苇堵塞，请用小艇，也许容易通行。"军队到达宿州，适逢久雨不停，载重的大船不能前进，兵士面有饥色，然而小艇先到。杨行密因此认为徐温才能出众，开始与他商议军事。

天复三年（903 年）八月二十五日，杨行密派润州行营招讨使王茂章攻打安仁义，没有攻克，于是派徐温率兵会同攻击。徐温改换所率军队的衣服旗帜，都像王茂章的军队，安仁义不知道对方增加军队，再次出战，徐温奋力攻击，把安仁义打败。同年九月，杨行密要诛杀朱延寿等人，徐温采纳其门客严可求的计策，让杨行密假装眼睛有病，事情成功之后，徐温因功升任右衙指挥使（一作右牙都指挥使），开始参与谋议。

天祐元年（904 年）八月，宣州观察使台濛去世，杨行密任命其子牙内诸军使杨渥为宣州观察使。徐温对杨渥说："吴王卧病，而令嫡子出藩，这一定是奸臣的阴谋。他日召您回来，不是我派遣的使者及吴王的令书，千万不要立即回来！"杨渥哭着道谢而上路。

天祐二年（905 年），杨行密病重，平生的旧将都在外作战或防守，只有徐温一人在内，于是参与拥立杨渥之事。同年十一月，杨行密去世，杨

渥继位。

天祐四年（907 年），徐温与左牙指挥使张颢发动政变，共掌军政，杨氏大权旁落。天祐五年（908 年），徐温与张颢弑杀杨渥，不久与张颢有矛盾，派钟泰章袭杀张颢。钟泰章同意后，挑选 30 名壮士，宰牛烹羊，刺血立誓。徐温还是怀疑钟泰章不果断，半夜派人试探钟泰章的意图，佯装对钟泰章说："徐温上有老母，害怕事情不成功，不如暂且中止。"钟泰章说："话已经说出口，难道还可以停止吗？"徐温于是放下心来。第二天，钟泰章刺杀张颢，徐温趁机将纪祥等人全部杀掉，并把弑杀杨渥之罪嫁祸给张颢，将这些事禀告杨渥的母亲史氏。史氏胆战心惊地哭着说："我儿子年龄小，居然遭到这样的祸乱，若能保护我们全家归还合肥，就是你的大恩大德。"

徐温杀张颢之后，拥立杨行密次子杨隆演继位。从此徐温一人独揽大权，后逐步翦除杨氏旧将势力。徐温拥立杨隆演后，升任升州刺史，并在金陵训练水师。大将李遇对徐温的专权很愤怒，说出不恭敬的话，徐温派柴再用在宣州诛杀李遇。杨行密的旧将人人自危，徐温假装卑下，见到这些人如同见到杨行密，恭谨备至，诸将方才放心。

天祐八年（911 年），徐温升任行军司马、润州刺史、镇海军节度使、同平章事。天祐十年（913 年），派遣招讨使李涛进攻吴越，会战杭州，副将曹筠投降吴越军，李涛战败被俘。徐温暗中派人对曹筠说："我用你为将，你军有所求，我没有给你，这是我的过错。"并赦免曹筠的妻子儿女，不仅不杀，还厚待他们。同年秋天，吴越进攻毗陵，徐温与之战于无锡，曹筠被徐温以前的话所感动，临战奔归徐温，于是打败吴越军。

天祐十二年（915 年），徐温受封齐国公，兼任两浙招讨使，开始镇领润州（今江苏镇江），以升、润、宣、常、池、黄六州为齐国。徐温居住升州，设立大都督府。天祐十四年（917 年），徐温迁治金陵，以其子徐知训在广陵辅佐杨隆演，但大事都是徐温遥为决定。徐知训被朱瑾杀死，徐温的养子徐知诰（李昪）从润州先入广陵，得专政事。

徐温虽然奸诈多疑，但善于任用将吏。天祐十五年（918 年），江西刘信围攻虔州，久攻不下，派人劝说守将谭全播出降，又派使将此事上报徐温，徐温发怒说：“刘信以十倍于敌之众，攻不下一城，反而派人劝降，凭什么威震敌国呢？”并笞打使者，说：“我这是笞打刘信。”使者被遣回。又令增派军队，于是攻破谭全播。有人诬陷刘信逗留，私下放走谭全播，并说刘信要谋反。刘信听到这些话后，亲自到金陵见徐温，报告战绩，徐温与刘信赌博，刘信拿起骰子高声祈祝说：“刘信若要背叛吴国，愿为恶彩，如果没有二心，一定是浑花。”徐温赶忙阻止。刘信一掷，六个骰子都是红面，徐温很羞愧，亲自斟酒给刘信喝，但始终对刘信有疑心。等到后唐进攻前蜀时，徐温急忙将刘信召到广陵，任为左统军，假托在国内防备敌军，实际上剥夺刘信的守地。

徐温的门客众多，其中最受信任的只有骆知祥、严可求二人。严可求擅长出谋划策，骆知祥擅长聚财兴利。军旅之事，徐温经常询问严可求，国家财用，则经常请教骆知祥，吴国人称之为“严骆”。徐温也高兴自己被认为有智谋，特别赢得吴国民心。起初徐温跟随杨行密击败赵锽时，其他将领都争抢金帛财物，唯独徐温占据余留的粮仓，煮粥给饥饿者吃。

徐　温

徐温是个成功的权臣，他维系了杨吴政权的稳定，也为南唐政权奠定了基石。

出身贫寒的徐温，对于乱世求生的百姓充满同情，曾经为百姓做过四件实事：

其一是分发救命粮。当年徐温曾随杨行密攻打宣州，破城后，诸将都拼命抢掠宝货，只有他带兵占据粮库，取出粮食煮粥分给城中饥饿已极的百姓，活人无数，时人争相点赞。

其二是派送暖身衣。徐温母亲去世时，将士们做了很多偶人前往坟前祭奠。此时，徐温权势日重，人们为了交好他，特意给偶人制作了精美的服饰。这些华服用过后都会烧掉的，徐温却不同意这样做，对众人说：这么好的衣服全是百姓辛苦织就，与其将它烧掉，不如祭祀后脱下来分给衣不蔽体的百姓。他相信，这样做母亲泉下有知也会同意的。

其三是实施清正令。徐温虽然大字不识几个，但每次处理政事时都要让僚属帮他详解相关文件，然后，据此作出判断，处理的结果大抵合情合理。徐温曾对属下们说，现在国家粗安，我们应实行清明公道的政令，好让百姓睡个安稳觉。

其四是不做糊涂人。某位将军酒后对徐温的奖赏表示严重不满，结果他的满腹牢骚被人报告给了徐温。打小报告的人建议，把将军处死免得日后图谋不轨。哪知徐温听说后，却没有像其他权臣那样，宁可信其有不可信其无，稀里糊涂地把将军杀掉，而是主动背锅，承认失察的错误，并迅速把将军提升为刺史。

作为权力顶峰的角逐者，徐温的“温情”着实让人感动，也为徐氏代杨铺平了道路。天祐十六年（919 年），徐温呈请杨隆演即皇帝位，杨隆演不许。又请即吴王位，杨隆演才接受。于是建国改元，任命徐温为大丞相、都督内外诸军事，封东海郡王。武义二年（920 年），杨隆演死后，徐温放弃了对自己不满的杨行密三子的拥立，改立四子杨溥。他让自己的儿子在朝辅政，自己出镇强藩，遥制朝廷。可惜，徐温的亲子们都不给力，倒是他的养子李昪（徐知诰）成为众望所归。

顺义七年（927 年），徐温请杨溥即皇帝位，杨溥尚未同意，他即病死，时年 66 岁。追封齐王，谥号武。其养子徐知诰建立南唐后，追谥徐温为忠武皇帝，庙号太祖。徐知诰恢复原姓，改名李昪后，再改庙号为义祖。

第四章 南唐风云

吴自杨隆演嗣位后，大将徐温独掌大权。后梁贞明四年（918 年）起，徐温养子徐知诰开始掌管杨氏政权，他选用人才，作了一些改革，收取人心，有步骤地取代杨氏。吴天祚三年（937 年）徐知诰废吴帝杨溥，自称皇帝，国号大齐，年号昇元。次年，改姓名为李昪，改国号为唐，史称南唐。

南唐（937—975 年），都金陵（今江苏南京），称江宁府，后迁都南昌。盛时疆域 35 州，约为今江西全省及安徽、江苏、福建、湖北等省的一部分，是十国中版图最大的。开宝八年（975 年），宋军攻陷金陵，李煜被俘，南唐亡。历 3 主，前后约 39 年。

一、李昪掌权镇金陵，吴主禅位齐改唐

李昪（889—943 年），原名徐知诰，字正伦，小字彭奴，徐州彭城（今江苏徐州）人。五代十国时期吴国大将徐温养子。五代十国时期南唐的建立者。

李昪出身微贱，自幼便在濠州（今安徽凤阳）、泗州（今安徽泗县）一带流浪，6 岁时，父亲李荣即在战乱中不知所踪，由伯父李球带到濠州。不久母亲刘氏卒，浪迹濠州开元寺。

乾宁二年（895 年），吴太祖杨行密攻打濠州，得到了彭奴，将其收为养子。但是，杨行密的儿子们却不能容纳彭奴。杨行密只得将彭奴交给部

将徐温抚养，取名徐知诰。徐温的妻子也姓李，她更是把徐知诰看作有如自己所亲生，悉心抚养。

徐知诰长大后，身长七尺，方额隆准，修上短下，声如洪钟，喜好读书，善于骑射，杨行密常称赞道：“徐知诰是个俊杰，众将的儿子中没人比得上他。”徐知诰 20 岁那年，徐温为他聘王氏为妻，王氏很贤惠。养父有病，小两口总是自晨至夜侍候在旁，衣不解带，悉心照料。

徐知诰荫养父之恩而逐渐发迹，年稍长即任职杨氏幕府，成为统兵的牙将。随着徐温权势的扩展，徐知诰也步步高升，22 岁时已任元从指挥使。由于养父执吴大政，徐知诰也官运亨通，升迁得很快。天祐六年（909 年），徐温将他迁为升州防遏使兼楼船军使，命其在升州编练水军。第二年，徐知诰又任升州副使州事。至天祐九年（912 年），徐知诰参加了讨平宣州的战斗，又以功迁任升州刺史，掌握了一州的军事和行政。任内五年，他进行了一系列的改革。徐知诰在州安辑流民，组织农业生产，减轻农户的赋税负担；又澄清吏治，罢免贪污受贿的地方官吏，使地方政治大为好转。他还广举文事，搜求遗书，招延宾客，倾身下士，在自己周围会集了一批人才，如马仁裕、周宗、曹悰等，都成为忠心于他的亲信，协助他做好各种军政事务。

徐温听说养子徐知诰在升州政绩斐然，十分高兴，就在宣帝杨隆演面前大讲好话。天祐十一年（914 年），加徐知诰官为检校司徒，成为吴国的重臣。这一年，徐知浩才 26 岁。

徐温在江淮执政的时间很长，他拥立杨隆演为吴王，自己任大丞相，都督内外诸军事，封东海郡王，拥重兵居于金陵（今南京市）。又命长子徐知训驻广陵（今扬州市），监督杨隆演，养子徐知诰为润州（今镇江市）团练使，加检校太保，以控扼江南。

天祐十五年（918 年），广陵作乱，徐知诰在润州得到来自扬州的马仁裕的报告，急忙率兵赶到广陵平乱，安定秩序。于是，遂代徐知训执吴之大政。这时，徐温尚在金陵，他对自己亲生子徐知训的作为深为痛惜，对养子徐知诰的举动深为赞许，于是就承认了徐知诰为自己的继承人。

李 昪

徐知诰在广陵执政也的确比徐知训搞得好得多。他常派人下去察视民间疾苦，有穷得揭不开锅的，往往周济粮米。于是上自吴主杨隆演，下至巷里百姓，都对徐知诰十分满意。虽然徐温在金陵遥控大权，但吴人早已归心于徐知诰了。

次年（919 年），徐温、徐知诰父子拥立杨隆演为大吴国王，改元武义，置百官、宗庙、社稷、宫殿、文武，皆用天子礼。杨隆演拜徐知诰为左仆射，参知政事，当时人称为政事仆射，即宰相。

徐知诰在处理与徐温的关系上也更加注意，虽然徐温承认了自己的宰相地位，但他并不因此掉以轻心，而是对徐温更加极尽孝道。在当时形势下，徐温要废掉杨隆演自己来当皇帝是用不着费吹灰之力的。徐知诰给养父戴上一顶忠臣的高帽子，拖延了徐温夺取皇位的时间，而他自己却可以广揽人才，积蓄力量，在权力的台阶上步步高升。

武义三年（921 年），吴主杨隆演死，徐知诰又拥立杨隆演的弟弟杨溥为吴王。927 年（顺义七年），徐温在行军司马徐玠的劝说下，派次子徐知询到广陵，准备让他代替徐知诰执掌朝政。徐知诰听到消息，十分害怕，上表乞求出镇江西。不久，徐温病死，徐知询接任金陵节度使、诸道副都统，数次与徐知诰争权。徐知诰诱骗徐知询入朝，留任左统军，褫夺了他的兵权。

同年十一月，吴王杨溥僭号称帝，改元乾贞，任命徐知诰为太尉、中书令、都督中外诸军事，封浔阳公，又改封豫章公。

932年（大和四年），徐知诰担任镇海、宁国节度使，出镇金陵，并沿用当年徐温的做法，任命儿子李景通为司徒、同平章事、知中外左右诸军事，将他留在广陵辅理朝政。933年（大和五年），徐知诰被封为东海郡王。

935年（天祚元年），南吴加封徐知诰为尚父、太师、大丞相、大元帅、齐王，并将升州、润州等十州之地划为齐国。徐知诰推掉尚父、丞相之职，并在次年开设大元帅府，设置官员。这时，闽国、南汉等国都遣使者前来，劝徐知诰称帝。

天祚三年（937）十月，徐知诰自感年事渐高，觉得唾手可得的皇位不能让给他人，于是急于禅代。他迫令吴主杨溥禅位于己，改吴天祚三年为昇元元年，称帝，建国号为大齐。追尊养父徐温为“太祖武皇帝”，尊养母李氏为“明德皇后”。又尊禅位的吴主杨溥为“高尚思玄弘古让皇帝”，上册则称“受禅老臣”。降吴太子杨琏为弘农郡公，立自己的正妻宋氏为皇后。于是，一个新王朝在江淮大地建立了。昇元二年（938）九月，大臣太府卿赵可封上奏请求徐知诰恢复李姓，立唐宗庙。为求得内部稳定，徐知诰没有答应，于是徐姓大齐王朝才先后存在了3年。

昇元三年（939年）正月，徐温之子江王徐知证、饶王徐知谔带头上表请求知诰恢复李姓，宰相宋齐丘、枢密使周宗等也上表请复李姓。二月，改国号为大唐，史称“南唐”。他自称唐室后裔，为了与唐朝宗室联挂上，命群臣考证他的祖先出处。最后“确定”为唐太宗的儿子吴王恪的十世孙。于是续修谱，俨然大唐皇统的继承者。又改徐温庙号曰“义祖”，以示与自己的皇统有别。太庙配享乃以唐高祖、唐太宗、吴王恪、义祖顺次排列，既祭李氏，又祭徐氏。他又让大臣给他改名字，最后，好不容易找到了一个“昪”字，于是改名李昪。这年他51岁。

南唐烈祖李昪当了3年齐皇帝，加上四年南唐皇帝，共当了7年皇帝，

再加上在吴执政的时间，任江淮小王国最高统治者达十数年。李昪在位执政期间，一贯采取保境息民的政策。由于不轻衅战争，境内安定，李昪把精力用于整顿内部，进行了一些政治和经济改革。当时南唐地大物博，兵力较强。李昪在整军修甲的同时，特别注意奖励农桑。为了增加劳动人手。减少冗食，他不准境内滥度僧尼，虽然他自己雅信佛教，却不准寺院势力过度发展。他还大量吸收四方流民。于是，在李昪主政的十数年间，境内户口增多，财用充足。李昪死时，光宫库就存有值700万缗的军器、金帛等物资。

由于李昪以身作则，在他治内，南唐的政治十分清明，国势也日益强盛，文化事业也逐渐发展起来了，南唐逐渐发展成为当时中国经济文化最为先进的地区。

李昪晚年崇尚道术，因服用丹药中毒，个性变得暴躁易怒。昪元七年（943年）二月，李昪背上生疮，不久病情恶化，于当月二十二日在升元殿去世，终年56岁，遗命齐王李璟监国。同年三月，李璟继位，是为南唐元宗。十一月，李昪被安葬于永陵，上谥号为光文肃武孝高皇帝，庙号烈祖。

二、兴兵扩土奢无度，失土迁都玉笙寒

唐元宗李璟（916—961年），初名景通，曾更名瑶，字伯玉。徐州（今江苏徐州）人。唐烈祖李昪长子。南唐第二位皇帝，于943年嗣位。后因受到后周威胁，削去帝号，改称国主，史称南唐中主。

李璟初任驾部郎中，后累次升迁至诸卫大将军。徐温死后，李昪专政，以李璟为兵部尚书、参知政事。天祚元年（935年），李昪受封齐王，立李璟为王太子。

天祚二年（936年），李昪镇守金陵（今南京），留下李璟为司徒、同平章事，与宋齐丘、王令谋在广陵，共同辅佐南吴睿帝杨溥。李昪要篡位时，召李璟回到金陵为副都统。昪元元年（937年），李昪废黜杨溥，自立

为帝，建立南唐，封李璟为吴王，后徙封为齐王。昇元四年（940 年）八月，李璟被立为皇太子。

昇元七年（943 年），李昪去世，李璟继位，改年号为保大。尊奉其母宋氏为皇太后，妃钟氏为皇后。封弟寿王李景遂为燕王，宣城王李景达为鄂王，李景逷以前没有封王，此时封为保宁王。同年秋天，改封李景遂为齐王、诸道兵马元帅、太尉、中书令，李景达为燕王、副元帅，在李昪灵柩前立盟，相约兄弟世世继立。封其子李弘冀为南昌王、江都尹。

李璟以冯延巳、常梦锡为翰林学士，冯延鲁为中书舍人，陈觉为枢密使，魏岑、查文徽为副使。常梦锡值班宣政殿，专门掌管密令，而冯延巳等人都以奸佞专权，南唐人称之为“五鬼”。常梦锡屡次上言这五人不能用，李璟不采纳。十二月，李璟下令中外庶政委托给齐王李景遂参与决断，只有陈觉、查文徽得以奏事，群臣不被召见者，不得入内。给事中萧俨上疏直言极谏，不被上报。侍卫军都虞候贾崇到内室求见李璟，说：“臣侍奉先帝三十年，知道先帝所以成就功业的原因，在于都用群贤的谋议，所以连接疏远，未曾阻隔，但是下情还有不能上达的。现在陛下新近即位，所信用的是什么人呢？为什么立即与臣下隔绝？百年老将死，恐怕不能再见你一面。”于是哭泣泪下，李璟为之感动，引他同坐，赐饭安慰，于是停止所发的命令。

保大二年（944 年）二月，闽国连重遇、朱文进弑杀其君王延羲，朱文进自立为君。这时，王延羲的弟弟王延政也在建州自立，国号殷。王氏兄弟互相征伐，连年用兵，导致闽国大乱，李璟乘乱派查文徽及待诏臧循发兵攻打建州。王延政听说南唐要进攻，派人欺骗福州守将说：“南唐军帮助我征讨逆贼。”福州百姓守将听信他的话，于保大三年（945 年），共同杀死朱文进等人而降王延政，王延政恢复国号为“大闽”，派侄子王继昌镇守福州。查文徽屯兵建阳，福州守将李仁达杀王继昌自称留后，泉州守将留从效也杀刺史黄绍颇，并送钱物给查文徽。

李 璟

保大四年（946年）八月，查文徽乘胜攻克建、汀、泉、漳四州，王延政战败，闽国灭亡。李璟分出延平、剑浦、富沙三县，设置剑州，迁王延政家族到金陵。以王延政为饶州节度使、李仁达为福州节度使、留从效为清源军节度使。

南唐虽灭闽国，但并未完全统治闽地，残余势力仍在。李璟灭闽国后想撤兵，而查文徽、陈觉等都说："李仁达等余孽还在，不如乘胜全部攻取。"陈觉自己说可以不用一兵一卒就能招来李仁达等人。李璟以陈觉为宣谕使，召李仁达到金陵朝见，李仁达不从命。陈觉很惭愧，回到建州，假托李璟之命发汀、建、信、抚州军队进攻李仁达。当时魏岑安抚漳、泉二州，听说陈觉起兵，也擅自发兵会合陈觉。李璟大怒，冯延巳等进言："军队已经行动，不能阻止。"于是以王崇文为招讨使、王建封为副使，增兵会合陈觉、魏岑，以冯延鲁、魏岑、陈觉为监军使。

李仁达送钱物给吴越，吴越以兵3万响应李仁达。陈觉等人争功，进退不相呼应，冯延鲁与吴越军队先战，大败而逃，各军都溃败而归。李璟很生气，派使者锁拿陈觉、冯延鲁到金陵。而冯延巳正当宰相，宋齐丘又从九华山召为太傅，都为他们说情，于是流放陈觉到蕲州、冯延鲁到舒州。韩熙载上书直言极谏，请杀陈觉等人，宋齐丘很憎恨，贬韩熙载为和州司马。同年，契丹攻陷京师，中原无主，而李璟正因陈觉等疲兵东南，无暇北顾。御史中丞江文蔚奏劾宰相冯延巳、谏议大夫魏岑乱政，与陈觉等同罪而不被贬黜，言辞很恳切直率。李璟大怒，自己回答江文蔚的奏疏，贬他为江州司士参军，也罢冯延巳为少傅、魏岑为太子洗马。

保大五年（947 年），李璟以弟李景遂为皇太弟，李景达为元帅，封齐王；以子南昌王李弘冀为副元帅，封燕王。时契丹派使来访，以兵部尚书贾潭回访。

保大六年（948 年），后汉李守贞反叛于河中，派其客将朱元前来求援，李璟以润州节度使李金全为北面行营招抚使，出兵攻沭阳，听说李守贞已失败，于是回师。当时，后汉隐帝刘承祐年幼，中原衰弱，淮北群盗大多送钱物给李璟，李璟派皇甫晖出海、泗各州招纳他们。

保大八年（950 年），福州造谣说：“吴越守军叛乱，杀李仁达而逃。”派人请建州节度使查文徽，查文徽与剑州刺史陈诲坐船从闽江前往应付。福州以兵出迎。陈诲说：“闽人多诈难信，应该驻兵江岸慢慢图谋。”查文徽说：“时间久了就会发生变故，乘他们尚未安定，赶快攻取。”留陈诲驻屯江口，自己进到西门，伏兵突发，查文徽被擒。陈诲与越人作战，大败他们，俘获将领马先进。李璟送还马先进给越，越也归还查文徽给李璟。同年，南楚君主马希广为其弟马希萼弑杀，马希萼自立。

保大九年（951 年）秋，楚人囚禁马希萼于衡山，立其弟马希崇，依附李璟，南楚大乱。李璟派信州刺史边镐攻打南楚，攻破南楚都城潭州（今湖南长沙），南楚灭亡。李璟将马氏家族全部迁到金陵，以马希萼为洪州节度使，马希崇为舒州节度使，以边镐为湖南节度使。

保大十年（952 年），分出洪州高安、清江、万载、上高四县，设置筠州。以冯延巳、孙忌为左右仆射同平章事。南汉皇帝刘晟乘南楚之乱，攻取桂管，李璟派将军张峦出兵争夺，没有攻克。楚地新近平定，府库空虚，宰相冯延巳以攻克南楚为功，不想向南唐收取费用，于是加重南楚百姓的赋敛以给养军队，楚人都怨恨而叛，楚将刘言攻边镐，边镐不能守，逃归南唐。

南唐与后周的战端起于广顺元年（951 年）。时后周初建，镇将慕容彦

《重屏会棋图》

超据兖州反，结辽和南唐为外援。李璟先前失去了北伐的好机会，这次又想侥幸成功。乃派燕敬权等四将率 5000 兵驻下邳声援。5000 南唐兵和周军一触即溃，燕叔权等四员大将均被俘虏，慕容彦超也被铲平。后周太祖郭威把俘虏的南唐兵将全部放还，并赐衣服金帛。

南唐礼亏兵败，只得偿还因兵乱而损失的茶价，向后周赠茶 1.8 万斤，作为答谢。唐周初次交锋，虽然军事上后周的胜利不算太大，但政治上的胜利却更为深远。李璟采取扶植叛乱的冒险策略，又一次使自己陷于被动。后周太祖郭威初立而未暇远略，对南唐采取了高姿态。但这只是暂时的，南唐无统一中国之大志、后周却在着手统一大业。

保大十一年（953 年），金陵发生大火，烧了一个多月，南唐府库损失惨重。第二年（954 年），全国发生大饥荒，人民死亡很多，天灾人祸削弱了南唐的力量。到十三年（955 年）十一月，后周世宗柴荣乘虚而发动了对南唐的大规模南征。柴荣以李谷为淮南道行营前军都部署，先进攻南唐在淮河上的据点寿州（今安徽寿县）。李璟被迫调兵遣将迎敌，但李璟不用国内足以与李谷相匹敌的韩熙载为元帅，却以贪鄙无才略的刘彦贞为神武统军，率军援助寿州镇将刘仁赡。刘彦贞依仗水军优势，企图先进攻后周军在淮水上架起的浮桥，迫使李谷退军。但恰好后周世宗柴荣亲自赶来，派李重进袭击刘彦贞军，当时南唐军行军疲劳，未及吃饭，后周军突然大至，使南唐军手忙脚乱，未及抵抗就四散而逃。结果，南唐军大败，刘彦贞被俘。后周军大举深入，分兵占领了江淮间许多州县。李璟赶忙派牙将王知郎到柴荣处，移唐皇帝奉书，愿效贡赋，对后周以兄事之。柴荣没有理睬，又派兵攻占了南唐更多的州县，南唐许多守将纷纷向后周投降，连李璟的佞臣冯延鲁也被后周军俘虏。李璟更加害怕，又派钟谟、李德明奉表向柴荣称臣，献犒牛 500 头，酒 2000 石，金银和绫罗绸缎成千上万，并提出割让寿、濠、泗、楚、光、海六州以求罢兵。柴荣又不答，并分兵攻占了南唐的东都扬州以及泰州，李璟吓得手足无措，坐立不安。在百般无奈之际，只好遣人怀蜡丸书北走契丹求救，结果又被后周军抓住。到保大十四年（956 年）三月，李璟又派司空孙晟、礼部尚书王崇质奉表请和。后周世宗仍然不答应。钟谟、李德明从后周军中回到南唐，请李璟尽献江山之地，大臣们经过一番争吵，大都认为不可。李璟于是斩李德明，求和不成，只有再打下去。李璟倾全国之力，派弟弟李景达统陈觉、边镐、许文缜率水陆大军 5 万救援寿春。因天热下雨，后周军队自扬州一线主动退兵，集中于寿州城下。退兵时，后周军秋毫无犯而去，江淮人民提壶浆而送。李景达率大军到达寿州城下，筑甬道向城内输粮饷。结果，手下大将朱元因受猜疑忌而率部 1 万投降后周，南唐军全线崩溃，大将边镐、许文缜、陈觉均被俘虏，仅李景达逃得快，乘一叶扁舟回到了金陵。后周军乘胜攻克寿州，接着又攻破楚州，很快就几乎尽得江北诸州，并进军到长江边上，威胁着南唐首都金陵的安全。

在大兵压境、连遭败绩的情况下，李璟不得不同意划长江为界，把还没被后周军占领的江北庐、舒、蕲、春四州献给后周，于是长江以北的全部领土纳入了后周的版图。后周世宗柴荣达到了战略目的，这才同意了南

唐的请和要求，签订了城下之盟。南唐不仅失地，还要赔款，年年要向后周朝贡聘问，南唐已经变成了后周的附属国。盟后，后周释放了钟谟、冯延鲁以及边镐、陈觉、许文缜等南唐大臣将领。唯孙晟被柴荣杀死，当时柴荣问孙晟江南虚实，孙晟默不作答，柴荣大怒，乃杀使者。杀使者在交战双方是不合礼义的暴行，但事后李璟也不敢过问。南唐又遣归国不久的钟谟去汴梁朝觐，李璟亲笔撰表文，卑词称什么“天地父母之恩不可报”，要求后周把自己当藩镇看待，不必称国王，低三下四，丧尽了人格。当然，李璟自认为这是忍辱负重，以保社稷，他没有力量去对抗强大的后周军队，只能搞这样一套了。李璟内心很伤心悲痛，他以长子李弘冀任皇太子，打算退位，把皇位传给儿子，但这也要上书后周，求得后周世宗柴荣的同意。李璟想把南唐这个烂摊子甩给儿子，却也没有获得批准，不久皇太弟李景遂和皇太子李弘冀又相继死于非命。李璟虽然极不愿做皇帝，却也不得不把皇帝做下去。于是改元中兴，把 958 年称为中兴元年，但国家残破，国土损失了近一半,将相大臣上下离心,没有一点中兴的迹象。李璟心灰意懒，不几个月又改年号，称交泰元年。又下令去帝号，称国王，甚至干脆用后周年号，称显德五年。又改自己的名字李璟为李景，以避后周讳，天下仪制皆从降损，其地位与儿皇帝已差不多了。

李璟立次子李从嘉为吴王，居东宫，后又立李从嘉为皇太子，这时金陵已处在后周大军的直接威胁之下，江北即是敌营。李璟与大臣商量，想迁都洪州，群臣都不赞成，但李璟怕遭北边的兵祸，坚决要迁，加上枢密使唐镐又赞成，于是升洪州为南昌（今江西省南昌市），称南都。这时东都扬州早已归于后周，李璟把南昌升为南都，使南唐又有了两个都城。交泰三年（960 年），后周政权已被赵匡胤篡夺，李璟就继续向北宋称臣。于是留太守李从嘉于金陵监国，自己率领群侍诸妃迁往南都。在溯江而上时因遭暴风，龙舟几乎被吹到长江北岸，差点落入北岸宋军手中。三月，李璟丧魂落魄，总算到达了南都。南昌只是一个小城，街道狭窄，宫室盛不下诸多嫔妃，官舍也容不下众多的官僚。于是上下怨望，群心思归，李璟也思念金陵。退朝时，常向北远望叹息，郁郁不乐。没有办法，只好归罪于唐镐，唐镐害怕，给吓死了。于是又商议迁回金陵，但未及行，李璟就病了。吃不下饭，只能喝甘蔗浆。到六月，病转重，他知道自己要死了，乃下遗诏要求留葬南昌的西山，只求薄葬，不用皇帝陵寝。不久就崩于南都长春殿，时年 46 岁。继位的皇太子李从嘉不忍心像一个平民一样埋葬父亲，而是迎梓宫还归金陵，建造了宏大的陵墓。又告哀于北宋，要求以皇帝礼归葬,追复帝号,得到了批准。于是谥李璟曰“明道崇德文宣孝皇帝”，庙号元宗，葬于顺陵。

李璟虽然在政治上庸懦无能，可是他“多才艺，好读书”，“时时作为歌诗，皆出入风骚”。具有很高的文学天赋和修养，是一个著名的帝王词人。

李璟治下的南唐战乱较少，文化事业也较发达。李璟继承父亲篡夺的江山，国势日衰，不得不向后周屈服纳贡，但南唐君臣不图振作，反倒把时间和精力转于宫廷游宴、诗词创作。在他们的创作中，除了宫廷生活的奢华艳情之外，还有一种伤感的浓重色调。

李璟以帝王之尊，创作诗词，他左右的大臣如冯延巳、韩熙载、李建勋、徐铉等在其周围相与讲论文学，形成了一个文学团体，在文学上获得了很高的艺术成就。其中冯延巳的词在当时最受推崇，如为后人熟知的《谒金门》词：“风乍起，吹皱一池春水。闲引鸳鸯香径里，手挼红杏蕊。斗鸡阑干独倚，碧玉搔头斜坠。终日望君君不至，举头闻鹊喜。”虽然内容不脱女人相思之类，描写的是官僚的享乐生活，但作品写得清丽多彩，委婉深情，没有令人发腻的脂粉气。冯延巳虽是一个政治上很平庸的大臣，亦“托儿女之辞，写君臣之事”。有些词也透露了他对南唐的关心和忧伤，表现了处于亡国无日之际的内心忧郁之情。李璟及其周围有了这样一个诗作群体，互相促进，君臣诗词唱和，形成风气，凝造了一代词风，到李璟之子李煜的词里就形成了独特的风格，对后世也产生了巨大的影响。

三、雕栏玉砌应犹在，一江春水向东流

李煜（937—978 年），初名李从嘉，字重光，号钟隐、莲峰居士。生于金陵（今江苏南京），祖籍彭城（今江苏徐州铜山区）。南唐元宗（即南唐中主）李璟第六子。南唐最后一位国君。

李煜的 5 个哥哥除大哥李弘冀年 19 岁而亡外，其他 4 个都未成年就早夭。所以李煜一跃而成为次子。初封安定郡公，累迁诸卫大将军、副元帅，封郑王。李煜从小就对父母十分孝顺，父母对他性格的养成更有重大影响，使李煜自小就成了生性懦弱仁厚的人。他还有四个弟弟，名李从善、李从益、李从谦、李从信。大哥李弘冀颇有文武才干，立为皇太子后，生怕别人觊觎，派人毒死了叔父李景遂。对弟弟李从嘉即李煜也不怀善意，生怕这位弟弟有朝一日威胁到他的皇太子地位，这就使少年李煜处于一种相当危险的境地。李煜为了避祸，不问政治，专心于文学，唯覃思经籍而已。他总是让着哥哥，对弟弟们更是友善，仁厚惠和，与世无争。他自小就很聪明，除爱好文学外，书法绘画也很好，这就使李煜有了精神寄托。太子李弘冀皇帝没有做成，却在毒死叔父之后不几个月便暴毙了，皇太子位自然就轮到次子李从嘉，因此李煜被封为吴王，并以尚书令知政事，居于东宫，成了皇位继承人。

建隆二年（961 年）二月，中主李璟迁都南昌，称南都。于是正式立李煜为皇太子，留在金陵监国。这时，李煜已经 25 岁了。李璟为他置了两个大臣辅佐，一个是严续；一个是殷崇义，并以张洎主笺奏。这年六月，李璟在南都驾崩，李煜遂于七月二十九日袭位于金陵，并把自己原名李从嘉改为李煜。尊母亲钟氏为圣尊后，立妃周氏为皇后（大周后），封诸弟为王；并派中书侍郎冯延鲁入宋进贡，上表（《即位上宋太祖表》）陈述南唐变故。宋太祖回赐诏书，派人前往南唐吊祭、恭贺李煜继位。九月，宋昭宪太后

病逝，李煜遣户部侍郎韩熙载、太府卿田霖入朝纳贡。十二月，李煜设置龙翔军，教练水军。

李 煜

乾德二年（964 年），任韩熙载为中书侍郎、勤政殿学士，主持贡举；又命徐铉主持复试。三月，颁布铁钱。九月，封长子李仲寓为清源公，次子李仲宣为宣城公。十月，李仲宣卒，皇后（大周后）感伤而逝。乾德三年（965 年）十一月，立周氏为皇后（小周后）。

开宝四年（971 年），宋已灭南汉，屯兵于汉阳，居长江上游，威胁着南唐的独立。李煜和南唐朝臣大为恐惧，遣太尉中书令韩王李从善到汴梁朝贡称“江南国主”，并请罢诏书不名的礼遇，自我除提一等。第二年，李煜下令，贬损仪制，改诏称教，中书门下省为左右内史府，或左右内侍府，尚书省称司会府，御史台为司宪府，翰林院为艺文院，或文馆，枢密院为光政院，大理寺为详刑院，客省为延宾院，官号也随之改易，以避中原宋廷，从形式上看，好像是北宋中央政府的下属机构。李煜大搞表面文章，想用这种做法换取南唐小朝廷的苟延残喘，以保住南唐国的独立。

开宝六年（973 年），内史舍人潘祐见南唐国势日削，用事者多尸位素餐，无所作为，国家眼看就要灭亡却不图振作，乃愤而上书，极论时政，而终不见用。潘祐于是再上书，语言更为激烈，称希望李煜不要成为夏桀、商纣和孙皓之类的国主，不要眼见亡国而苟求侥幸，并语气激昂地说：“三军可夺帅，匹夫不可夺志，陛下必以臣为罪，则请赐诛戮以谢中外！”李煜

本来就听得不耐烦，这下听到把自己比作夏桀商纣，不禁大怒，下令判罪。因潘祐素与户部侍郎李平交厚，潘祐的狂直极谏，多半是由李平激起，而李平当时又以建白告民籍为众所排，于是罪加一等，先收李平治罪，接着又收潘祐，加上朋比为"奸"的罪名。潘祐早就准备一死以尸谏昏君，慷慨自杀。李平后来也被缢死于狱中。

尽管李煜对外屈膝投降、对内压制不同意见，但南唐的江山仍然坐不稳。开宝四年（971 年）李煜遣弟弟韩王李从善往北宋朝贡之后，被宋太祖扣留作为人质，多年不回，李煜手疏求李从善还国，宋太祖始终未予答应。为此李煜心里十分难过，虽怏怏以国蹙为忧，却只是日与臣下酣宴，愁思悲歌而已。大臣韩熙载很有武才，有北伐中原的抱负，李煜也曾考虑用为宰相，但韩熙载见国势危艰，李煜君臣不图进取，自己也偕诸姬妾数十人，纵情娱乐，李煜只好打消起用他为宰相的念头，不久韩熙载死，李煜便再也不提整军北伐之事。开宝七年（974 年），宋太祖先后派梁迥、李穆出使南唐，以祭天为由，召李煜入京，李煜托病不从，回复"臣侍奉大朝，希望得以保全宗庙，想不到竟会这样，事既至此，唯死而已"。太祖闻信，即遣颍州团练使曹翰兵出江陵，又命宣徽南院使曹彬等随后出师，水陆并进；李煜亦筑城聚粮，大举备战。闰十月，宋军攻下池州，李煜下令全城戒严，并停止沿用北宋年号，改为干支纪年。时吴越乘机进犯常州、润州，李煜遣使质问，说以唇亡齿寒之理，吴越王不答，转送李煜书信至宋廷。北宋攻陷芜湖和雄远军，沿采石矶搭建浮桥，渡江南进。李煜招募兵卒，委任皇甫继勋统领兵马，全力御敌，因强弱悬殊，兵败如山，内殿传诏徐元瑀、刁衎阻隔战败消息，宋屯兵金陵城南十里，李煜尚不知情。

开宝八年（975 年）二月，宋师攻克金陵关城。三月，吴越进逼常州，诛杀皇甫继勋，权知州事禹万诚献城投降。六月，宋与吴越会师，进发润州，留后刘澄投降。洪州节度使朱令赟率兵 15 万前往救援，行至皖口，遭遇宋军。朱令赟下令焚烧宋船，不料北风大作，反而烧至自身，朱令赟与战棹都虞候王晖皆被擒。外援既灭，北宋尽围金陵，昼夜攻城，金陵米粮匮乏，死者不可胜数。李煜两次派遣徐铉出使北宋，进奉大批钱物，求宋缓兵，太祖答以“卧榻之侧，岂容他人鼾睡”。十二月，金陵失守，守将呙彦、马承信，马承俊等力战而死，右内史侍郎陈乔自缢，李煜奉表投降，南唐灭亡。

开宝九年（976 年）正月，李煜被俘送到京师，宋太祖封为违命侯，拜左千牛卫将军。同年，宋太宗继位，改封李煜为陇西公。

太平兴国三年（978 年）七夕，李煜死于北宋京师，时年 42 岁。北宋赠为太师，追封吴王，葬洛阳北邙山。

李煜是亡国之君，也是词坛魁首。李煜精书法、工绘画、通音律，诗文均有一定造诣，尤以词的成就最高。李煜的词继承了晚唐以来温庭筠、韦庄等花间派词人的传统，又受李璟、冯延巳等的影响，语言明快、形象生动、用情真挚，风格鲜明，其亡国后词作更是题材广阔，含义深沉，在晚唐五代词中别树一帜，对后世词坛影响深远。

开宝七年（974 年），赵匡胤统军渡江，攻打金陵。及至大兵压境，李煜仍不知醒悟，依旧在宫中填写《临江仙》词。一时苦思冥想好半天，才写下“樱桃落尽春归去，蝶翻轻粉双飞”两句词，便听手下慌忙报告，城已被宋军攻破。不一会儿，宋朝官兵拥入后宫，活捉了李后主。李后主被俘以后，便开始了他“日夕只以泪洗面”的囚徒生涯。

宋太宗赵光义在位期间的一天，他问被宋朝俘虏的原南唐吏部尚书徐铉说：“你见到过李煜没有？”徐铉说：“没有。罪臣不敢私自去见他。”太宗就说：“你去看看他，就说是我要你去的。”徐铉被俘之后再也未曾见过李后主，一腔亡国之恨无处诉说。作为亡国之臣，除了一些思念之外，他

李煜《入国知教帖》

没有更多的自由，他也是希望有朝一日能见见后主，一吐心声。如今，听宋太宗如此一说，他自然乐于前往。于是，整了衣冠急忙赶到李后主住处。徐铉见了李煜赶紧趋步上前，欲行君臣之礼，被李后主扶起。

旧日君臣相见，更是感慨万千。他们就这样默默地相对而坐。忽然李后主“哇”的一声大哭起来，声音十分悲切，哭了一阵之后，好容易才喘过气来，不觉又长叹一声，他说：“悔不该偏信谗言，杀了潘祐和李平，当初真是糊涂。”

徐铉离去之后，李后主回想旧日欢乐，而今却为阶下之囚，这日又值七夕，痛切之下，填写了《虞美人》词一首，他在词中道：

春花秋月何时了，往事知多少。

小楼昨夜又东风，故国不堪回首月明中。

雕栏玉砌应犹在，只是朱颜改。

问君能有几多愁，恰似一江春水向东流。

词填好之后，被人吟唱，一时间传了出去，南唐旧臣听了，无不黯然神伤。

话说徐铉看过李后主之后，宋太宗问他：“李煜都跟你说了些什么？”徐铉也不敢隐瞒，于是把李煜后悔自己错杀潘祐、李平等忠臣的事全告诉了宋太宗。宋太宗听了，知道李煜仍在思念故国，没忘亡国之痛，就有了除掉他的意思；如今知道了他的这首《虞美人》之后，宋太宗不由得大怒，于是赐毒药给他，李后主服毒自杀而死。

四、气势如虹《行止状》，夫子隐朝宴百官

韩熙载（902—970年），字叔言。祖籍南阳（今属河南），潍州北海（今山东潍坊）人。五代十国南唐时名臣、文学家。

韩熙载高才博学，又精音律，善书画。为文长于碑碣，颇有文名，当时求其为文章碑表者甚多。其所作制诰典雅，人称“有元和之风”，与徐

铉并称“韩徐”。江左称其为“韩夫子”，时人谓之为“神仙中人”。其所撰诗文颇多。有《韩熙载集》《格言》等，今皆佚失。

韩熙载自幼勤学苦读，后又隐居于嵩山读书，大约20岁时游学于洛阳，于后唐同光四年（926年）登进士第。韩熙载在后唐同光年间考中进士后是否担任过官职，史书没有记载。不久，平卢节度使王公俨借口将士挽留，拒不接受后唐明宗李嗣源的登州刺史任命。李嗣源新任命的平卢节度使霍彦威率军威慑，王公俨才勉强前往登州。同年七月，霍彦威进驻青州，并派兵追杀王公俨。参与此事的其他将士也同时被斩，其中包括韩熙载的父亲韩光嗣。因为此事，迫使韩熙载不得不逃离中原。

韩熙载伪装成商贾，经正阳渡过淮河，逃入吴国境内。韩熙载之所以选择这条路线，是因为他的好友李谷是汝阴人，颍州的治所就在汝阴（今安徽阜阳），而淮水的重要渡口正阳镇就在颍州颍上县境内的淮河岸边的颍水入淮处，其对岸便是吴国疆土，交通十分便捷。

韩熙载

顺义六年（926年）七月，韩熙载长途跋涉，终于到达了吴国的都城广陵（今江苏扬州）。为了获得吴国的接纳，他首先向吴睿帝杨溥上了一个《行止状》，类似于投名状，即介绍自己的籍贯、出身、投吴原因以及平生志愿等情况，使对方对自己有一个初步的了解。这篇《行止状》写得文采斐然，气势恢宏。虽然是请求对方能够接纳自己的行状，却丝毫没有露

出乞求之意，反而显得气势如虹，畅述平生之志。

当时掌握吴国实权的是徐知诰，也就是后来的南唐烈祖李昪，韩熙载想要得到重用，必须要首先得到他的赏识。当时中原之士南迁的很多，大都得到擢用，唯独韩熙载没有被重用，初任校书郎，先后充任滁州、和州、常州从事，可能跟他给人留下的这种印象有关。好在韩熙载并不以为意，怡然自得，正好游山玩水，吟风弄月。

昇元元年（937年），李昪完成了禅代，正式建国称帝，才把韩熙载从外州召回南唐的都城金陵，授他秘书郎之职，掌太子东宫文翰。秘书郎的本职工作是掌管国家图籍的课写之事，但韩熙载却被派到太子东宫，可见李昪对他仍然心怀疑虑。从李昪对韩熙载所说的一番话中，也可以看出这个意思，他说："卿虽然早登科场，但却未经世事，所以命你任职于州县。今日重用卿，希望能善自修饬，辅佐我儿。"

不过韩熙载却不这样认为，后来在李璟即位后，他曾对人说："先帝知我而不重用，只是因为我是幕客之后。"韩熙载的父亲是观察支使，属于幕职官系列。韩熙载的言下之意是说因为自己门第不高，所以才不能得到李昪的重用，可见他并没有认识到其不被重用的真正原因。李昪本人就出身于社会下层，他重用的宋齐丘等许多人，均属于门第不高的庶族家庭，不会独对韩熙载另持一套标准。李昪生活简朴，处事谨慎，不喜张扬，而韩熙载却恰恰相反，性格孤傲，不拘小节，自然难以获得李昪的赏识。

正因如此，韩熙载对自己的此次升职，并没有心存感激，也不上表称谢。他每日在东宫与太子李璟谈天说地，论文作诗，日子过得倒也安逸。韩熙载在东宫一待就是七年，与太子的长期相处，使李璟对韩熙载的才学有了进一步的了解，这对韩熙载来说，也算是不幸中的大幸。

保大元年（943年），李昪驾崩，太子李璟即位。因为韩熙载是东宫旧僚，所以李璟即位之始，就任命他为虞部员外郎、史馆修撰，赐绯。员外郎虽然仍是六品的官职，但毕竟是尚书省郎官，在唐五代属于清选之官，升迁的前途较好；唐五代时规定，五品以上官员才能穿绯（红）袍，韩熙载是六品的官员，按规定不能服绯，所以李璟特意赐绯，这样他就可以与五品官一样穿绯袍了。又因为先主新丧、新帝即位，礼仪繁多，所以李璟又给韩熙载加了太常博士之职。这个官职掌五礼，拟谥号，是国家在礼仪方面的学术权威，可见李璟对韩熙载之器重程度。在此之前，韩熙载除了谈论诗文外,从不过问政事。出于报答李璟的缘故,此时的韩熙载无所隐晦，尽展平生之学，凡应当施行的大事，他都以积极的姿态参与其中。

按照中国古代礼制，凡皇帝死后，都必须给其拟定一个庙号。南唐以唐朝皇室的后裔自居，于是有人认为李昪在唐昭宗之后，其庙号应称“宗”，韩熙载与司门郎中萧俨、给事中江文蔚等，均认为李昪乃是中兴之君，应当称为“祖”，于是遂确定李昪庙号为“烈祖”。在这件事上韩熙载的作为甚得李璟的欢心。但韩熙载并不是善于逢迎的人，所以不可能事事都使李璟满意。

李璟即位之初，便改昇元年号为保大。韩熙载认为按照礼制，新帝即位的次年，才可以改元，还说：“逾年改元，古之制也，事不师古，何以训人？”李璟以诏书已颁，不便改动为由，拒绝了韩熙载的建议。虽然韩熙载此举没有得到李璟的赞同，但由于李璟是一个宽厚的人，并不影响他对韩熙载的信任。在这个期间，韩熙载对吉凶仪礼不当者十数事，一一进行了纠正，尽到了太常博士的职责。对于韩熙载的这些表现，李璟看在眼里，遂令韩熙载以本官权知制诰，对他委以更重的职责。

按照唐五代时期的制度，置中书舍人六员，以其中一员掌管起草诏敕的工作，称为知制诰；如果以其他官员掌管这项工作，则称兼知制诰，或权知制诰。韩熙载能任此职，除了表明李璟对他的信任外，同时也极大地加重了他的权力。韩熙载所起草的诏诰，文字典雅，有元和之风，甚得舆论的好评。韩熙载毕竟是书生，一旦得到重用，唯知尽心为国，全然不知如何保护自己。他任知制诰以来，感念李璟知遇之恩，对于朝中大事，或驳正失礼之处，或指摘批评弊端，章疏连连不断，引起朝中权要的极大忌恨与不满，尤其是宋齐丘、冯延巳等人的不满，从而使其日后的仕途充满了坎坷与艰辛。

保大四年（946 年）八月，枢密使陈觉擅自调发汀、建、抚、信等州军队进攻福州，李璟唯恐有失，命王崇文、魏岑、冯延鲁等率军共同攻取福州。次年三月，由于诸将争功，加上吴越军的增援，南唐军大败，损失惨重。四月，李璟下诏诛杀陈觉、冯延鲁等人，宋齐丘、冯延巳等从中斡旋，几人竟得免死，将陈觉流放蕲州，冯延鲁流放舒州。御史中丞江文蔚上表弹劾宰相冯延巳、魏岑怂恿进攻福州，应该治罪，结果反被贬为江州司士参军。在这场战争中，南唐元老宋齐丘与冯延巳大肆鼓吹开疆拓土，对发动这场战争起到了推波助澜的作用。于是韩熙载又与徐铉上表纠弹宋齐丘、冯延巳二人与陈觉、魏岑等结为朋党，祸乱国事，并请求诛杀陈觉、冯延鲁等人，以正国法。李璟不得已，贬冯延巳为太子少傅、魏岑为太子洗马，但是不久魏岑就官复原职，而冯延巳却被任命为昭武军节度使。

韩熙载

宋齐丘与冯延巳等人本来就对韩熙载不满，韩熙载此举更加深了他们的忌恨。数日后，由宋齐丘亲自出面诬告韩熙载嗜酒猖狂，其实韩熙载并不善饮酒。因为此时宋齐丘党的势力甚大，李璟不得已，只好将韩熙载贬为和州司士参军，不久又调任宣州节度推官。

在外州数年后，他才得以调

回金陵重任虞部员外郎，等于转了一个大大的圆圈，又回到了最初所任的官职。后来从员外郎逐渐升任虞部郎中、史馆修撰。韩熙载毕竟是李璟当太子时的旧僚，且颇有才华，于是李璟又给他赐紫，即可以穿三品以上官员才能穿的紫色袍服。按照唐制，六部侍郎、中书、门下侍郎等未达到三品的重要官员，如有必要，才可赐紫，而韩熙载仅仅是五品的郎中，便能得到赐紫，说明李璟对他仍然是信任的，同时也为进一步的提升做好了铺垫。果然不久，韩熙载又被提升为中书舍人、户部侍郎，充铸钱使。

保大十年（952年），后周太祖郭威归还此前被俘的南唐将燕敬权等人，传达友好之意。李璟也释放赴湖南贩茶被擒的后汉三司军将路昌祚等人。但朝中仍有人进献平定中原之策。韩熙载说："郭氏（后周）建国虽然时间不长，但统治已经稳固。我军轻易出兵，必然有害无益。"

自保大十三年（955年）以来，后周大军进攻淮南，连败南唐军，李璟数次遣使求和，皆不能如愿。次年，李璟命其弟齐王李景达为诸道兵马元帅，以陈觉为监军使，率大军抵御后周军。韩熙载素知陈觉志大才疏，嫉贤妒能，前番统兵攻取福州，损兵折将，致使南唐国力遭到很大的削弱，所以上疏坚决反对。他说："亲莫过亲王，重莫过元帅，何必再任命监军使！"由于李昪在世时，曾一度有意立李景达为太子，此事虽然未能实施，但毕竟在李璟心中已形成了阴影，把兵权交给李景达并不完全放心，所以才派陈觉进行牵制。在这种情况下，韩熙载的劝谏自然不会被采纳，然李璟的固执己见，却为南唐军事的惨败埋下了很大的隐患。

这一时期，南唐军虽然屡败，但由于后周军纪败坏，所到之处，烧杀抢掠，激起了淮南人民的反抗，加之后周世宗一度返回汴梁，南唐失去的州县又有不少相继被收复。南唐寿州守将刘仁赡出兵攻击围城的后周军得手，杀伤数万，焚毁其器械无数。在形势有利的情况下，刘仁赡派人至李景达驻扎的濠州，请求派大将边镐来守寿州，自己乘胜率军出城与后周军决战。由于陈觉的干扰，刘仁赡的请求没有被批准，刘仁赡愤郁得疾。这

时各地后周军纷纷撤退，准备集中兵力攻取寿州，南唐诸将请求乘机据险邀击后周军，而朝中权要担心事态扩大，不许行动，致使后周军安然退至正阳，使寿州之围更加难以解救。李景达虽为元帅，却处处受到陈觉的牵制。而陈觉拥兵5万，无意决战，将吏畏其权势，无人敢言。正在双方相持不下之时，南唐大将朱元临阵叛变降敌。朱元的投降引起南唐诸军崩溃，死伤及投降的达4万余众。李景达、陈觉狼狈逃回金陵，大将边镐、许文缜、杨守忠被俘。刘仁赡忧愤而死，寿州最终失守。其余各州守将纷纷弃城而逃，后周战舰直入长江，布列江面。南唐彻底战败，只好割让淮南14州给后周，并称臣纳贡。

李璟不听韩熙载的劝谏，酿成大祸，南唐从此衰落。为了躲避中原王朝的威胁，李璟被迫迁都洪州（今江西南昌），郁郁寡欢，终于一病而亡。

南唐后主李煜即位后，任命韩熙载为吏部侍郎、兼修国史。不久因为改铸钱币之事，韩熙载与宰相严续争论于御前，他辞色俱厉，声震殿廷。李煜因其失礼，改授其为秘书监。不到一年，又再次任命他为吏部侍郎，并升任兵部尚书、充勤政殿学士承旨。后又因为人旷达不羁，放纵声色，遭到弹劾，被贬为太子右庶子、分司南都，即于洪州安置。韩熙载上表乞哀，于是又被留任旧职。

这一时期，韩熙载仍不改其狂傲的性格，由于李煜生性宽厚仁爱，凡事皆能容忍，君臣之间尚能相安无事。比如后主纳小周后时，在宫中大宴群臣，韩熙载却赋诗讽刺，而李煜未加谴责。有一次，李煜狩猎于青龙山，返回金陵后，亲自到大理寺复核关押的囚犯，多有赦免者。韩熙载再次上书进谏，认为此事自有司法部门负责，监狱非君主所应入之地，要求李煜自罚钱300万以充军费。李煜也没有怪罪于他。

宋太祖开宝元年（968年）五月，韩熙载撰成《格言》五卷、《格言后述》三卷，进献给李煜，并上疏“论刑政之要，古今之势，灾异之变”。李煜读后非常赏识，遂升任他为中书侍郎、充光政殿学士承旨，这是韩熙载生前所任的最高官职。

韩熙载本来家财颇丰，除了每月丰厚的俸禄收入外，由于他文章写得极好，文名远播，江南贵族、士人、僧道载金帛求其撰写碑碣的人不绝于道，甚至有以千金求其一文者，加上皇帝的赏赐，遂使韩熙载成为南唐朝臣中为数不多的富有之家。正因为韩熙载家富于财，所以他才有条件蓄养伎乐，广招宾客，宴饮歌舞。家财耗尽后，仍未有所改变，每得月俸，就散于诸伎，以至于搞得自己一无所有。每到这个时候，他就会换上破衣烂衫，装成盲叟模样，手持独弦琴，令门生舒雅执板，敲敲打打，逐房向诸伎乞食，大家都习以为常了。有时碰到伎妾与诸生私会，韩熙载便不进其门，还笑着说不敢打扰你们的好兴致。以至于有的伎妾夜奔宾客寝处，其客有诗云："最是五更留不住，向人头畔着衣裳。"

韩熙载的这种行为，有意造成了放荡不羁、不堪重用的影响。但是他毕竟有一个人口众多的家庭，仅靠游戏般的乞讨是不能解决问题的。在不能度日、无可奈何的情况下，他只好向李煜上表哭穷，李煜虽然不满，但还是以内库之钱赏赐。于是韩熙载索性不再上朝，被人弹劾，贬为右庶子，分司于南都，即于洪州安置。韩熙载遂尽逐诸伎，一面单车上路，一面上表乞哀，当李煜将他挽留下来后，以前所逐诸伎又纷纷返回，韩熙载也重新回到了以往那种纵情声色的日子。李煜不禁感叹："我都不知道该怎么办。"

李煜对韩熙载的放荡行为很不满意，就派画家顾闳中潜入韩家，仔细观察韩的所作所为，然后画出来给他看。这幅画今天珍藏在故宫博物院，即名为《韩熙载夜宴图》。

韩熙载才华横溢，也曾经立志报国，却放荡到如此地步，不能不引起人们的颇多猜测。

关于韩熙载纵情声色、躲避拜相的真正原因，陆游《南唐书·韩熙载传》与《钓矶立谈》等书均说：韩熙载认为："中原王朝一直对江南虎视眈眈，一旦真命天子出现，我们连弃甲的时间都没有了。在这种情况下，我如何

韩熙载

能够接受拜相，成为千古之笑谈？”在这一时期，韩熙载的政治抱负和理想完全破灭，而且亡国当俘虏的命运迫在眉睫，个人内心和客观现实的错综复杂的矛盾与痛苦在折磨着他，使他除了以声色自娱来安慰和消磨自己外，已别无出路。这就是在《夜宴图》中的韩熙载在欢宴时，非但不是心情欢畅，反而表现出悒悒不乐、心情沉重的表情的根本原因。

开宝三年（970 年）七月二十七日（8 月 31 日），韩熙载逝世，享年 69 岁。也有野史记载他是被谋害致死的，但不足采信。

韩熙载死后，李煜非常痛惜，欲赠其同平章事（宰相）之职，遂问左右侍从前代是否有这样的先例，左右回答说以前刘穆之曾赠开府仪同三司。李煜于是下诏赠韩熙载为左仆射、同平章事，赐谥“文靖”。

韩熙载死时家里已经非常贫穷，棺椁衣衾，都由李煜赐给。李煜又命人为其选择墓地，要求必须选在“山峰秀绝，灵仙胜境，或与古贤丘表相近，使为泉台雅游”。后将他埋葬在梅颐岭的谢安墓旁。李煜还令南唐著名文士徐铉为韩熙载撰写墓志铭，徐锴负责收集其遗文，编集成册。这种待遇对于臣下来说，可谓荣耀之至了。

五、南唐名将林仁肇，后主中计遭鸩杀

林仁肇（？—972 年），建阳（今福建南平）人，五代十国时期南唐名将。

林仁肇生性刚强坚毅，武艺高强，而且身材魁梧，身上刺有虎形纹身。原是闽国裨将，与陈铁齐名，人称林虎子。闽国灭亡后，归家闲居。

显德三年（956 年），南唐中主李璟因后周军攻打淮南，命鸿胪卿潘承祐到泉州、建州招募勇士。潘承祐推荐了前永安节度使许文稹、静江指挥使陈德诚以及郑彦华、林仁肇等人。中主任命林仁肇为将军，让他率偏师救援寿州。林仁肇攻城南大寨，又破濠州水栅，被擢升为淮南屯营应援使。

八月，后周军正阳浮桥建成，扼住南唐援军的进路。林仁肇亲自率领 1000 敢死士，用船载着薪柴牧草，乘风放火，欲焚毁浮桥。不料，风向转变，不利火攻，后周军大将张永德趁机进战，南唐军大败。

这时，林仁肇单马殿后，并将张永德射来的箭矢全部挡开。张永德大惊道："敌军有能人啊，不可轻敌。"便不再追击。后来，南唐向后周割地求和，林仁肇被任命为镇海军节度使，不久又改镇武昌。

建隆元年（960 年），后周大将赵匡胤建立宋朝，是为宋太祖，并平定淮南节度使李重进的叛乱。此后，淮南各州兵力薄弱。

开宝三年（970 年），林仁肇私下向南唐后主进言道："淮南兵力很弱，宋国又连年用兵，先后平定西蜀、荆湖、岭南，千里奔波，士卒劳累，这正是可乘之机。陛下只要给臣数万兵马，臣就能夺取淮南。陛下可以对外宣称臣起兵反叛，那么臣若成功，淮南归国家所有，臣若兵败，陛下便灭我满门，以此表示陛下并不知情。"

周文矩《仕女图》

后主听后，惊道："你千万不要胡说，这会连累到国家的。"不

久，林仁肇便被任命为南都（今江西南昌）留守、南昌尹。

林仁肇出身行伍，后虽担任将帅，仍能与士卒同甘共苦，因此深得军心。但是，皇甫继勋、朱令赟等人与林仁肇关系不和，便在唐后主面前进谗言，称他向宋朝求援，要在江西自立。宋太祖也对林仁肇非常忌惮，便贿赂他的随从，得到他的画像，悬挂在别室中。

开宝五年（972 年），郑王李从善到汴京朝贡。宋太祖带李从善观看林仁肇的画像，道："林仁肇将前来投降，先用这幅画像为信物。"又指着空着的馆宇道："这是我准备赐给林仁肇的。"李从善命人回报后主。后主不知这是反间计，便暗中命人将林仁肇鸩杀。

六、劳苦功高宋齐丘，贪权饿死九华山

在五代杨吴、南唐的政坛当中，先后出现了不少深谋远虑的才智之士，其中产生影响最大者要数宋齐丘。他历仕杨吴和南唐烈祖、中主数朝，为徐知诰夺取政权、建立南唐做出了突出的贡献。但是他于中主时代凭借前朝功绩，在朝廷中不断培植党羽，左右了南唐政局走向，对国家形势的由盛转衰，又负有不可推卸的重大罪责。

宋齐丘（887—959 年），本字超回，改字子嵩，豫章（今南昌）人。

唐末，杨行密割据淮南，后封吴王。吴国建都扬州。905 年，杨行密死，其子杨渥继位。908 年，权臣徐温杀杨渥，立杨隆演，而军政大权则全归徐温执掌。吴国逐渐扩地，至 909 年，已建有 27 个州了。这年，徐温、任升州（今南京）刺史，使其养子徐知诰治升州。徐知诰改变旧习，选用廉吏，修明政教，招延士人，得进士宋齐丘为谋主，从而在徐氏势力中又自成一个势力。

宋齐丘的父亲宋诚本是唐末镇南节度使钟传的副手，可惜死得早，没亲没故的宋齐丘只好投靠了镇南军节度使、南平王钟传。就在宋齐丘 19 岁那年，洪州遭到吴国军队攻击，钟传阵亡，"官二代"一下子成了流浪儿。

这种大起大落的身世，倒是没有让宋齐丘对人生失望，他依然坚信自己有飞黄腾达的一天。

等他遇到徐知诰的时候，他就更加坚信了这一点。

宋齐丘感到机会来了。与他人不同的是，宋齐丘“面试”时只说了20个字：“养花如养贤，去草如去恶。松竹无时衰，蒲柳先秋落。”

一首别致的小诗，让徐知诰很是欣赏，于是便留宋齐丘在身边。

宋齐丘

918年，徐知诰被养父调任润州（今江苏镇江），徐知诰很不高兴，想辞职不干了。

这时，宋齐丘用拨火棍在炭灰上画了润州、扬州的简图，扬州旁注上“徐知训”三个字。徐知诰思索片刻，会心一笑，次日即启程赴职。

宋齐丘的意思其实是说，徐温将亲生儿子徐知训放在吴国的首都扬州，此人志大才疏，必会出事，而润州与扬州仅一江之隔，扬州若有事，可以迅速摆平。

果不其然，没过多久徐知训被大将朱瑾所杀。扬州大乱，火光冲天。徐知诰在润州得报，立即引军渡江，杀了朱瑾，平息动乱。

从此，徐知诰的继承人地位稳固，宋齐丘自然跟着平步青云。

徐知诰掌权后，更加重视发展农桑。吴国旧制规定，上等田每顷收税足陌现钱2贯100文，中等田1贯800文，如现钱不足，依市价折金银。另外，还实行丁口税，计丁口征现钱。而宋齐丘则主张田税不收现钱，改为缴纳

谷帛，并“虚抬时价，折纳绸绵绢本色”。当时市价，每匹绢500文、绸600文、绵每两15文。宋齐丘建议把每匹绢抬为一贯700文、绸为2贯400文、绵每两40文，都是不打折扣的足钱。他提出的要官府收租税，用高于市价三四倍的虚价来折合实物，确是大胆而有远见的建议（《容斋随笔》转载北宋许载所著《吴唐拾遗录》）。同时，他还建议废除丁口税。

对于宋齐丘的这些建议，朝议喧哗，以为官府损失太大。宋齐丘则据理申辩：哪有民富而国家贫的道理？！徐知诰断然采纳宋齐丘的建议，认为这是劝农上策，立即付诸实施。果然，不到10年，江淮间呈现“旷土尽辟，桑柘满野”的繁荣景象，吴国也就富强了，有力量抵御北方军阀的侵扰。宋齐丘所献之策，可谓功效显著，《吴唐拾遗录》中对此策也给予了积极评价。

920年，杨隆演死，弟杨溥立。927年，徐温死，徐知诰拥立杨溥称帝，自任为都督中外诸军事。其后，徐知诰势力实际上成为吴国唯一的势力。931年，徐知诰出镇金陵，执掌吴国大权，使子徐景通留扬州管国政，任宋齐丘为吴宰相，辅助徐景通。吴先后凡36年，宋齐丘参政29年，由于徐知诰的信任，仕途几无坎坷。

937年，徐知诰废吴帝杨溥，自称皇帝（唐烈祖），国号唐，建都金陵。唐烈祖改姓名为李昪，其子徐景通改姓名为李璟。943年，唐烈祖因中毒而病死，李璟（唐元宗）即位。此时宋齐丘为相，其党羽陈觉、冯延巳、冯延鲁、查文徽、魏岑五人好内斗而无能，被南唐人称为“五鬼”，政局在此过程中发生了变化。宋齐丘因对外的挫折与其党羽的一系列昏聩之举逐渐失势，其中陈觉欲推宋齐丘为摄政的阴谋给了政敌钟谟致命一击的机会，宋齐丘最终被李璟幽禁于九华山中饿死。直到961年，李璟死后，其子李煜（唐后主）继位，才将宋齐丘的家眷接回金陵安置。

南唐先后凡39年，宋齐丘仕途不顺，几度被贬，可以说与南唐的政局变化息息相关。其本人长于内政，然而个性强烈，善忌护短；在集中于发展内政、对其极为信任的李昪掌权时期，宋齐丘可谓如鱼得水，奠定了江南农桑遍地的大好经济基础；但到了好大喜功、具有强烈扩张欲望的李璟时期，其政治作用很明显有所下降。党羽在朝中的一系列内斗举动与其本人对外政策的无力，是宋齐丘被边缘化的根源；而其党羽陈觉不甘现状、欲将宋齐丘推上摄政之位的谋划，是导致宋齐丘身败名裂的最后一根稻草。

宋齐丘

宋齐丘死后，九华山上的僧民按其生前之意，将他在此山的故居改为广胜寺,其坟墓筑于九华山东麓的中心山下。九华山中留下了“征贤寺”“沉机石”等故迹。

宋齐丘一生历经磨难和坎坷，曾四为宰相，贵为三公，助徐知诰“兴利除害，变更旧法”，并提出和推行了具有远见卓识的税制改革，勠力劝农，对吴、南唐社会经济的发展作出了巨大的贡献，推动了历史的前进。他从此居功自傲，挟旧邀功，贪权固位，并长期卷入朝中朋党之争，最终葬送了自己。宋齐丘一生有功有过，但功大于过，是值得充分肯定的，应给其以公正的历史评价。

七、治政平庸冯延巳，多才多艺词名扬

冯延巳（903—960 年），又作延己、延嗣，字正中，五代江都府（今江苏省扬州市）人。五代十国时南唐著名词人、大臣。仕于南唐烈祖、中

主二朝，三度入相，官终太子太傅，卒谥忠肃。

冯延巳在南唐开国时，因为多才艺，被南唐烈祖李昪任命他为秘书郎，让他与太子李璟交游。后来李璟任元帅，冯延巳在元帅府掌书记。

李璟登基的第二年，即保大二年（944 年），就任命冯延巳为翰林学士承旨。

保大四年（946 年），冯延巳出任宰相。

保大五年（947 年），陈觉、冯延鲁举兵进攻福州，结果死伤数万，损失惨重。李璟大怒，准备将陈觉、冯延鲁军法处死。冯延巳为救两人性命，引咎辞职，改任太子太傅。

保大六年（948 年），冯延巳出任抚州节度使。在抚州任职数年，并没有什么政绩。

保大十年（952 年），冯延巳再次担任宰相。

冯延巳当政期间，先是进攻湖南，大败而归。后是淮南被后周攻陷，冯延鲁兵败被俘，宰相孙晟出使后周时不屈遇害。

冯延巳《阳春集》书影

显德五年（958 年），冯延巳被迫再次罢相。当时朝廷里党争激烈，朝士分为两党：冯延巳与宋齐丘、陈觉、李征古等为一党；孙晟、常梦锡、韩熙载等人为一党。几次兵败，使得李璟痛下决心，铲除党争。于同年下诏，历数宋齐丘、陈觉、李征古之罪，宋齐丘放归九华山，不久就饿死在家中，陈觉、李征古被逼自杀。至此，宋党覆没。而冯延巳属于宋党，居然安然无恙，表明李璟对冯延巳始终信任不疑，也可能是冯延巳作恶不多。罢相两年后，即建隆元年（960 年）五月，冯延巳因病去世，终年 58 岁，谥号“忠肃”。

冯延巳的人品颇受非议，常常被政敌指责为“奸佞险诈”（文莹《玉壶清话》卷十），“谄媚险诈”（陆游《南唐书·冯延巳传》）。他与魏岑、陈觉、查文徽、冯延鲁五人被称为“五鬼”。政敌的攻击，难免言过其实，但冯延巳一再被人指责，似乎也不是毫无根据。冯延巳的政治见解和政治才干确属平庸。比如他曾说：“先主李昪丧师数千人，就吃不下饭，叹息十天半月，一个地道的田舍翁，怎能成就天下的大事。当今主上（李璟），数万军队在外打仗，也不放在心上，照样不停地宴乐击鞠，这才是真正的英雄主。”（据马令《南唐书·冯延巳传》）这番话，足见冯延巳政治上的平庸荒唐。

跟李璟、李煜一样，冯延巳也多才多艺，这也是李璟信任他的重要原因。他的才艺文章，连政敌也很佩服。《钓矶立谈》记载孙晟曾经当面指责冯延巳：“君常轻我，我知之矣。文章不如君也，技艺不如君也，诙谐不如君也。”陆游《南唐书·冯延巳传》记载孙晟的话是：“鸿笔藻丽，十生不及君；诙谐歌酒，百生不及君；谄媚险诈，累劫不及君。”两处记载，文字虽不一样，但意思相同。看来冯延巳为人确实多才艺，善文章，诙谐幽默。又据《钓矶立谈》记载，冯延巳特别能言善辩。他“辩说纵横，如倾悬河暴雨，听之不觉

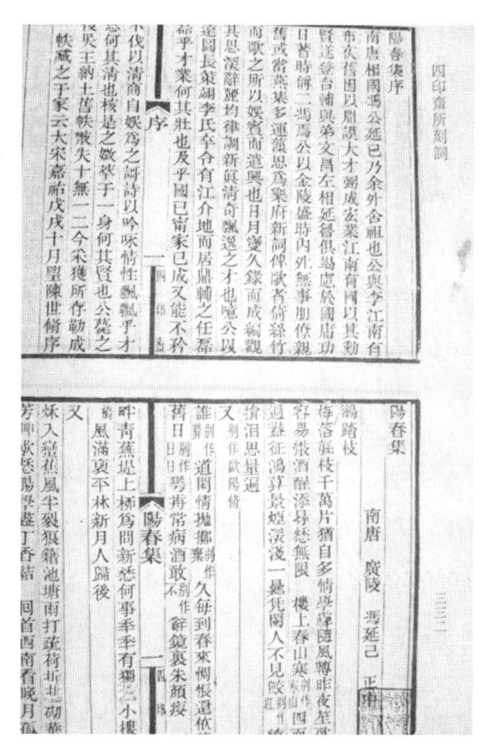
四印齋所刻詞

陽春集序

南唐相國馮公延巳乃余外舍祖也公與今江南有帝欣舊因以胆識大才弼成玄業江南有國以其勤賢遂登台輔與弟文昌左相延魯俱竭慮於國庸功日著時稱二馮焉公以金陵盛時內外無事朋僚親舊或當燕集多運藻思為樂府新詞俾歌者倚絲竹而歌之所以娛賓而遣興也日月寖久錄而成編觀其思深辭麗均律調新真清奇飄逸之才也噫公以遠圖長策翊李氏卒令有江介地而居鼎輔之任磊磊乎才業何其壯也及乎國已寧家已成又能不矜不伐以清商自娛為之詞詩以吟咏情性飄飄乎才思何其清也核是之數萃于一身何其賢也公薨之後吳王納土舊帙散失十無一二今采獲所存勒成一帙藏之于家云大宋嘉祐戊戌十月望陳世脩序

陽春集

南唐 廣陵 馮延巳 正中

鵲踏枝

梅落繁枝千萬片猶自多情學雪隨風轉昨夜笙

容易散酒醒添得愁無限 樓上春山寒四面

過盡征鴻暮景煙深淺一晌凭闌人不見鮫

綃掩淚思量遍

又 別作歐陽修

誰道閑情拋擲久每到春來惆悵還依舊日日花前常病酒敢辭鏡裏朱顏瘦

河畔青蕪堤上柳為問新愁何事年年有獨立小樓風滿袖平林新月人歸後

又

冯延巳《阳春集》内页书影

膝席而屡前，使人忘寝与食”。他又工书法，《佩文斋书画谱》列举南唐19位书法家的名字，其中就有冯延巳的大名。他的诗也写得工致，但流传下来的仅有一首。不过冯延巳最著名最有成就的，还是词。

冯延巳词的特点，可以用四个字来概括：因循出新。所谓“因循”，是说他的词继承花间词的传统，创作目的还是“娱宾遣兴”，题材内容上也没有超越“花间词”的相思恨别、男欢女爱、伤春悲秋的范围。所谓“出新”，是说他的词在继承花间词传统的基础上，又有突破和创新。

八、夜宴图名传千古，“战笔画”独享美誉

1. 顾闳中

顾闳中（910—980年），江南人，五代十国中南唐人物画家。曾任南唐画院待诏。作品用笔圆劲，间以方笔转折，设色浓丽，擅描摹人物神情意态。与周文矩齐名，唯一传世作品为《韩熙载夜宴图》。

顾闳中

《韩熙载夜宴图》是我国古代人物画的重要作品，纵28.7厘米，横335.5厘米，绢本设色。该画真实地描绘了在政治上郁郁不得志的韩熙载纵情声色的夜生活，成功地刻画了韩熙载的复杂心境，为古代人物画杰作。

《韩熙载夜宴图》绘写南唐中书侍郎韩熙载夜宴。据《宣和画谱》卷七记载，此画是顾闳中奉后主之命，与周文矩、高太冲潜入韩熙载的府第，窥其放浪的夜生活，仅凭目识心记，所绘成。

画中的主要人物为韩熙载，画中的其他人物也大多真有其人，如状元郎粲、和尚德明等，

都是韩熙载的常客。画卷里，韩熙载虽放浪形骸，但始终双眉紧锁，难掩忧心忡忡。桌案都比较低矮，正是由席地而坐到垂足高坐的过渡时期，琵琶箫鼓、绣墩床榻，室内的陈设器物无不体现了时代的特点。《夜宴图》采用了中国传统表现连续故事的手法，随着情节的进展而分段，以屏风为间隔，主要人物韩熙载在每段中出现。通过听乐、观舞、歇息、清吹、散宴等情节，叙事诗般描述了夜宴的全部情景。

《韩熙载夜宴图》作品以屏风为界，将画卷分为五个故事情节，即听乐、观舞、休息、清吹、送别。全局构图张弛、疏密有序；人物刻画精细、传神、古朴、大气，并通过对韩熙载头像的细致描绘，成功地表现出韩熙载当时的心理状态。

其中共绘制了 5 大场景，分别叙述如下：

第一场景：描绘了韩熙载与来宾聆听乐女弹奏琵琶；

第二场景：描绘了舞女在韩熙载的击鼓声中翩翩起舞；

《韩熙载夜宴图》

第三场景：描绘了韩熙载在围床上休息；

第四场景：描绘了韩熙载手执纨扇欣赏乐女吹奏（两人吹横笛，三人吹觱篥）；

第五场景：描绘、记录了韩熙载和宾客与乐女调笑，以此结束夜宴。

《韩熙载夜宴图》是一幅由听琴、观舞、休闲、赏乐和调笑等五个既可独立成章，却又相互关联的片段所组成的画卷，无论是造型、用笔、设色方面，都显示了画家的深厚功力和高超的绘画技艺。该卷钤有自南宋史弥远“绍动”印到近代张大千的收藏印记共计 46 方，著录于《庚子销夏记》《石渠宝笈初编》等书。该图卷一般学者认为是顾闳中所作，但今书画鉴定界有些人士认定为宋人摹本。

2. 周文矩

周文矩（生卒年不详），建康句容（今江苏省句容市）人。五代南唐画家，约活动于南唐中主李璟、后主李煜时期。周文矩工画佛道、人物、车马、屋木、山水，尤精于仕女。周文矩也是出色的肖像画家。存世作品多为摹本《宫中图》《苏武李陵逢聚图》《重屏会棋图》《琉璃堂人物图》《太真上马图》。

周文矩美风度，学丹青颇具精思，昇元（937—942 年）中奉命在宫廷作《南庄图》，精备之至。后主李煜时任翰林待诏。工画人物、冕服、车器，尤擅仕女，多以宫廷贵族生活为题材，兼精车马、楼观，画衣纹多作颤笔，独创“战笔”描法；画山林泉石，其笔法亦瘦挺、颤掣，和周昉不同；所画仕女不施朱傅粉，镂金佩玉以饰为工。也善画佛像，尝于兜率宫内作《慈氏像》，将印度原本中之男像画成“丰肌秀骨”“明眸善睐”之中国女性。曾绘《高僧试笔图》，画上一僧攘臂挥笔，旁观数士人咨嗟啧啧之态，如闻有声。这种作风对北宋的宗教画影响很大。

周文矩善于深入观察和体会现实生活中的各种人物，把握他们的思想感情和性格特征，因此，塑造出来的人物各不相同，达到形神兼备的艺术境界。故宫博物院所藏的《重屏会棋图》（宋摹本），画中刻画李璟中主端

《琉璃堂人物图》

然而坐，凝神观看其兄弟下围棋的情景，显示出一种思考的仪态，十分生动。其《宫中图》（宋摹本），描写宫廷妇女悠闲生活，有弹琴、弹琵琶的，有梳妆打扮的，有同儿童和狗嬉戏的；或平静安详，或闷闷不乐，或惊慌，或虔诚等等，均反映了不同活动中妇女的不同心理状态。他的《宫女图》，一宫女于腰带间插一玉笛，侧身而立，目视手指，表现刚演奏之后，情意凝伫，若有所思的样子。这些传神妙笔，无不给人留下了深刻的印象。

他还善于描写儿童生活，有《婴戏图》卷、《宫中图》卷等。《婴戏图》卷，塑造了许多天真无邪、活泼可爱的儿童形象，对儿童生活的描写，颇为生动，开宋代专门描绘儿童题材的先声。苏汉臣、李嵩等画家的《婴戏图》和《货郎图》等，就是在周文矩的基础上进行创造的。

他的仕女画从题材内容到表现形式，都继承了唐代周昉的传统。论者谓其体近周昉，而纤丽过之，这是由不同时代的审美风尚和不同地域的妇女体态所存在的差异所决定的。他画佛道、人物，力求不蹈袭曹仲达、吴道子等人的窠臼。画人物衣纹，效仿李后主的书法笔意，行笔瘦硬颤掣。北宋《圣朝名画评》指出：他“用笔深远，于繁富则尤工”。说明善于表现繁华富丽的生活场景，是周文矩人物画的特长。

周文矩也是出色的肖像画家。南唐保大五年（947 年）元旦大雪，中主李璟与兄弟及近臣宴饮赋诗，诏令周文矩及宫廷画家高冲古、董源、朱澄、徐崇嗣等合作描绘《赏雪图》。图中“侍臣、法部丝竹”即由周文矩主笔，甚受称誉。他还画过《重屏会棋图》《五王酩饮图》等，也是表现李璟及其兄弟们的群像和生活情态的。《重屏会棋图》现藏故宫博物院，描绘李璟与其 3 个弟弟弈棋，在弈棋的高雅生活中流露着友爱气氛。李璟坐正中，其肖像神情逼真，颇有特色，衣纹细挺而带转折，瘦硬战掣，正是周文矩线描特色。图中屏风上又画一屏风，内容系表现白居易《偶眠》诗意，故名《重屏会棋图》。

九、留从效泉州自治，陈洪进割据泉漳

1. 留从效

留从效（906—962 年），字元范，原籍泉州桃林（今福建泉州永春县留安村），但从小定居枫亭留宅。晋江王、清源军节度使。

留从效幼年丧父，以孝顺母亲、尊敬兄长名闻乡里。少年时，到泉州当衙兵，后升为散指挥使。

后唐长兴四年（933 年），王审知次子王延钧在福州称帝，国号闽。传至王延羲，于后晋开运元年(944 年)为部将朱文进所杀。朱文进自立为闽主，派党羽黄绍颇为泉州刺史。留从效对裨校王忠顺、董思安和亲信苏光海说：朱文进杀灭王氏，遣心腹分据诸州，吾等皆受王氏恩遇，而交臂事贼，一旦富沙王克福州，吾属死有余愧。3 人均以为是，便密约亲信，夜间到留从效家饮宴，得壮士陈洪进等共 52 人，连夜越城墙而入，擒杀黄绍颇，请王延政之侄王继勋出面主持军府事，留从效与王忠顺、董思安 3 人自署为平贼统军使。接着，又派陈洪进送黄绍颇首级至建州，献给富沙王王延政。王延政大喜，即以王继勋为侍中、泉州刺史，留从效、王忠顺、董思安均任都指挥使。

朱文进从福州发兵攻打泉州，留从效率部设埋伏，出奇兵，打败朱文进的部队。

后晋开运二年（945年），南唐国主李璟遣将攻打建州，王延政降，王继勋也以泉州降。李璟委李宏义为威武军节度使。翌年，王继勋以平辈身份致书修好于李宏义，李宏义以泉州一向隶属威武军，不满王继勋抗礼，派其弟李宏通带兵万人攻泉州。留从效以王继勋平日赏罚不当、士卒不肯用命为由，废黜王继勋，自领军府事，称泉、漳二州留后。然后领兵击败王宏通，并上表向李璟报告。李璟即把王继勋召往金陵，以留从效为泉州刺史；改漳州为南州，以董思安为刺史。后汉乾祐二年（949年），留从效之兄、南州副使留从愿用毒酒杀害董思安而代之，自此留从效兼有泉、南二州。李璟即升泉州为清源军，任命留从效为清源军节度使、泉南等州观察使。后又累授同平章事兼侍中、中书令，封鄂国公、晋江王。

后周显德二年（955年），后周世宗柴荣发兵攻南唐，李璟以十万大军保紫金山，留从效连续上表言："顿兵老师，形势非便。"李璟不听，结果大败，江北之地尽归后周所有。留从效为保境安民，便以帛写表，密藏革带之中，派衙将蔡仲赟等扮作商人，取道湖北，向后周世宗表示归附诚意。显德六年（959年），又派别驾黄禹锡间道奉表，以獬豸通犀带、龙脑香数十斤为贡，后周世宗赐诏嘉纳。留从效为表示诚意，还要求在京师建置官邸，后周世宗因其一向依附南唐，有所顾虑而未允。

宋太祖即位后，留从效立即上表向宋称藩，贡奉不绝，同时继续与南唐周旋。宋太祖遣使厚赐留从效，并加慰勉。由于留从效灵活周旋，泉、漳二州得以保持相对安宁。宋建隆三年（962年），留从效疽发背病卒，南唐后主李煜诏赠太尉、灵州大都督。

在五代王审知身后的福建动乱中，留从效据有泉漳17年，名义上隶属南唐，实为自治，采取息兵安民保土政策，大力发展生产和海运，使兴化、

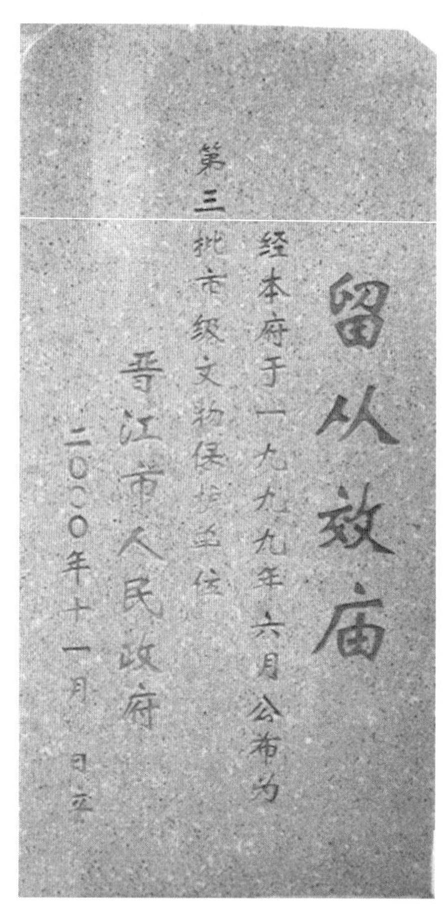

留从效庙

泉、漳三地在五代全国性的战乱中独得繁荣和发展。

留从效出身寒微，知人疾苦。他治理泉州 17 年，专以勤俭养民为务。平时一身布衣，将公服置于中门之侧，外出和处理公务时才穿上。在主政期间，积极发展农业生产，令士兵垦田，召游民种地，围垦海滩，兴修水利，泉郡因此常“仓满岁丰”。手工业，特别是用于对外贸易的陶瓷、冶炼业和丝织业等，得到较大发展。留从效很重视教育，每年秋天都举行考试，取明经、进士，谓之“秋堂”。后晋开运三年（946 年），留从效在泉州扩建新城，城高 1 丈 8 尺，周长 20 里，为原有城墙的 7 倍。留从效十分重视海外交通贸易，令人在城内“开通衢，构云屋”，以“招徕海上蛮夷商贾”；蠲除各种苛捐杂税，允许自由贸易。当时，从泉州运往东南亚、阿拉伯和非洲东部等地的货物有陶瓷器、铜铁器等手工业品，从海外运回的有象牙、犀角、玳瑁、明珠、浮香、樟脑等货物。泉州城内货物充盈，商业繁盛，号称“云屋万家，楼雉数里”。宋代泉州成为对外贸易巨港，留从效实为开创者。

2. 陈洪进

陈洪进（914—985 年），字济川，南唐清源郡泉州仙游县连江里枫亭驿南部（今福建省仙游县枫亭镇秀峰村后榄自然村）人。五代十国南唐末期、宋朝初年曾任清源军节度使（管辖泉州、漳州）。

陈洪进年少时喜欢读书，又学习兵法，以其才能勇略闻名乡里（枫亭驿）。长大从军后，在一次进攻汀州（今福建长汀县）的战役中，因功被任命为副兵马使。

闽国天德二年（944 年），朱文进、连重遇在福州刺杀闽帝王延羲，朱文进并自立为闽主。陈洪进追随泉州留从效、董思安、张汉思等人反抗朱、连一党，并被殷帝王延政任命为都指挥使。在朱文进被杀、殷帝王延政投降南唐后，陈洪进亦随之归南唐，留从效被任命为清源军节度使（驻泉州晋江县刺桐城）时，陈洪进被任命为统军使。

宋太祖赵匡胤建隆三年（962 年），留从效去世，继立的留绍镃年纪尚小，无法掌控军政，陈洪进遂诬指其欲归附吴越，将留绍镃送往南唐，反推年迈的统军副使张汉思为清源留后，陈洪进则任节度副使。

张汉思此时已经年老而不能处理军政，因此事情都由陈洪进决定。张汉思害怕陈洪进专权，因此在酒宴上埋伏士兵准备杀死他。酒过三巡，忽然地震，和张汉思同谋的人恐惧，就告诉陈洪进，陈洪进赶紧离开酒宴，自此事以后，陈洪进就被张汉思以重兵严防。

陈洪进

建隆四年（963 年）四月，陈洪进袖藏大锁，穿着平常服装进入军府，喝退值勤卫兵，张汉思在里面，陈洪进将其反锁，胁迫交出印信后将其软禁。不久，南唐帝李煜顺势任命陈洪进为清源军节度使、泉南等州观察使，自此割据泉、漳二州，自称留后。

陈洪进主政泉、漳后，改革田赋，兴修水利。如重修登瀛里天水淮（后改名节度淮）；筑晋江县陈埭，合南浦诸水为陡门通归于海等。推进泉州地区经济发展，持续海上贸易，于宋乾德初扩建晋江县刺桐城——泉州州城。

乾德二年（964年），宋将清源军改为平海军，再任命陈洪进为平海节度使，泉漳等州观察使、检校太傅，赐号为“推诚顺化功臣”。陈洪进为求继续割据，每年都向宋朝大量进贡，因此常向百姓征收重税，又命富人捐钱以免除徭役。而自己的子弟和亲戚，反而交相贿赂，二州的百姓很是痛苦。

宋灭南汉、南唐后，陈洪进所辖泉、漳二州直接与宋朝接壤。宋太祖开宝九年（976年），吴越王钱俶主动入宋朝觐见，因此宋太祖亦下诏命陈洪进入朝，行至中途，宋太祖刚好去世，陈洪进回泉州发丧。宋太宗赵光义即位后，陈洪进被加封为检校太师。

太平兴国三年（978年），正是南唐后主李煜亡国降宋三年后中毒身亡之际，迫于形势的原南唐清源军节度使、仙游枫亭人陈洪进入朝觐见，并奉表献出泉州、漳州2郡14县（含莆田、仙游、同安三县），结束割据，归顺宋朝。这标志着泉、漳2州正式纳入宋朝版图，已经建立18年的宋朝正式统一福建全境。泉州、漳州2郡14县包括泉州府管辖的南安、莆田、仙游、晋江、同安、安溪、永春、德化、兴化、惠安10县，漳州府管辖的龙溪、龙岩、长泰、漳浦4县。其中，泉州府惠安、兴化2县是在宋朝初年划邻县地设立的，陈洪进纳土降宋时的泉、漳2州实际只管辖有12县。但是，宋人史书上却与时俱进地记载了14县。

陈洪进成为自唐朝安史之乱之后两百年间，遍地藩镇以来的最后几个军阀之一。宋太宗则改命他为武宁军节度使、同平章事，调离福建。

太平兴国四年（979年），陈洪进跟随宋太宗的军队攻克太原（今山西太原），灭北汉。太平兴国六年（981年），被封杞国公。雍熙元年（984年），再被进封为岐国公。陈洪进此时已年过七旬，请求退休，宋太宗因此免其朝请。

雍熙二年（985 年），陈洪进因病在开封去世。宋太宗为此罢朝二日，并赠中书令，谥忠顺（岐忠顺公），追封南康郡王。

第五章 南楚风云

南楚（907—951 年），马殷所建，史称马楚。都潭州（今湖南长沙），称长沙府，是历史上唯一以湖南为中心建立的政权。盛时疆域 20 余州，约为今湖南全省、广西东北部，贵州东部及广东西北角。951 年，楚发生内乱，南唐乘机派大将边镐攻下长沙，灭楚。历 6 主，共 45 年。

一、马殷入湘称楚王，临终遗命惹后患

楚武穆王马殷（852—930 年），字霸图，许州鄢陵（今河南鄢陵）人，一说上蔡人（《三楚新录》）。南楚开国国君。

马殷少时在家作木工，黄巢起义军攻入长安后，他被募入军中，隶属于唐忠武决胜指挥使孙儒，先戍蔡州（今河南上蔡），后又随孙儒进攻淮南杨行密。景福元年（892 年），蔡州军将孙儒战死之后，其兵将多投降于杨行密，唯刘建锋和马殷收余众 7000 人，南走江西，后来规模至 10 万左右。乾宁元年（894 年），刘建锋和马殷带着蔡州军团从醴陵进入湖南，随后开始征服湖南各方势力。乾宁三年（896 年），刘建锋被部下杀死，张佶推马殷为主。乾宁三年八月马殷判湖南军府事，光化元年（898 年）进武安军节度使，武安军节度使是当时湖南地区最高行政机构，辖管湖南其他各军节度使。开平元年（907 年）朱温建梁，以马殷为楚王。《十国春秋》卷六古《武穆王世家》中记载，开平二年（908 年）九月“王主地既广，息民

礼士湖南遂安”。从 894 年到 908 年 14 年时间，马殷用来建立并稳定政权。

乾宁元年（894 年），刘建锋和马殷杀死邓处讷自称武安留后，蒋勋本邓处讷邵州指挥使，后降刘建锋，邓氏死后，蒋勋求为邵州刺史，不许，故据邵州，连飞山、梅山蛮起兵寇湘潭，马殷破之。杨、唐、蔡、陈、鲁氏等皆地方贼帅，实力有限，马殷遣李琼、秦彦巧、张图英、李唐等蔡州军将攻之，两年内衡、永、道、柿、连等五州悉数入马殷之手。

马 殷

天复元年（901 年）武贞军节度使雷满死，子雷彦威自称留后，主掌朗州事物，但他沿袭父风，常焚掠荆、鄂之间。大约开平元年（907 年）左右，被弟雷彦恭所逐，开平元年，雷彦恭袭任武贞军节度使，雷彦恭依旧攻击焚掠，为祸荆、湖。后梁遣马殷和高季昌合力攻讨，开平二年（908 年）秦彦晤攻破朗州，雷彦恭奔淮南。马氏得朗州后，奏改武贞军为永顺军。

开平四年（910 年），辰州蛮苗宋邮、靖州蛮苗潘金盛据险自居，数次侵扰楚的边境，马殷遣将吕师周击之，乾化元年（911 年），斩潘金盛于武冈。乾化二年，辰州蛮苗宋邺、溆州蛮苗昌师益皆率众降于楚。吉州刺史彭玕，世居赤石洞为苗豪，钟传据江西，以其弟彭瑊为吉州刺史，后以彭玕代之，钟传死后，开平三年（909 年）七月率众数千人归附马殷。据《九国志》卷十一的记载，彭玕本想进据湖南，天祐三年（906 年）十二月遣敖瞻、李绪请降于马殷，目的是探湖南虚实。敖瞻等回来后，认为湖南不可图，之后才率其族和部众数千归附马楚。

开平元年（907 年），后梁封马殷为楚王，楚国正式成立。马殷仿效朝廷体制，改潭州为长沙府，作为国都，并在长沙城内修宫殿，置百官，建立了一个名副其实的独立王国，成为五代时期 10 个封建割据国家之一。

马殷割据湖南之初，只有潭、邵（湖南邵阳）二州。后来才逐渐拥有了原湖南管内的七州土地。即使这样，对于东邻吴国与北方中原王朝来讲，它还是相形见绌。因此，马殷对外依附北方王朝，抵御东邻吴国，对内则发展商业，积聚财富，国内形势相对安定。

吴是南方大国，东有吴越，西有楚国，其建立者杨行密曾击杀孙儒，被楚视为宿敌，双方时时发生摩擦。中原王朝正想利用楚与吴越牵制吴国。因此，楚国臣服中原王朝，中原王朝则向它提供保护。在这面保护伞下，楚与吴国之间，倒也少有大战。

湖南地势偏僻，府库空虚，百姓贫乏，马殷被梁封为楚王后，向梁请求在汴州（今河南开封）、荆州（今湖北江陵）、襄州（今湖北襄樊）、唐州（今河南泌阳）、郢州（今湖北京山）、复州（今湖北沔阳西南）等地设置邸务，将湖南茶叶销往北方，换取绢帛、战马。每年有数十万钱的收入。国库渐渐充实。马殷又罢免关市税收，鼓励外来商人入湖南贸易，一时间，昔日偏僻的湖南，商旅云集，钱货充斥。为促进本地物品外销，马殷还令境内使用铅钱、铁钱，商旅出境，无法携出使用，只好换成货物，因此，当时人称这一做法是“以本土所余之物易天下百货，国以富饶”。

楚王马殷纪功碑帖

楚国富庶，战事稀少，马殷晚年纵情享乐，不理政事，10 个儿子也多已成年，都觊觎着马殷死后的位置。长兴元年（930 年）十月，马殷病终，时年 79 岁，遗命次子马希声继立；并命马希声之后，诸兄弟依次继立，有违命者斩之，这就打开了“众驹争槽”的大门。

二、夺王位众驹争槽，五兄弟轮流坐庄

1. 衡阳王马希声

马希声（898—932 年），字若讷，为马殷次子。马殷有子 10 人，其中以嫡长子马希振最为贤明，王位本应由其继承，但因马希声生母德妃美貌出众，深得马殷宠爱，故马希声也因母宠而得立。马殷死后月余，即长兴元年（930 年）十一月，马希声登上王位。继立后，马希声慑于北方强国后唐，不敢称楚王，自动废去王号，被后唐任命为武安、静江等军节度使。他曾听说梁太祖朱温喜欢吃鸡，心中十分向慕，因此每天都要杀 50 只鸡来吃。埋葬马殷的时候，马希声不哭泣，而是狠狠地吃了几大碗鸡肉。他的礼部尚书潘起讽刺他说：“过去阮籍的母亲死了，阮籍顿顿都吃蒸猪肉。如今大王好吃鸡肉，看来世上从来都不缺乏贤能之人！”马希声在位 2 年病卒，追封衡阳王。

2. 文昭王马希范

马希范（899—947 年），字宝规，为马殷第四子，与马希声异母同日所生。初为镇南节度使，驻守朗州（治武陵，今湖南常德市）。长兴三年（932 年）七月，马希声病卒，六军使袁诠、潘约等迎立马希范。马希范回长沙即位后，首先做的事是遣使向北方朝廷后唐称臣纳贡，以求封爵。应顺元年（934 年）春正月，后唐封马希范为楚王。晋灭唐后，马希范又连忙向晋主进贡，以后每年都以楚国的金银财宝及方物大量献纳，竭力讨好晋朝，以求偏安。天福四年（939 年）四月，晋加封马希范为天策上将军，允许其开府置官。十一月，马希范始开天策府，设置护军中尉、领军司马、都军使等官属，

并设天策府文学馆，立学士员，楚国的威势大增。是年，马希范便遣左静江指挥使刘勍、决胜指挥使廖匡齐率军向西部、南部诸蛮部落发动进攻。次年春，溪州（州治大乡，今湖南永顺东）、锦州（州治卢阳，今贵州铜仁东）、龚州（州治平南，今广西平南）三州诸蛮部落首领纷纷投降归附，楚趁机将三州兼并，置官管辖。为显示自己的威风，马希范又自称为东汉伏波将军马援的苗裔，并效仿马援，以 5000 斤铜浇铸一高柱，柱高 1 丈 2 尺，立于溪州。不久，宁州（今陕西宁县）蛮莫彦殊以所部温州（今广西大新西北）、那州（今广西东兰东北）等 18 州，都云（今贵州都匀）蛮尹怀昌率其昆明等 12 部、牂州（今贵州瓮安东北）蛮张万浚率领所部夷（今贵州湄潭）、播（今贵州遵义）等 7 州前来归降，一时间，楚国的疆土向西和西南大大延伸。

但是，马希范没有继续发展楚国，而是从此整日沉湎于花天酒地之中。他骄奢无度，赋税苛重。天福七年（942 年），马希范大兴土木，在长沙城西北修建天策府，筑天策、光政等十六楼及天策、勤政等五堂。他极栋宇之盛，以金玉饰栏槛，以丹砂涂墙壁，以木棉制地毯铺遍各个殿堂楼阁。次年，他又建九龙殿、会春园、嘉宴堂、金华殿，装饰豪华，耗资巨万，又日夜携美女、子弟及僚属在其间游宴歌舞，昼夜无节。由于他的大肆挥霍，国家财用日益不足，马希范便加赋国中，压榨民众。他常常派遣使者行田，以所增收赋税多少定功，结果农夫们不胜赋租，纷纷逃离故土。为增加收入，

莫高窟五代 98 窟东壁女供养壁画

他还大肆卖官鬻爵，入财拜官，以钱多少定官高卑，外官迁者，则以贡献多少为殿最。民有罪，输钱可免释，强者收为兵，贫弱者则受刑。除沉重的常税外，马希范又令地方交纳贡米，规定大县贡米3000斛，中县千斛，小县700斛，无米以布帛代替。天策学士拓跋恒上书切谏，说“足寒伤心，民怨伤国”，要他减轻赋税，马希范大怒，斥退拓跋恒，结果民不聊生，怨声载道。

马希范还是个好色之徒。最初其原配夫人顺贤夫人在世时，治家有法，马希范十分害怕她，不敢过于淫乱。天福三年（938年）顺贤夫人死，马希范开始纵情声色，不仅把父亲的妾媵据为己有，而且还极力搜寻国中美女，抢人妻室，达数百人，还不满足。当时，契丹灭晋，中国大乱。他的牙将丁思觐在朝廷上劝谏马希范说:“先王起于卒伍，通过攻战而得此州之地，倚朝廷而制邻敌，传国三世，有地数千里，养兵十万人。如今天子囚辱,中国无主,这正是霸者立功之时。大王如果调发全国之兵出荆以趋京师，倡义于天下，就能建立齐桓公、晋文公那样的功业。可你却耗费国家用度，大兴土木，沉湎于儿女之乐。”马希范听了，不知如何回答。丁思觐瞪着马希范说:“傻小子终不可教！”说完便自杀了。

开运四年（947年）五月，马希范在一片咒骂声中死去，终年49岁。谥文昭。

3. 废王马希广

马希广(约900—951年),字德丕。是马殷第三十五子,马希范的同母弟。他性情温顺谨慎，深得马希范喜爱。成人后，被任为武安军节度使、天策府都尉、领镇南节度使。马希范卧床不起后，又委以国政，以马希广判内外诸司事。临终前，他又召见学士拓跋恒，授意要把王位属马希广。马希范死后，楚国将臣在立嗣问题上发生分歧。以都指挥使张少敌、都押牙袁文恭为首的一部分楚臣认为,武平(朗州)节度使马希萼于先王诸弟中最长，宜嗣位；而以长直都指挥使刘彦瑫、天策学士李宏杲、邓懿文为首的楚臣

要拥立马希广为楚王，双方争夺激烈。最后，刘彦瑫等遂称立马希广为先主遗命，奉马希广权军府事。七月，后汉主以马希广为天策上将军、封楚王。

被拥上王位的马希广并不能完全控制时局，当时楚国内外交困，一片混乱。其兄马希萼虽争位不胜，但并不甘心，马希广有随时被推倒的可能。邻国南唐、南汉也正在窥视楚国，伺机出兵。

乾祐元年（948 年）秋八月，南汉主遣知制诰钟允章打着求婚的名义来探测楚国内部情况，回去后，汉主问他："马公还能经略南土吗？"钟允章答道："马氏内争不暇，哪里还能顾得上危害我们？"南汉主高兴地说："这正是我进取楚国的好时候。"十二月，南汉便出兵攻楚，相继拔下贺州（治临贺，今广西贺州市）、昭州（治平乐，今广西平乐）。

次年秋，马希萼也向马希广发动进攻。他调发朗州全部丁壮为兵，号称静江军，造战舰 700 艘，攻打潭州（治长沙，今湖南长沙市），被希广军打败。休整一段时间后，于乾祐三年（950 年），马希萼又组织兵力，再一次准备进攻潭州。同时，马希萼又向南唐主称臣，以求得南唐支持。冬十月，马希广遣刘彦瑫率众兵入朗州境，拦截马希萼军船只，马希萼遣兵 3000 人、战舰百艘迎战，刘彦瑫纵火烧船，谁知刚点火不久，风向转头，回风反火，刘彦瑫兵士被大火吞没，结果烧死、溺死者数千人。马希广闻讯后十分惊慌，平素很少给下级赏赐的他，如今不得已拿出大量金帛慰劳将士，又急令马军指挥使张晖率兵击朗州。兵至益阳（今湖南益阳市）时，遭马希萼大将朱进忠围攻，张晖逃归长沙，其 9000 余士卒全部战死。

十一月，马希萼自称顺天王，乘胜进攻长沙。不久，长沙城陷，马希广被捕获。马希萼兵大掠三日，杀吏民，焚庐舍，王宫宝货劫掠一空，宫殿宇室化为灰烬，马希广及夫人、子女皆被处死。

4. 恭孝王马希萼

马希萼（900—953 年），马殷第三十子。马希范死后，马希萼认为自己在先王诸弟中年最长，当立为王，而一部分楚臣却以先主遗命为由立弟马希广为王。经过激烈争夺，马希广被拥上王位，并且得到北方汉王朝的承认。马希萼本人生性刚烈凶狠，时为天策左司马、朗州节度使、知永州事，争位不胜，使他极为恼怒，遂兴师争国。乾祐二年（949 年）秋，马希萼征发全部朗州丁壮，组成静江军，赶造 700 艘战舰，攻打潭州。马希广令岳州（治巴陵，今湖南岳阳）刺史王赟为部署战棹指挥使，以刘彦瑫为监军，结果大败马希萼，获其战舰 300 艘，马希萼率残兵逃归朗州。但马希萼并不甘心，乾祐三年（950 年）夏，马希萼又纠集辰州（治沅陵，今湖南沅陵）、溆州（今湖南怀化）及梅山一带的少数民族兵攻打益阳（今湖南益阳）。他们很快拿下益阳，进逼长沙。马希广速派重兵守长沙南北重镇湘乡（今湖南湘乡）及玉潭（今长沙市北）以堵阻朗州及诸蛮兵。九月，马希萼向南唐主李璟称臣求助。在南唐支持下，马希萼自称顺天王，亲自率兵进攻长沙。马希广派使者前去劝说马希萼，马希萼回报说："情义已绝，非地下不相见。"不久长沙攻陷，马希萼杀掉政敌马希广，留儿子马光赞守朗州，自己入居长沙，自称天策上将军、楚王及武安、静江等节度使，任命其弟马希崇为节度副使判军府事。楚国要职，均委以朗州旧部。

马希萼为王后，纵酒荒淫，把全部军政事务委以马希崇，马希崇趁机发展自己的势力，刑政紊乱，使得朗州旧将多有离心。马希萼佞幸小人，尤其小门使谢彦颙因貌美深得宠幸。有一次马希萼宴请将臣，让彦颙坐上座，列诸将之上，诸将甚为不满。由于攻陷长沙后，马希萼纵兵烧掠，宫殿府舍化

五代越窑青瓷莲花碗

为灰烬，现在为满足自己奢侈生活需要又要大兴土木。保大九年（951 年）春，他命朗州指挥使王进逵率朗州数千兵士修建宫室，兵士将卒劳苦不堪，而马希萼又不加以存恤，将士怨恨。一天早晨，王进逵率众返回朗州。时马希萼酒醉未醒，直到次日才遣兵追击，结果遭王进逵兵伏击。王进逵又将朗州留后、马希萼儿子马光赞废黜，立马希广子马光惠为朗州节度使。十月九日，马步都指挥使徐威与马希崇策谋，发动宫廷政变，马希萼被捉，马希崇自立为楚王。马希崇派将官将马希萼押往衡山囚禁。不料，押送将官又拥马希萼为衡山王，他们大力招募徒众，声称要发兵声讨马希崇。马希崇向南唐求救，南唐主令边镐率兵入长沙，马希崇投降。南唐任马希萼为江南西道观察使，居洪州（今江西南昌市），马希崇居扬州。保大十年（952 年），马希萼入觐唐主，唐主怕他在外作乱，便留他在金陵，数年后病死，谥恭孝。

5. 后主马希崇

马希崇（915—960 年），为马希萼同母弟，狡猾阴险。马希范为楚王时曾任天策左司马。在马希萼与马希广争夺王位时，他多次挑拨，扩大双方矛盾。乾祐三年（950 年），马希萼推翻马希广，自立为楚王，马希崇被任命为节度副使判军府事。马希萼为王后，整日纵情酒色，不理朝政，军政事务均由马希崇处理。马希崇手中的权力愈来愈大，野心也随之增长，他在寻找时机推倒马希萼，自己为王。保大九年（951 年）十月九日，马希萼设宴端午门，马希崇与马步都指挥使徐威等密谋，发动政变，将马希萼捕获，随后遣将官押往衡山（今湖南衡阳市南）囚禁，马希崇自称楚王。

马希崇袭位，朝中将臣心怀不满而不附，以朗州王进逵为首的地方将士声言讨篡夺之罪，联兵进攻长沙；更使马希崇恐慌的是马希萼又被押送将官奉为衡山王，他们在衡山开府置官，招兵买马，几天兵至万余人，他们口口声声要北讨反贼。在这种情况下，马希崇向南唐求救，南唐主令将边镐率兵万人直趋长沙，马希崇投降，并亲自犒劳南唐国将兵。边镐令马希崇率族人入朝，马家族人重贿边镐，希望留居长沙，边镐讥笑道：“我唐国与你马家，做了60年仇敌，但也不敢存灭你楚国的念头。现在你们兄弟争夺，困穷自灭，如果还有什么打算，恐怕你们受不了。”马希崇无可奈何，只好率族人及将佐千余人号哭上船，来到金陵。唐主使马希崇为永泰军节度使，居扬州。后马希崇率其兄弟17人奔后周，后周封他为右羽林统军，最后病卒。

三、骁勇善战刘刺史，慷慨大言周行逢

1. 刘言

刘言（？—953年），吉州庐陵（今江西吉安）人。本为吉州（今江西吉安）刺史彭玕的属下。后梁开平三年（909年），南吴占领江西，刘言随彭玕投奔南楚，任辰州（今湖南怀化）刺史。

后周广顺元年（951年），南楚马氏内斗，楚王马希萼荒淫无道，湖南大乱，静江指挥使王进逵、周行逢等将领因此叛变，割据朗州（今湖南常德），一度推举马光惠为武平节度使。后来因马光惠愚昧懦弱，而刘言骁勇善战，素得当地原住民的人心，遂被王进逵、周行逢等人推为权武平留后。

刘　言

潭州守将徐威作乱，南唐中主李璟派边镐率军入朗州，马氏举族投降，南楚灭亡。南唐召刘言等人入朝，然而刘言等人拒绝。

后周广顺二年（952年），刘言遣王进逵、何敬真等人攻击边镐，南唐军大败，撤出湖南，南楚马氏在南岭以北的故地（郴州、连州被南汉占据）为刘言等人收复。

后周广顺三年（953 年），刘言被后周太祖任命为检校太师、同平章事、朗州大都督，充武平节度使，制置武安、静江等军事。

本来，潭州是武安节度使的府治以及南楚的都城所在地，这时刘言以潭州毁于战乱，请求后周将湖南地区的政治中心迁往朗州，因此引起被任命为武安节度使的王进逵不满；而刘言为王进逵拥立，王进逵不愿居其下，刘言亦认为王进逵是潜在的威胁，二人因此对立。

王逵谋曰："刘言将可用者，不过何敬真、朱全琇尔。召而杀之，刘言可取也。"此时南汉常常骚扰梧州、桂州、宜州、蒙州，王进逵建议刘言召何敬真等派兵征讨，刘言信之，以何敬真为南面行营招讨使，朱全琇为先锋使。何敬真、朱全琇被王进逵与周行逢联手翦除，王进逵、周行逢二将随即攻朗州，刘言被擒，不久被王进逵派将领潘叔嗣杀害。

2. 周行逢

周行逢（916—962 年），朗州武陵（今湖南常德）人。出身农家，五代时期曾任武平节度使。后应募为楚主马希萼部静江军卒，与王进逵、潘叔嗣、张文表等人结为"十兄弟"，在 10 人中最有计谋。周行逢积功成为军校，后升任静江指挥副使。

王进逵攻打南唐将领边镐，周行逢攻陷益阳，杀死南唐军士 2000 多人，活捉南唐将领李建期。王进逵担任武安军节度使，让周行逢担任集州（今四川南江）刺史，做王进逵的行军司马，王进逵与刘言不和。广顺三年（953 年），周行逢就和王进逵密谋杀掉刘言。王进逵占据武陵，周行逢占据潭州（今湖南长沙）。

显德元年（954 年），后周朝廷任命周行逢为武清军节度使，总管潭州军政大事。潘叔嗣杀掉王进逵，有人劝其进占武陵，潘叔嗣说："我杀王进逵，只为大家活命，武陵不是我想得到的。"就返回岳州，派其客将李简率领武陵人前往潭州迎请周行逢。周行逢进入武陵，有人请求把潭州送给潘叔嗣，周行逢说："潘叔嗣杀死主帅，犯下死罪，只因他拥立我，才不忍心杀他，要是给他武安，那就是我让他杀害王公。”于是让他来任行军司马。潘叔嗣气恼，称病不去，周行逢恼怒地说：“他又想杀害我！”就假装把武安给他，让他到武陵接受任命，来后就杀掉他。

周行逢出身于武陵农家，幼时家贫贱，没有德行，喜欢说大话。进入武陵后，还能注意节俭，且性格坚毅，敢于杀戮，手下将吏如有恃功自大者，一律绳之以法。有 10 余名大将谋划叛乱，周行逢设宴请诸将，喝到半醉时，派壮士将他们捉住杀掉，全境上下莫不惧服。百姓犯错不论大小全判死罪，夫人严氏告诫道：“人有善恶之分，怎能不分青红皂白全部杀掉呢？”周行逢恼怒地说：“这是外面的事，女人知道什么。”严氏不高兴，欺骗他说：“我家佃户，因你而地位升高，不专心务农，常仗势欺民，我想亲自去看一下。”严氏去后就长期居留，每年穿青裙监督佃户送租进城。周行逢前去看望她，劝她道：“我已富贵，夫人何必自找苦吃。”严氏说：“公还记得做户长时的情形吗？百姓租田后，常遭鞭打，今天富贵，应该身先力行，怎能马上就忘记过去呢？”周行逢强行要她随行，让群妾送上轿子，严氏不肯，并说：“公行法太严失去民心，所以不想留下，一旦灾祸来临，田野之间容易逃命。”周行逢因此稍稍减轻刑罚。

建隆三年（962 年），周行逢生病，召集将吏，把其子周保权托付给他们说：“我由乡下入伍，当时一共 10 人，都被杀死，只有衡州刺史张文表独存，他因没有当上行军司马常心中不满，我死后，张文表必然叛乱，到时让杨师璠讨伐他。如他不干，就闭城坚守，归附北宋朝廷。”

鎏金錾花葵口银盘

周行逢死后，周保权即位。张文表听说后，恼怒地说：“周行逢和我一同由贫贱创立功名，现在怎能北面侍奉小儿！”就率兵叛乱，攻占潭州。周保权向北宋求援，又命杨师璠讨伐张文表，将周行逢遗言告诉他，情至泪下，杨师璠也流着泪，对部下说：“你们见过这样的郎君吗？没有长大就如此贤明。”军士们被感动，都愿效力。杨师璠到平津亭，张文表出城迎战，大败。起初，周保权求援，宋太祖赵匡胤派慕容延钊讨伐张文表，还没到，张文表已被杨师璠俘获。慕容延钊进入朗州，周保权率家族到京城朝见。

第六章 南汉风云

南汉（917—971 年），曾称大越国。刘隐开创，其弟刘䶮建国。都广州番禺（今广东广州），称兴王府；盛时疆域有 60 州，约为今广东、广西两省及云南的一部分。宋开宝四年（即南汉大宝十四年，971 年），宋兵攻占广州，南汉亡。历 4 主，共 55 年。

一、刘隐割据占岭南，刘䶮立越建南汉

1. 烈祖刘隐

刘隐（874—911 年），原籍上蔡（今属河南），后迁居泉州。唐朝末年和五代初年岭南割据军阀，南汉政权的实际奠基者。

刘隐之父刘谦，唐末为封州（今广东新兴县）刺史，拥有上万人的军队和成百的战舰。刘谦生有三子，长子便是刘隐。乾宁元年（894 年）刘谦卒，不久，清海军节度使刘崇龟召刘隐补右都押牙兼贺水镇使，并上表朝廷委任刘隐继任封州刺史。

唐昭宗乾宁三年（896 年），刘崇龟去世，嗣薛王李知柔前往广州，赴任清海节度使。李知柔行至湖南时，广州牙将卢琚、谭弘玘（一作覃玘）作乱，据守广州抗拒李知柔入境，由谭弘玘固守端州（今广东肇庆端州区）。李知柔因此不敢入境。谭弘玘交结刘隐，许诺把自己的女儿嫁给刘隐为妻。刘隐假装答应这桩婚事，以娶亲为借口，把士兵武器埋藏在船上，夜里进

入端州，斩杀谭弘玘。继而乘胜袭击广州，斩杀卢琚，接着刘隐整顿军容迎接李知柔进入广州主持节度使事务。李知柔上表朝廷任命刘隐为行军司马。其后徐彦若代替李知柔担任清海节度使，上表朝廷任命刘隐为清海节度副使，将军政之事委任给刘隐。

唐昭宗光化元年（898 年），韶州（今广东韶关）刺史曾衮发动军队攻打广州，广州将领王瓌率领战舰接应曾衮；刘隐一交战就将曾衮的人马打败。韶州将领刘潼重新占据浈阳县、浛县，刘隐率军讨伐，将刘潼斩杀。这样过了几年，太保、门下侍郎徐彦若接替李知柔，上表刘隐为节度副使，管理军政。唐昭宗天复元年（901 年）十一月，徐彦若去世，遗表荐举刘隐代理清海留后。

唐昭宗天复二年（902 年），虔州刺史卢光稠进攻岭南，并攻取韶州，派他的儿子卢延昌驻守韶州，进兵围攻潮州。刘隐发兵把卢光稠赶出了韶州，并乘胜进攻韶州。刘隐的弟弟刘龑认为卢延昌有虔州军队的援助，不能匆忙攻取。刘隐不听，于是包围韶州。

南汉龙首鸱吻

适逢江水涨发湍急，粮草输送跟不上，卢光稠自虔州带兵救援韶州；卢光稠的部将谭全播在山谷之中埋伏精锐部队一万人，用瘦弱的兵士挑战，在韶州城南大败刘隐的军队，刘隐只身逃回广州。

当初，徐彦若临终上表荐举刘隐代理清海留后，朝廷任命兵部尚书崔远为清海节度使。崔远到达江陵，听说岭南有很多盗贼作乱，并且畏惧刘隐不接受自己被替代，不敢前进，唐朝朝廷召崔远回京师。

唐昭宗天祐元年（904 年），刘隐派遣使者用重贿交结把持唐朝朝政的权臣朱温，于是朱温奏请朝廷，以刘隐为清海节度使。总领岭南地区的军政要务。

唐昭宗天祐二年（905 年），唐朝廷加任刘隐为同平章事。后梁开平元年（907 年），朱温废黜唐哀帝李柷，自行称帝，建立后梁政权。刘隐屡次上书劝进拥戴有功，同年五月初三日，朱温加任刘隐为检校太尉，兼任侍中，并封爵大彭郡王。

后梁开平二年（908 年）九月，武昌节度使马殷派遣马步军都指挥使吕师周率军进攻岭南，与刘隐打仗 10 余次，夺取岭南昭、贺、梧、蒙、龚、富六州。十月二十三日，后梁任命刘隐兼任静海节度使、安南都护。

开平三年（909 年）四月初四日，后梁加任刘隐为检校太师，兼任中书令，封南平王。刘隐占领岭南时，宁远节度使庞巨昭、高州防御使刘昌鲁不从。同年十二月，刘隐派遣其弟刘龑攻打高州（今广东茂名高州市），刘昌鲁把他打得大败；刘昌鲁接着进攻容州，但没有攻克。刘昌鲁自己估计终究不是刘隐的对手，于是归附楚王马殷。

乾化元年（911 年），后梁进封刘隐为南海王，加中书令。同年三月，刘隐病情紧急，上表朝廷委任其弟节度副使刘龑暂时主持留后事务。三月初三日，刘隐病逝，葬德陵。其弟刘龑称帝后，追谥刘隐为襄皇帝，庙号烈祖。

2. 高祖刘龑

南汉高祖刘龑（889—942 年），又名刘岩，初名刘陟。封州刺史刘谦第三子，清海、靖海节度使、南海王刘隐异母弟。南汉开国皇帝。

刘陟出生之时，其父刘谦的妻子韦氏性情嫉妒，听说后十分恼怒，拔剑而出，命人将刘陟拖来，准备杀死他。等她见了刘陟，却不下了手，一举剑就心慌，手中长剑也坠落于地。因此她说："这个孩子不是个一般的孩子。"便没有杀他，而将他母亲段氏杀害，养刘陟为己子。唐天祐二年（905

年），刘隐被唐任命为清海军（岭南东道）节度副使，二年后，又被梁封为大彭郡王，渐渐据有了整个岭南。刘隐委任弟刘陟为岭南东道清海军节度副使，刘陟在刘隐据有岭南的活动中曾起过重要作用。乾化元年（911年）三月，刘隐病卒，刘陟继为节度使。刘隐时代，一直向中原的梁朝称臣。刘陟继立后，势力渐强，又看到梁朝本身也动荡不已，遂与梁断绝往来。贞明二年（916年）八月，自行在番禺（今广东广州）即帝位，国号大越，年号乾亨。次年，改国号为汉。

继位以后，刘陟改名刘岩；到白龙元年（925年），又改名刘䶮。刘䶮骄奢淫佚，极尽享乐之能事，常常携爱妃幸臣四处游巡，所到之处，地方官都要大肆铺张，竞相进奉。无论是臣下将校，还是国内富商，只要拥有珍宝，就逃不出他的手心。宫中库房珍奇异宝如同山积，刘䶮一入库内，便流连忘返，废寝忘食。遇有北方商人到南汉来，他往往要招到宫中，向其出示库中珠宝，以富有相矜夸。他还自称本为关中人，耻于在此荒蛮之地为王，动不动就讥诮后唐君主，称后唐皇帝为洛州刺史。自称帝到病终，连年大修宫殿，极尽奢华。大有七年（934年）所修昭阳殿，黄金饰顶，白银铺地，殿中开设水渠，渠底遍布珍珠，又将水精琥珀琢成日月形状，镶嵌到东、西两玉柱之顶。晚年所修南薰殿，更是穷极艳丽。

南汉砖室墓出土的文物

在对国内的治理上，刘䶮却十分残酷。他设置了灌鼻、割舌、支解、刳剔、炮炙、烹蒸等刑。

还有特制的水狱，将毒蛇放于水中，再把犯人投入。刽子手们施行酷刑时，他还好亲自观看，有时甚至把犯人拉到宫殿中施刑，专门供他作乐。岭南百姓对他又惧又恨，称作“真蛟蜃”。尤其是大有十年（937 年）以后，刘龑久病不愈，更是喜怒无常，以杀人为乐，有时将人先投入热水中，再取出日晒，敷上盐酒，一直弄得肌体腐烂，慢慢死去。

大有十四年（941 年），做了 25 年皇帝的刘龑病重不起。第二年三月，刘龑病死于番禺（今广东广州），时年 54 岁。谥为“天皇大帝”，庙号高祖，陵墓为康陵。

二、三帝荒淫唯享乐，乐不思蜀降王长

1. 殇帝刘玢

刘玢（920—943 年），为刘龑第三子，本名洪度，封秦王。他二位兄长早亡，依次该为太子。但刘玢只知寻欢作乐，骄奢淫靡，不能处理大小事务，而且其母赵昭仪又一直没有受宠。因此，刘龑病重时曾想立第五子越王刘洪昌为嗣，将刘玢与第四子晋王刘弘熙放逐到外州。他对右仆射王翻说：“洪度与洪熙年纪虽长，却都不足以担当大任，只有刘洪昌像我，我想立刘洪昌为太子，无奈我的子孙越来越不成器，后世就像老鼠钻进了牛角里，前途必然越来越小。”说着哭了起来。不久，因大臣萧益劝止作罢。大有十五年（942 年）三月，刘龑病死，刘玢继位，改元光天。

刘玢即位后，果然不堪重任。刘龑尚未安葬，他就召伶人在宫中饮酒作乐。他还常常私自出宫，将妓女带回宫中。因此国内盗贼蜂起。由于刘龑死前有过立越王刘洪昌的打算，所以他对刘洪昌以及其他诸弟备加防范，规定任何人都不能佩带兵器入宫。唯独信任四弟刘洪熙。因为他认为刘洪熙也与他一样，差一点被放逐，肯定是刘洪昌的对头。因此，即位之初，就令刘洪熙辅政，朝政大权一以委之。刘洪熙也想方设法满足他的奢求，隔一定时间，就向他进献伶人、乐工或女伎。刘玢爱好角抵，刘洪熙专门

派刘思潮等五位力士学习角抵，进献刘玢。有这么一个条件，刘玢自然乐得自在，不分昼夜，作乐不息。

他没有料到，就在他即位之时，刘洪熙就与刘洪昌联合在了一起。光天元年（942 年）七月循州（今广东龙川西）人张遇贤长动起义，自称中天八国王，建元永乐。刘玢左右亲信，劝刘玢利用这一机会除掉刘洪昌，刘玢将此事交由刘洪熙办理，要委刘洪昌为都统，前去征讨张遇贤，但只给一些老弱残兵。这样刘洪昌或者兵败死于阵中，或者被问罪斩首。刘洪熙把实情告诉刘洪昌后，刘洪昌感激涕零。刘洪熙给刘洪昌拨发了 2 万精兵，又派悍将方景忻、陈道庠相随。希望他击败张遇贤后，再率军回番禺杀掉刘玢。

刘洪昌率 2 万兵马浩浩荡荡开赴循州，走到钱帛馆，被张遇贤团团包围，万景忻、陈道庠奋力救出刘洪昌，逃回番禺，张遇贤很快便攻下循州。刘洪昌逃回后，佯称负重伤，刘洪熙则向刘玢报告刘洪昌身负重创，危在旦夕，可免其一死。

南汉青釉六耳罐

此计不成，两人要直接冒险了。光天二年（943 年）三月，刘玢在长春宫观赏刘思潮五人角抵到午夜，刘玢已醉成一团。刘思潮等人迅速上前勒死刘玢，与奉刘洪熙令率兵入宫的陈道庠一道，将刘玢左右随从全部杀掉。

刘玢在位不过 2 年，死年 24 岁，谥号殇帝。

2. 中宗刘晟

刘晟（920—958 年），原

名刘弘熙，南汉高祖刘䶮第四子。光天二年（943 年）三月，谋杀三兄刘玢后，被越王刘洪昌率诸弟推为帝，改名刘晟，改元应乾。以五弟刘洪昌为太尉兼中书令，诸道兵马元帅、知政事。

刘晟杀兄自立，唯恐诸弟效尤。因此，虽然称帝之初不得不重用刘洪昌，对其他诸弟也都加官晋爵，但他心中却已把诸弟视作死敌。自即位的第三个月起就大开杀戒，率先杀掉了握有重兵的循王刘洪杲，又近使建武节度使刘洪弼入朝、韶王刘洪雅致仕。到他即位的第二年三月，派人杀掉了越王刘洪昌，接着又杀死镇王刘洪泽、韶王刘洪雅。乾和五年（947 年）二月，一天之内，杀死齐王刘洪弼等八弟，并将其家中所有男子杀尽女子纳入宫中。至此，刘晟把诸弟杀戮殆尽。与此同时，朝中重臣也多被刑杀，即使是有功于他的刘思潮、刘道庠等人也不能幸免。他专门令人造置了铁床、汤镬等刑具，动辄施刑，称为“生地狱”。

诸弟、诸大臣不被信用，他只有使用宦官与宫人。他任命宫人卢琼仙、黄琼为女侍中，参与政事。又重用宦官林延遇，使其典掌王命，专擅朝政。他以为这样就不会有人来篡夺皇位了。内部无虞，刘晟又想对外发动战争，壮大自己的声势。这时楚国内部也是兄弟相争，动乱不宁。南唐则受到新兴的后周的威胁，无暇南顾。乾和六年（948 年），刘晟派军大举攻楚，经过三年战争，夺得宜州、连州等 10 州，并大败南唐援兵。攻楚的成功，使刘晟得意非凡，后周曾派使者通好，刘晟向使节多方炫耀。

刘 晟

使节临行，晟以茉莉相送，使者询问茉莉名称，刘晟答以“小南强”。暗指南汉虽小，却十分强大。

不过，好景不长。随着后周的日渐强盛，南方诸国已人人自危，刘晟面对这一形势，仍悠然自得地说：“看来我自身能免除亡国之祸，至于后世子孙如何，我也就无暇顾及了。”对于将要来临的亡国之祸，他并不积极准备对策，而是加倍享乐，加倍奢侈。他专门派水军指挥使暨彦赟率船出海，掠夺商贾金帛，为自己建造离宫。接连修葺、装饰了八座宫殿，轮流游乐。每个殿侧都有宫人站立报晓，叫作“修窗监”。每次在殿中宴饮，都在两旁搭起彩亭，臣僚们列坐入内，共同宴饮，酒酣之时，还好让人将野兽放到殿前，刘晟亲自弯弓射杀。每次宴饮，几乎都是通宵达旦。一次夜饮。刘晟大醉，将瓜放到伶人尚玉楼头上，要亲自试剑，结果砍下了尚玉楼的头。第二天酒醒后，还要召尚玉楼。就这样，刘晟在穷奢极欲中度过了最后一段的皇帝生涯。

乾和十六年（958 年）八月，刘晟病死，葬于番禺城北的昭陵，谥号文武光圣明孝皇帝，庙号中宗。

3. 后主刘鋹

刘鋹（942—980 年），原名刘继兴，南汉中宗刘晟长子。16 岁那年，刘晟病死，他继立为帝，改元大宝。

即位之后，刘鋹对国政大事糊糊涂涂，漠不关心。国政大权掌握在宦官龚澄枢手中，龚澄枢在中宗朝即专权用事，刘鋹继位不久，他被任命为左龙虎观军容使、内大师。独揽朝政，他常对刘鋹讲：朝中群臣都有家室，也就都有私心，不会尽忠报国，只有宦者、宫人无牵无挂，肯忠心为陛下效力。这样，南汉的军国大政，都由宦官或宫人处理，朝中大臣根本无法参与朝政，只是一种摆设。不仅如此，龚澄枢为首的宦官集团对文臣武将大行杀戮，唯恐影响他们的权力。宰相钟允章等人相继被杀，一些趋炎附势的文臣甚至不惜变作阉宦。

刘𬬮自即位后就很少上朝理政，整日巡幸出游或作乐宫中。他十分宠幸一名波斯女，并赐号“媚猪”。他自己称“萧闲大夫”，不问国事。对那些受宠的宫妃，却封作三公、三师等高官，她们甚至可以穿起朝官服装，在朝中理事。即位的第二年，宦官们把一个叫“樊胡子”的女巫领入宫中，对刘𬬮说玉皇大帝已附到“樊胡子”身上，为女巫专门设置帷帐，使她坐在帐中向刘𬬮传送玉皇旨意。女巫称刘𬬮为“太子皇帝”，并说龚澄枢等人都是玉皇派来辅助刘𬬮的，不可轻易加罪。刘𬬮大事小事都要叩请女巫作决断。

刘𬬮即位的第三年，赵匡胤建立北宋，内常侍邵廷琄向刘𬬮建议，北宋势力迟早要南下，对此应早有安排，或者向北方朝贡纳款，或者修城练兵，准备抗击，刘𬬮默然不对，到大宝七年，郴州等地屡屡受到宋军进攻，刘𬬮才想起邵廷琄的话，任命他为招讨使，率军抗宋。邵廷琄出屯洸口（今广西桂林境内），招兵买马，训练士卒，准备抗宋。但次年夏，宋军尚未至，刘𬬮接到一封匿名状，告发邵廷琄谋反，刘𬬮当即遣使赐死邵廷琄。

大宝十三年（970年）九月，南唐李煜奉宋帝旨意致书刘𬬮，劝其降宋。刘𬬮囚禁使者，不肯投降，宋以潘美为帅，大举伐汉。此时南汉旧臣宿将多半被杀，领兵者多是宦官，而且自中宗以来，不修武备，城池不完，甲仗颓败，听到宋军南下的消息，举朝震恐。刘𬬮命龚澄枢守贺州，宋军未到，他就先逃回番禺。到十一月，宋军攻下贺、昭、桂、连四州。刘𬬮自作聪明地对臣下道：“昭、桂、连、贺本属湖南，北军要取就取去，我知道他们不会再南下了。”但十二月，潘美又进至韶州（今广东韶关市）。韶州是

五代十国南汉乾亨通宝乾亨重宝一对二枚

岭南门户，刘𬬮听到韶州失落的消息才感到事情严重，下令修造番禺城壕，选将防守。不过，这时连一个合适的将领也选不出了。宫女梁氏向刘𬬮推荐其养子郭崇岳，被刘𬬮任为招讨使。但郭崇岳无勇无谋，只会祈求鬼神保佑。次年二月，宋军逼近番禺，刘𬬮将珠宝财物装上 10 余只大船，想出海外逃，结果被宦官乐范与一部分卫兵先行把船盗走。刘𬬮无奈，只得素服出降。被送至开封。

刘𬬮至开封，再三向宋太祖解释：“臣年十六僭位，国政皆委澄枢，在国时臣是臣下，澄枢等是国主。”宋太祖斩龚澄枢等人，授刘𬬮金紫光禄大夫，检校太保。

刘𬬮在开封久了，倒也乐不思蜀。宋太宗伐北汉前夕，召群臣及刘𬬮等投降的君主宴饮，刘𬬮对太宗道：“朝廷威灵赫赫，四方刘𬬮伪主，今日都在座中，明日平定太原，刘继元又至，臣率先来朝，请陛下封我作诸国降王长。”引得哄堂大笑。宋太宗进封他为卫国公。

太平兴国五年（980 年），刘𬬮病死于开封，时年 39 岁。

第七章 南平风云

南平（924—963年），又称荆南，一作北楚。高季兴（原名季昌）所建。都荆州（今湖北江陵），称江陵府。疆域仅荆、归（今湖北秭归）、峡（今湖北宜昌）3州，约为今湖北省巴东县至湖南省岳阳市间长江两侧的狭长地带。第五主高继冲，于宋太祖乾德元年（963年）纳地归降。历5主，共40年。

南平是十国中最小的一个，虽名为十国之一，但它既未建有年号，又没有设立皇帝，它的实际统治者高季兴及其后继者甚至被邻国称为“高无赖”。

一、抗衡诸国高季兴，或和或战武兴王

高季兴（858—929年），字贻孙，本名季昌，陕州硖石（今河南三门峡市东南）人。十国南平国的建立者。

高季兴自称东魏司徒高敖曹的后人，早年曾是汴州富豪李让的家奴。中和三年（883年），朱温被任命为宣武军节度使。李让因献出大量钱财，被朱温收为养子，改名为朱友让。后来，朱温在朱友让的家奴中发现了高季兴，见他面貌很不寻常，便命朱友让收他为养子。高季兴因此改姓为朱，成为朱温的亲信牙将，开始学习骑射功夫，并逐渐由制胜军使升迁为毅勇指挥使。

天复元年（901 年），唐昭宗被宦官韩全诲等人劫持到凤翔（今陕西宝鸡市凤翔县）投靠李茂贞。天复二年（902 年），朱温率兵攻打凤翔，李茂贞坚守不出。由于日久不能破城，朱温打算退兵。高季兴劝道：“天下的豪杰们关注此事已经一年了，我们不应仓促撤兵，而且敌军和我们一样疲惫，城破就在旦夕之间。大王担心的只是敌方总是闭门不出，以消耗我们的给养和士气。这不难对付，我有办法可以将敌人引出来。”朱温采纳了他的主张，随即命他招募勇士。高季兴招募到勇士马景。

马景按照高季兴的计策，率几人到凤翔城下，对李茂贞道：“宣武军就要东撤啦！先头部队已经出发了。”李茂贞果然上当，开门追击。宣武军趁机攻入城内，马景却战死了。后来，李茂贞与朱温讲和，交出了唐昭宗。高季兴因功被任命为检校司空、代理宋州（今河南商丘）刺史，并授“迎銮毅勇功臣”称号。

此后，高季兴随朱温攻破青州（今山东益都），改为主持宿州（今安徽宿州）事务，迁任颍州（今安徽阜阳）防御使，并且恢复高姓。

五代十国武士

天祐三年（906 年），朱温攻破襄州（今湖北襄樊），荆襄节度使赵匡凝投奔淮南，其弟荆南留后赵匡明投奔西川。朱温遂任命高季兴为荆南兵马留后。荆州从唐僖宗以后，战火交集，市井城邑破败不全，高季兴招聚流离失散的人民，逃亡在外的人民回归故土恢复旧业，朱温嘉奖了高季兴，授予他符节和斧钺。

开平元年（907年），朱温代唐称帝，建立后梁，并任命高季兴为荆南节度使。不久，朱温下诏削武贞军节度使雷彦恭官爵，命高季兴与楚王马殷出兵讨伐。高季兴命大将倪可福与楚将秦彦晖攻打朗州（今湖南常德）。908年（开平二年），秦彦晖攻破朗州，雷彦恭投奔淮南。不久，朱温又加高季兴为同中书门下平章事。

此时的江陵城池残破，人口稀少，高季兴到后，招抚百姓，恢复生产。此外，高季兴任命倪可福、鲍唐为将帅，梁震、司空熏、王保义等为谋士，势力逐渐壮大。

乾化二年（912年），朱温被儿子弑杀，后梁国势日益衰弱。高季兴先是出兵攻归州（今湖北秭归）、峡州（今宜昌），结果被蜀将王宗寿击败，随后以“助梁击晋”为名袭击襄州，又被山南东道节度使孔勍击败。从此，高季兴断绝给后梁的贡赋。

梁末帝当时忙于应付北方战事，无暇顾及荆南，便对他采取优容政策。贞明元年（915年），梁末帝封高季兴为渤海王，并赐衮冕剑佩。贞明三年（917年），高季兴恢复给后梁的贡赋。

同光元年（923年），晋王李存勖灭亡后梁，建立后唐。高季昌得知后，为避李存勖祖父李国昌之讳，将名字由“季昌”改为“季兴”，并在司空薰等人的劝说下打算入朝朝觐。梁震劝道：“大王不可入朝。梁朝与唐朝有二十年的世仇，大王是梁朝旧臣，手握强兵，占据重镇，如果亲自入朝，恐怕有去无回。”高季兴不听，亲自前往洛阳朝见。

高季兴入朝后，被任命为中书令。后唐庄宗果然有意扣留高季兴，郭崇韬进谏道：“陛下得到天下，各地诸侯都只是派人进贡，只有高季兴亲自前来，您应该褒赏他以为表率。若是把他扣留，怎么能使天下诸侯归心呢？”后唐庄宗于是命高季兴回江陵。高季兴急忙离去。

高季兴走后，后唐庄宗又后悔了，密命襄州节度使刘训在中途将其截

留。后唐庄宗的密诏到达襄州时，高季兴早已连夜离开。到襄州，酒喝到酣畅时，对孔勍说："这一趟有二错：我去朝拜是一错，他们放回我是二错。"

高季兴返回江陵后，握着梁震的手道："没听您的话，差点不能回来。"众人问朝中的形势，高季兴道："新皇帝刚刚得到河南，便举掌对功臣道：'我在手指头上夺得天下。'灭亡梁朝岂是他一个人的功劳？皇帝如此骄傲，功臣无不寒心。而且荒于酒色，当不了多久了。我没什么可担心的了。"因此，高季兴在江陵修缮城池，储备粮食，招纳梁朝散兵，以备将来。

924年（同光二年），高季兴兼任尚书令，进封南平王。925年（同光三年），唐庄宗命魏王李继岌与郭崇韬率兵伐蜀。高季兴请求率荆南兵马取夔州（今重庆奉节东）、忠州（今重庆忠县）和万州（今重庆万县）、归州（今湖北秭归）、峡州（今湖北宜昌）等地，被任命为东南面行营都招讨使。但是，高季兴并未出兵。

当初高季兴到洛阳觐见后唐庄宗时，后唐庄宗问道："如今天下还不服从我国的，只有吴国和蜀国。蜀道艰难，而江南与淮南仅隔着一条长江。我打算先征江南，你认为如何？"高季兴回答道："我听说蜀国富裕，得到蜀地可以获得大利益。江南贫困，地方狭窄，百姓稀少，就算得到了，恐怕也没有什么用处。我认为陛下应该先灭蜀国。"后唐庄宗本就意欲灭蜀，听闻高季兴的话，十分高兴。

后来，后唐庄宗果然伐蜀。高季兴暗自高兴道："我是骗他的，他竟然真的信了。"等到蜀国被灭的消息传来时，高季兴正在吃饭，闻听之后，失手将筷子掉在地上，叹道："这是我失策了。这真是把剑柄给别人，自己反受其害。"

李继岌灭蜀后，命人押送财物乘船顺江而下，准备运往洛阳。同光四年（926年），兴教门之变，后唐庄宗被杀。高季兴得知，便杀死使者，将货物截留。

高季兴有一个嗜好，就是劫掠各国途经南平的使者。后唐天成二年（927

年）五月，楚国派往后唐的使者史光宪自洛阳返回，带回骏马 10 匹、美女 2 名。路经江陵时，高季兴忍不住又夺了过来，并扣留了史光宪。楚王马殷似乎度量不大，派六军副使王环等人率军大举进攻，南平军大败。楚军进逼江陵，高季兴赶紧送出史光宪及马匹、美女求和，以荆州、归州、峡州三州之地向南吴称臣，被册封为秦王。

天成三年农历十二月（929 年 1 月），高季兴因脚气病病故，终年 72 岁。长子高从诲继位后，上表向后唐请罪。长兴元年（930 年），后唐任命高从诲为荆南节度使，并追封高季兴为楚王，赐谥号武信。

二、所向称臣高无赖，性情通达文献王

文献王高从诲（891—948 年），字遵圣。南平武信王高季兴长子，南平第二位国君。

高从诲初仕后梁，担任供奉官，后来历任殿前控鹤都头、鞍辔库副使、左军巡使、如京使、左千牛大将军、荆南牙内都指挥使、濠州刺史、归州刺史，官至检校太傅。高季兴将要反叛自立时，高从诲哭着直言规劝高季兴，但高季兴没有听从。高季兴建立南平国之后，任命高从诲为马步军都指挥使、行军司马、忠义节度使、同平章事。

后唐天成三年（929 年）十二月，高季兴得病卧床，命令其子高从诲暂管军府事务。同年十二月十五日，高季兴去世，高从诲继任其位。高季兴在位末期时，曾与后唐决裂，并向吴国称臣。高从诲继位后，南吴任命他为荆南节度使，兼任侍中。

高从诲继位之后，对他的左右僚佐们说：“唐近而吴远，舍弃唐而臣服吴，这不是好方法。”于是就通过楚王马殷向后唐谢罪。并同时给山南东道节度使安元信写信，请求他上奏给后唐皇帝李嗣源，愿意重新称臣纳贡。天成四年（929 年）五月二十八日，安元信把高从诲信的内容告诉李嗣源，李嗣源答应其请求。六月二十三日，高从诲自称前荆南行军司马、归州刺

史，派押衙刘知谦上表请求归附后唐，并进献赎罪银3000两。七月十七日，李嗣源任命高从诲为荆南节度使，兼任侍中。

后唐明宗长兴元年（930年）三月，高从诲派使者奉呈表章来到吴国，表示高氏祖坟在北方，害怕遭后唐朝廷所讨伐，那时吴军会来不及援助他，因此，谢绝吴国对他的笼络。吴国便派兵进攻南平，没有能攻下来。

长兴三年（932年），后唐封高从诲为渤海王，加封检校太尉。

后唐闵帝应顺元年（934年），后唐封高从诲为南平王。

后唐末帝清泰元年（934年），后唐加任高从诲为检校太师。

高从诲性情通达，亲近和礼敬贤士，委任大臣梁震，把他作为兄长看待；梁震常常称呼高从诲为郎君。而楚王马希范喜爱奢侈靡费，和他游乐谈笑的人都夸赞他的盛况。高从诲对僚佐说："像马王那样可以称得上是大丈夫了。"孙光宪回答他说："天子和诸侯，礼节上是有差别的。他一个乳臭未干的小儿，骄纵奢侈靡费，取得快意于一时，不作长远的思虑，不知哪天便要危亡，有什么可以羡慕的啊？"高从诲愣怔之后而觉悟，说："先生的话是对的。"之后，高从诲对梁震说："我自己感到平生所受的奉养本来就已经过分了。"于是舍弃好玩喜爱的东西，用阅读经史作为自己的乐事，省简刑罚，减轻赋税，南平辖境之内，得以安定。

梁震说："先王高季兴待我如同布衣之交一样，把嗣王托付给我。现在嗣王能够自立，可以不使先王遗业坠落。我已年老，不再能侍奉嗣王。"于是坚决请求告退家居。高从诲留不住他，便替他在土洲建筑房子。梁震披着鹤氅，自称荆台隐士，每当到王府去谒见，骑着黄牛直到听事的大厅。高从诲时常到他家里去看望他，一年四季的赏赐极为丰厚。从此，高从诲把政务全部托付给孙光宪处理。

后晋天福元年（936年），高从诲派遣使者送信给吴国权臣徐知诰，劝他登基称帝。后来，后晋加任高从诲为守中书令。天福六年（941年），山南东道节度使安从进造反，朝廷派兵攻讨，高从诲赠军粮协助后晋军，朝廷诏令嘉扬他，加封守尚书令，高从诲听信术士说今年有厄运，应当退避恩宠爵禄，上奏章坚决推让，朝廷派使者劝说他，最后还是没有接受任命。

后汉天福十二年（947 年），高从诲派使者向契丹进贡，契丹派使者赐给他马匹。高从诲也派使者到河东，劝刘知远登基称帝。高从诲派使者从小道奉上贡礼，暗中向刘知远祈请，说待刘知远平定黄河、汴州一带后，请刘知远将郢州（今湖北武汉）划为自己的属郡，刘知远没有明确答复。到刘知远进入汴京后，高从诲又送上贡礼，请求答复以前的要求，刘知远不答应。

同年，高从诲听说杜重威背叛，就出动水军几千人袭击襄州，山东南道节度使安审琦将他击退。高从诲又侵犯郢州，被郢州刺史尹实打得大败。于是断绝与后汉的关系，依附于南唐、后蜀。

南平国地域狭窄，兵力薄弱，但因位处交通要道，每年各地区向中原政权的进贡，只要经过南平，高季兴、高从诲父子就会截留使者，掠夺财物。等到对方加以谴责或派兵讨伐，他们不得已才把财物送还，竟不感到羞愧。后来，后唐、后晋、契丹、后汉更替占据中原，南汉、闽国、吴国、后蜀都称帝，高从诲贪图各国的赏赐，就四处称臣。各国都鄙视他，称他为“高赖子”或“高无赖”。

晚年，因为镇星移到与荆南分野相应的轸翼位置，高从诲脱去罗纨衣服，穿上俭朴的衣服，节俭饮食，以禳除灾祸。并立即令人请托襄州安审琦，请求归顺朝廷，听任处置，朝廷也对他网开一面。

后汉乾祐元年（948 年）十月，高从诲卧床病重，任命其子节度副使高保融兼领内外兵事务。同年十月二十八日，高从诲去世，时年 58 岁。追赠尚书令，谥号“文献”，其子高保融继位。

三、迂缓无能高保融，劝蜀称臣贞懿王

贞懿王高保融（920—960 年），字德长。文献王高从诲第三子，南平

第三位国君，948—960年在位。

高保融初任太子舍人、检校司空、节度副使、峡州刺史等。后汉乾祐元年（948年）十月，高从诲卧床病重，任命其子高保融兼领内外兵事务。十月二十八日，高从诲去世，高保融继位。十二月初三日，后汉朝廷任命高保融为荆南节度使、同平章事。后历封检校太尉、同平章事、江陵尹等。

后汉乾祐二年（949年），后汉加任高保融为检校太师，兼任侍中。

后周广顺元年（951年），后周加任高保融兼任中书令，封渤海郡王。

后周显德元年（954年），后周进封高保融为南平王。后周世宗柴荣继位后，加任高保融为守中书令。

后周显德四年（957年）正月，柴荣率军攻打南唐，高保融派遣指挥使魏璘率领100艘战船、3000名士兵从夏口出兵，顺长江东下协助后周攻打南唐，直抵鄂州。不久大败南唐军队。于是高保融派遣客将刘扶带书信前往南唐，劝其向后周称臣。后唐国主李璟于是向后周称臣，柴荣得到高保融给南唐的书信，非常高兴，三月二十二日，柴荣诏令南平军队返回本国，并赐给高保融1万匹绢帛。

后周显德四年（957年）六月，高保融派遣使者出使后蜀，劝说后蜀皇帝孟昶向后周称臣。孟昶回复说，去年派胡立送致书信给后周而未予答复。

十月，高保融再次给孟昶去信，规劝他向后周投降称臣，孟昶召集将相商议此事，大臣李昊说："听从他就是国君先父的耻辱，违背他周朝军队必定到达，众将能够抵御周军吗？"众将都说："依靠陛下的圣明，江山的险固，岂能望风投降！秣马厉兵长期战备，正是为了今日抵御外敌。我们请求用生命来保卫国家！"十月二十一日，孟昶命令李昊起草回信，慷慨陈词拒绝劝降。同月，高保融上奏后周，说听闻王师将要征伐后蜀，请求率领水军赶赴三峡，柴荣诏令嘉奖他。

高保融性情迂腐缓慢，没有什么才智和能力，无论事情大小，都委任其弟高保勖决定。高保融的堂叔高从义预谋作乱，其党徒高知训向高保融告发，高保融将高从义流放到松滋后处死。

显德六年（959 年），柴荣去世，其子后周恭帝柴宗训继位，加任高保融为守太保。

北宋建隆元年（960 年），宋太祖赵匡胤建立北宋后，高保融愈发感到恐惧，因此一年之间三次向北宋进贡。同年八月，高保融因病去世，时年 41 岁，死后追赠太尉，谥号贞懿王（一作正懿王）。因其子高继冲年幼，故遗命高保勖继位。

四、贞安王“万事皆休”，高继冲纳土降宋

1. 贞安王高保勖

高保勖（924—962 年），亦作高保勗，字省躬。南平文献王高从诲第十子，南平贞懿王高保融同母弟。南平第四位国君，960—962 年在位。

后晋天福初年（936 年），高保勖开始任职，担任汉州刺史。

后汉乾祐元年（948 年），高从诲病逝，高保勖的同母兄高保融继位。高保融性情迂腐缓慢，没有什么才智和能力，无论事情大小，都委任给弟弟高保勖决定。

后周广顺元年（951 年），高保勖加任检校太傅，充任荆南节度副使。

后周显德初年（954 年），高保融奏请后周朝廷，加任高保勖为检校太尉，充任行军司马，兼任宁江军节度使。

北宋建隆元年（960 年），高保融病逝，由于其子高继冲年幼，因此遗命弟弟高保勖继位。高保勖继位后，向北宋朝廷奏报继位始末，宋太祖赵匡胤任命他为荆南节度使。

北宋建隆二年（961 年），高保勖派遣其弟高保寅到北宋进贡。起初，高保融在纪南城北决江水，蓄积七里多宽，称为北海，以阻隔行者。到此时宋太祖因高保寅要返回南平，谕旨令其决去，使道路无阻。

五代白瓷人物雕塑玩具

高保勖年少时多病，体态瘦弱，但颇有治事之才。然而继位后，放纵荒淫没有节制，白天召娼妓到官府，而挑选强壮的士兵，让他们随便调戏淫谑，然后自己再和姬妾垂帘一同观赏作为娱乐。而且喜欢营造亭台、楼阁，花费人力物力无数，致使军民都很不满。而且高保勖不理国政，从事孙光宪直言极谏，但高保勖不听。

北宋建隆三年（962 年），高保勖患病，对将领梁延嗣说："我的病不能治好，我的兄弟之中谁可以托付后事？"梁延嗣说："您不念及贞懿王吗？先王病重时，将军府之事托付给您，现在先王的儿子高继冲已经长大。"高保勖说："你说的很对。"随即以高继冲判内外兵马。同年十一月，高保勖病逝，时年 39 岁，谥号贞安王。宋太祖废朝二日，追赠高保勖为侍中，派遣御厨使李光睿赠送丧事所需财物。高保勖死后，高继冲继位。

高保勖年幼时，深受父亲高从诲所喜爱，高从诲因事盛怒，见到他必释然而笑，因此百姓称他为"万事休"。高保勖死后数月，南平便被北宋所灭，有附会者即以其绰号"万事休"为预兆。

2. 德仁王高继冲

高继冲（943—973 年），字成和（一作字赞平）。南平末代国君，962—963 年在位。史称（南平）德仁王或南平侍中。

高继冲是高保融长子，高保勖死后继承王位。他继位之际，正值北宋统一南北时期，建隆四年（963 年）湖南周行逢死，子周保权立，其将领张文表作乱。宋太祖命慕容延钊等人率军讨伐，慕容延钊假道荆南，相约兵过城外。高继冲的大将李景威说:“用兵崇尚权术诈谋，慕容延钊不可信，应当严加戒备。”判官孙光宪斥责他说：“你不过是江峡中的一个小民百姓，哪里懂得什么成败兴亡！而且中原王朝从周世宗时，便有统一天下之志，何况大宋受天命而立，真龙天子出现了呢？王师难道那么容易阻挡吗？”并劝高继冲撤去侦探，封存府库以待宋军，高继冲认为有道理，便听了孙光宪的话。李景威出朝后叹息说：“不听我的话，大势去了，我还活着干什么？”就自杀了。慕容延钊到达后，高继冲到城外去迎接，慕容延钊令前锋突然急行军，突入荆州城中。高继冲赶紧返回，见宋军的旗帜部队已布满大街小巷，十分恐惧，便到慕容延钊处交出牌印，南平灭亡。

南平灭亡后，宋太祖下诏仍然以高继冲为节度使。北宋建隆四年（963 年），在汴京南郊举行祭天大礼，高继冲上书，愿意陪同参与祭祀。九月，高继冲告别祖庙，率将吏，宗族 500 多人到达东京汴梁；后又移居徐州，被委以武宁军节度使等职。

开宝六年（973 年），高继冲于武宁节度使任内去世，赠侍中。高继冲曾镇守彭门（今江苏徐州），政事委诸僚佐，然有德政，因此被百姓请求留葬当地，但未被宋太祖允许。其后葬处不明。

第八章 闽国风云

闽（909—945 年），五代十国之一，先后定都于长乐府（今福建福州）、建州（今福建建瓯）。统治区域与今福建省大致相当。

909 年，王审知被后梁封为闽王。后唐同光三年（925 年），王审知去世，其长子王延翰继位。后唐天成二年（927 年），王审知次子王延钧杀死王延翰夺位，并于长兴四年（933 年）称帝，建都长乐府（福州），年号龙启，之后闽政变内乱不断。闽天德三年（945 年），闽正在打内战时南唐出兵将其攻灭。共 2 王 4 帝，计 37 年。

一、白马三郎王审知，政绩卓越称圣王

王审知（862—925 年），字信通，一字详卿，唐朝淮南道光州固始（今河南固始）人。威武军节度使王潮之弟，五代十国时期闽国建立者。

王审知共有兄弟三人，以务农为业。王审知祖上曾做过固始县令，后来直到父亲王凭仍以务农为生。王审知的哥哥王潮做过小吏，在当地兄弟三人以勇武出名。在黄巢打进长安，各地起义不断时，寿州人王绪也起兵攻入固始，扩充军队，发展势力，听说王潮兄弟很有名气，便将他们招进军中。据说王审知状貌雄伟，隆准方口，因常骑白马作战，军中美称为“白马三郎”。王绪兵少势薄，为站稳脚跟，他投靠据守蔡州的秦宗权。秦宗权便任命他为光州刺史，让他配合攻打黄巢起义军。王绪不愿意受制于人，

迟迟不肯发兵。秦宗权便兴师问罪，王绪寡不敌众，只好退出固始，南下发展。他们一直打到了福建境内，军队也发展到了数万人，但这时内部却发生了变故。

王绪趁乱世起兵，虽然豪爽，但度量极小。当时有术士谎称其军中有暴乱之人，于是他借机将魁梧的和有才干的人杀死，最后惹恼王潮兄弟。王绪领兵到了漳州（今福建漳浦），借口路险粮少，命军中不得携带老弱。当时只有王潮兄弟扶着老母亲随军而行，王绪命人杀王潮母亲，众将士见状，纷纷为他们求情，王绪只好作罢。此事令王潮担心日后再被王绪借口加害，于是挑选了几十个心腹勇士发动兵变，将王绪拿获，不久被囚禁的王绪自杀。王绪死后，众将一起推选首领，王潮便当了军队主将。

唐光启二年（886 年）八月，他们攻下泉州城，福建观察使李严上表奏请王潮为泉州刺史。王氏兄弟既得泉州，便以此为根据地，招怀离散，发展农业，减轻赋税，操练兵士，深得人心。唐大顺二年（891 年），李严死，王潮发兵攻打福州，逐渐占领福建全境。唐昭宗任命王潮为福州节度使，王审知为副使。唐乾宁四年（897 年）冬，王潮一病不起,不久去世。王审知代兄即位。后梁开平元年（907 年），被梁封为闽王。

王审知

自打下福建后，王审知对外便停息战争，与邻国友好相处，基本没动干戈。对于称帝的中原梁唐王朝，他一直称臣纳贡。其部下有人劝他称帝，都被他拒绝，一直以闽王自称，没有称帝，从

而确保了闽国30年的平静。

在内部政治上，王审知注意改革唐末以来的苛政，要求官吏清廉奉公，省刑惜费，而且定期派遣官吏到各州县巡视监察，遇有违犯者严惩不贷。他本人也节俭自处。他的府舍简陋一般，并且也不常维修。本人常足蹬麻履，身着普通衣裤。衣服破烂了，就用酒库里的废袋子自行缝补。并且能理智地制约、克制自己。

在经济上，王审知实行了劝农耕桑、轻徭薄赋等政策。同时又利用福建沿海地区优势，开辟海港，招徕外国商贾，奖励通商。另外，他还广泛收罗人才，使许多唐末流亡士人及公卿子弟多聚集在身边，作为他的辅佐。又建立学校，教育本地士人、秀才。文化经济一向落后的福建地区，在这期间都有所发展。

闽同光三年（925年）十二月十二日，王审知去世，终年64岁。谥号忠懿王，葬于福州城北凤池山的宣陵。其子王延钧称帝后，追谥为昭武孝皇帝，庙号太祖。

王审知是一个很有驭将才能的军事统帅，他禁止滥杀，军纪严肃。他扫清福建地区的残唐兵祸，给当时福建人民带来很大好处。王审知青年时期参加过农民起义军，以后虽然转化为地主阶级的代表，但他与民休息、重视生产，减轻赋役，宽刑简政，发展文化，奖励通商。因此在他统治福建的29年，政治比较清明，出现了“政教翕张，士庶宁谧”“时和年丰，家给人足”“公私富实”“一境晏然”的景象，百姓安居乐业。经济文化一向落后的福建，在历史上第一次得到比较大规模的开发，而开始发展起来。由于王审知施政深得当时人心，对福建的开发起了积极的作用，因此百姓衷心爱戴他。在历代的福建统治者中，他不愧是一个卓越的政治军事活动家。他在福建的政绩，是福建地方发展史上光辉的一页。因此他是值得福建各族人民纪念和颂扬的，福建人尊其为“开闽尊王”“开闽圣王”或“忠惠尊王”。

二、骄淫残暴王延翰，废帝魂葬王墓山

闽废帝王延翰（？—927年），字子逸。闽太祖王审知长子，闽国第二位国君，926—927年在位。

王延翰身材高大，皮肤美白如玉，喜好读书，颇通经史。王审知在世时，因对其管束严厉，尚能协助父亲处理政务。王延翰初任节度副使，后历任管内都指挥使、特进检校太傅、江州刺史，封琅邪郡开国公，食邑2000户。

同光三年（925年）五月，王延翰的父亲闽太祖王审知患病卧床，王审知命王延翰暂时代管军府事务。其间，王延翰作为长子，“力侍汤药，寝食俱忘”。十二月，王审知病卒，王延翰嗣位。同光四年（926年），后唐庄宗被杀，中原多故。一天，他拿着司马迁的《史纪·闽越王无诸传》给大臣们看，说:“自古以来，闽就是一独立王国，现在我不称王，更待何时？”大臣们明白其意，便纷纷上书劝他称帝，不久他便自称大闽国王，立宫殿，置百官，臣下称之为陛下，威仪文物如同天子。自是以后，王延翰日益骄淫奢侈，暴虐无度。

王延翰身材高大，是个美男子，性格宽柔。他的妻子崔氏貌丑而淫荡，王延翰居然管不住。王审知死后还不满一年，王延翰便除掉丧服，下令多选良家女子入宫。崔氏性格嫉妒，良家女子中长得美丽的，崔氏总先将她们幽禁在别的宫室，身上架着大枷，又用木头刻成人手打她们的脸，又用铁锥去刺，一年之中，有84个女子被折磨而死。王延翰则令人在福州城西的西湖四周筑宫室10余里，号曰“水晶宫”，每天

王审知

携后庭妃嫔宫女游宴。其弟王延钧上书劝谏，王延翰即出之为泉州刺史。异姓弟、建州刺史王延禀也写信劝他收敛，而他每次回信都出言不逊，兄弟间的矛盾愈来愈尖锐。

天成元年十二月（927 年 1 月），王延禀、王延钧联合袭击福州。王延禀顺流而下先到福州，福州指挥使陈陶见状，便仓促率众抗拒，兵败后，陈陶自杀。当天夜晚，王延禀率领 100 多壮士直奔福州西门，踏着梯子进入城内，把看守大门的人抓起来，打开兵库，取出武器。到寝门时，王延翰吓得藏匿在其他房间里。十二月初八日（927 年 1 月 14 日）早晨，王延禀抓获王延翰，把他的罪行公布于众，而且说王延翰与他的妻子崔氏合谋毒死王审知，并把这些告诉官吏、百姓们，然后在紫宸门外斩杀王延翰。当天，王延钧到达城南，王延禀打开城门让他进去，并尊崇王延钧为威武军威武留后。王氏兄弟内讧相残自此开始。王延翰死后葬于福州北关外天王寺东，俗称“王墓山”。

三、王延钧杀兄即位，闽惠宗僭称大号

惠宗王延钧（？—935 年），继位后更名王鏻（又作王璘）。王审知次子，王延翰之弟。闽国第一位皇帝。

闽太祖王审知的养子建州刺史王延禀，本姓周，在王审知在世之时就与王延翰不和。后唐天成元年（926 年），王延翰继承闽国君主之位。王延翰轻视欺侮他的兄弟，继承王位才一个多月，就让其弟王延钧出任泉州刺史，王延钧因此大为恼怒，于是与王延禀合谋铲除王延翰。天成元年（927 年）十二月，王延钧与建州刺史王延禀合兵攻袭福州。

王延禀是王审知养子，素与王延翰不和，接到王延钧约他同攻福州的书函后，马上沿建阳溪顺流而下，很快便到达福州城下。经一夜激战，终于入城，斩王延翰。第二天，王延钧才率军由泉州赶到福州。王延禀以自己是养子，不便嗣位，推王延钧继位。

次年正月，王延禀回建州，王延钧为他在郊外饯行。王延禀对王延钧说："你好自为之，毋烦老兄我再来。"也就是说不要使我不满意，再顺水而下推翻你。王延钧的脸色马上十分难看，但还是恭恭敬敬地把他送走。

五代闽陶俑

王延钧酷信佛道，僧徒、道士在闽中地位很高。天成三年（928 年）十二月，他一次就度百姓 200 人为僧。他还把境内土地划为三等，上等田地全部拨给僧、道，这使其赋税来源大受影响，不得不加重一般百姓的赋役负担。他专门在福州建起一座宝皇宫，以道士陈守元为宫主。王延禀劝他禁止佛、道，把僧徒、道士统统放作农民或征入军队，王延钧十分不满。在陈守元等人的劝说下，准备将王延禀召回福州，预防王延禀在外自立。王延禀闻讯，于长兴二年（931 年）四月又率师南下，兵败被擒。王延钧见到王延禀后第一句话就是"果烦老兄再来"！五月，斩杀王延禀。

王延钧喜欢鬼神、道家之说，道士陈守元十分受信任。陈守元乘机向王延钧说，王延禀兵败，完全是宝皇显圣，并向王延钧转达宝皇旨意："王若避位受道，能做 60 年天子。"王延钧便命长子王继鹏暂时代理国政，自己不作闽王，以平民的身份出家作道士，并取了道名"元锡"。次年三月，方重新为王，治理闽政。六月，王延钧又派陈守元询问宝皇："我做完 60 年天子后要到哪儿去？"陈守元很快就传回宝皇的话："60 年后为大罗仙主。"既然对此笃信不疑，王延钧就开始准备称帝做天子。

在此以前，闽一直奉中原王朝正朔，受其册封。这年年末，王延钧遣

使到后唐，要求后唐任命他为尚书令，后唐没有回音，他随即与唐断绝了往来。后唐长兴四年（933 年）初，王延钧自行即皇帝位，国号大闽，自称“闽国皇”，改元龙启。

称帝后，王延钧大兴土木，游乐不止。因为闽中地狭人少，国用不足，王延钧便用中军使薛文杰为国计使。薛文杰多察民间阴事，谁家有钱，就借口加罪，抄没人家的家财，因此，闽人都十分痛恨薛文杰。薛文杰又向王延钧推荐妖巫徐彦，让他借鬼神之名监察百官和宫中。

薛文杰因为与内枢密使吴英有矛盾，设计害死了吴英。吴英深得军士之心，军士们听说吴英被薛文杰害死，都十分愤怒。这一年，吴国进攻建州，王延钧派其将王延宗率军救援，军士们在路上不肯走，说：“把薛文杰交给我们，我们才走。”王延钧不得已，将薛文杰关在槛车里押往军中。薛文杰善术数，自己占卜说：“过了三天就没事了。”押送的人听说后，驱车急驰，用了两天就到了军中，军士们十分高兴，在市场上当众将薛文杰乱刀剁死。百姓们也争着用巨块石头砸薛文杰的尸体，并切下他身上的肉来吃，一会儿就切完了。第二天，王延钧派出的赦免使者到达，但已来不及了。

王延钧的妻子死得早，继室金氏十分贤惠，却不得王延钧喜欢。王延钧终日与宠妃陈金凤相伴嬉戏，朝政多交由儿子王继鹏处理。陈金凤本为王审知时的才人，深受王审知宠爱，王延钧入福州后，即将她纳入自己宫中，后又封淑妃。闽龙启元年（933 年）正月，立为皇后，专门为她建起长春宫。王延钧常常在此彻夜游乐，每次欢宴都要燃起数百支巨烛，亮如白昼，酒醉之后，就与陈金凤及宫女们裸身追逐。王继鹏的母亲却一直未曾得宠。

陈金凤为后，其养父陈匡胜也被任命为殿使。当初，王延钧有一个宠爱的小吏叫归守明，人长得很漂亮，号为“归郎”。后来王延钧得了中风病，陈金凤便和归守明私通。陈金凤还和百工院使李可殷私通。王延钧让锦工制作九龙帐，国中的人都作歌说：“谁谓九龙帐，唯贮一归郎？”李可殷利用这一关系，时常在王延钧那儿告皇城使李仿的状。王继鹏这时也感到有些不安，因陈匡胜对他十分无礼，他唯恐陈金凤皇后劝父亲另立他人为嗣。因此，就与李仿积极策划剪除皇后一方的势力。

永和元年（935 年）十月，王延钧病重，李仿认为不会好转了，派人杀死了李可殷。谁知第二天王延钧病情又好一些，陈金凤向他哭诉李可殷之死。王延钧召见群臣，诘问此事。退朝后，李仿惊惧不安，鼓动王继鹏，与他一道率皇城卫士冲入宫中，刺杀了王延钧及皇后。陈匡胜等人也相次被杀。王延钧在位共 10 年，谥为“齐肃明孝皇帝”，庙号惠宗。

四、王继鹏弑父登基，叔杀侄陁庄缢杀

闽康宗王继鹏（？ —939 年），后改名王昶。闽惠宗王延钧长子，母南汉清远公主刘德秀。闽国第二位皇帝。

永和元年（935 年）十月，久病在床的闽惠宗在儿子王继鹏（即王昶）与皇城使李仿发动的兵变中被杀。

王继鹏继位后，依然像他父皇那样残暴、荒淫，在许多方面还有过之而无不及。他继续宠信佛、道，即位的当年，就赐陈守元为天师，并接受陈守元建议，在宫中修造三清殿，铸起宝皇太帝、元始天尊、太上老君三尊金像，耗费黄金数千斤，日日在殿中焚烧龙脑、薰陆等异香，想以此求取不老仙丹。军国之政，事无大小，都由陈守元等人禀知宝皇决定，实际上是这批道士操纵了国政。

王继鹏与诸大臣难得商计国事，凡召集大臣，大多数情况下都是宴欢、游乐，每次宴饮，都通宵达旦。他总爱强迫臣下饮酒，不醉不止，便每次又令人监视醉臣有何过失，稍有因醉失礼处，就格杀毋赦。继位的次年，王继鹏立爱妃李春燕为皇后，又专门为她修建紫微宫，饰以水晶，耗费倍于宝皇宫。李春燕本是王延钧之妾，深受宠爱，王继鹏早就与她私有来往。

王延钧病时，王继鹏通过陈皇后向他求得李春燕，嗣位后即立贤妃。行则同车，坐则同席，形影不离。为建紫微宫就征发两万人丁，殚尽民力。

女高髻拱手俑

王继鹏不恤国政，又骄奢荒淫，大兴土木，国库空虚，遂不断加重百姓负担。除了正税外，杂赋无穷，以身丁钱为主，举凡桔园、水硙、社酒、莲藕、鹅鸭、螺蚌、柴薪、地铺、枯牛骨、溉田水利、鸡、猪、菜蔬等，无不征税。为保证赋税的征收，严格控制人口，百姓有隐瞒年龄者杖背，隐瞒人口者处斩，逃亡者灭族。此外，王继鹏还专门委派御医陈容，卖官鬻爵，收入完全归入内库。

这样，在王继鹏的统治下，闽国民怨沸腾，朝野不安。王继鹏担心有人另立新帝，推翻他的统治，又采取了两项更激烈的措施。通文四年（939 年）四月，陈守元与另一个神巫林兴向他转告宝皇旨意，说宗室大臣要作乱。接到宝皇旨意，他马上派人杀掉了二位叔父王延武、王延望以及他们的五个儿子。另一位叔父王延羲当时是左仆射、平章事，见事情不好，佯称狂愚。王继鹏也将他罢官，赐给一身道士服，放逐到武夷山中。但不久，又召还福州，软禁家中。

另一条措施是对禁军的处置，他对几年前与刘仿一道率禁军冲入宫中，击杀父皇王延钧之事记忆犹新，也唯恐自己重蹈覆辙。因此，专门招募勇士 3000 人，建立宸卫军，衣食赏赐都远过于原有的二支禁军控宸军、控鹤军。他还计划将控宸、控鹤两军分别派驻漳州与泉州，引起这二支禁军的不满。

同年七月，宫城失火，北宫焚烧几尽，王继鹏命控鹤军使连重遇率部清理灰烬，搜寻纵火者。过了数日，一直未找到纵火人。王继鹏怀疑连重遇参与了纵火事件，想借故将他诛杀，但此事被内臣透露给连重遇。闰七月初三，轮到连重遇在宫中值宿，他乘机率控鹤、控宸两军作乱。王继鹏与皇后李春燕一道逃到宸卫军中，组织抵御。但宸卫军寡不敌众，黎明时分，与王继鹏夺门而出，逃到梧桐岭。这时连重遇等人已拥立王继鹏叔父王延羲，王延羲派从子王继业率军追赶王继鹏。王继鹏自己握箭弯弓，射杀数人。随从的宸卫军士多落荒而逃，王继鹏只好与王继业一道返回，行至城外的陁庄被缢杀。王继鹏在位共 4 年，庙号康宗，谥号圣神英睿文广武应道大宏孝皇帝。

五、王延羲骄淫苛虐，朱文进受辱发难

1. 闽景宗王延羲

闽景宗王延羲（？—944 年），本名王延义，后改名王延羲、王曦（又作王羲）。闽太祖王审知少子。王延翰和王延钧之弟，王继鹏的叔叔。闽国第三位皇帝，939—944 年在位。

王延羲在康宗朝为左仆射、平章事，后遭康宗猜忌，被软禁于家中。通文四年（939 年）闰七月，控鹤军使连重遇发动兵变，派人来请王延羲主事。王延羲见来兵甚多，惊慌失措，以为是康宗派人捉拿他，急逃至厕所中。过了好久，弄清来者用意后，才敢出来。康宗死后，王延羲自称闽国王，主持国政。三年后，正式即皇帝位。

王延羲当政，与惠宗、康宗一脉相承，自嗣为闽国王起，就酗酒暴虐、滥杀无辜。又横征暴敛，弄得民不聊生。其弟建州刺史王延政几次上书劝他收敛，王延羲每次接到上书，一定恼怒异常，并复信大骂。左右佞臣邺翘、杜汉崇二人想方设法搜集王延政的过失报告王延羲，并称王延政有反心，王延羲便派邺翘去建州作监军，又派杜汉崇作南镇监军。南镇在建州与福州之间，扼二地往来的通道，王延羲想用这二个人加强对建州的控制。

邺翘到建州后，与王延政关系僵硬。一天议事时，二人争执不休，邺翘大声呵责延政："你要造反吗？"王延政也毫不退让，召手下人要斩邺翘，后被劝阻。但邺翘不敢再在建州停留，逃到南镇。王延政举兵相攻，邺翘

又与杜汉崇一道逃回福州。王延羲征讨王延政，也没有成功。永隆二年（940 年）六月，双方盟誓于福州，王延政公开割据建州，闽国实际上一分为二。永隆五年（943 年），王延政干脆自行称帝，建国号为殷。

闽王祠

自王延政公开据有建州，王延羲更加猜忌臣下、宗室，也更加滥用刑罚，唯恐被他人推翻。宗室子弟凡稍有可能被拥立为新帝的，他一概格杀毋论。永隆三年（941 年）四月，他怀疑在汀州的小弟王延喜与建州有来往，马上派兵抓回福州。六月，又听说王延政曾向泉州刺史王继业致书，即召王继业还福州，赐死于郊外。王继业是王延羲从子，曾奉王延羲命杀掉康宗，深受倚重。七月，又听说刚派到泉州作刺史的从子王继严很得人心，也马上召归用药酒毒死。对朝中大臣，稍有一点不顺意时，不是杀头就是笞打。宰相杨沂丰等人相继被杀，甚至已故的宰相王倓，也被他挖出斩尸，校书郎陈光远谏止此事，被鞭打数百，在树上活活勒死。对未来庆贺公主出嫁的大臣也各打 50 大板。不过，对于真正该杀的赃官污吏，他却没有这么严苛。宰相余廷英为官十分贪残，常常假称皇帝诏令，掠夺民家子女，遭到御史弹劾，王延羲也只将他罢作泉州刺史。但余廷英左右行贿，今天向皇后献钱 10 万，明日又向王延羲献买宴钱万缗，还未去泉州赴任，就又官复原职做了宰相。

王延羲不仅以小过杀大臣，而且还常常酗酒滥杀。宰相李光准曾与王延羲一道夜饮，午夜时分，两人都酩酊大醉，发生争执，王延羲命左右武士将李光准拉出斩首。李光准被拖到市中，仍醉卧不醒，监斩官不敢行刑，又将他拖回狱中。次日早朝，王延羲反问臣下：“李光准何在？”完全忘记了昨晚之事。只好又下诏，赦李光准无罪，官复原职。当晚，大宴群臣时，王延羲又醉酒，令左右将翰林学士周维岳关入狱中。狱卒们也了解了他的特性，赶紧收拾好一间屋子，对周维岳道："相公（指李光准）昨夜也宿于此，请学士宽心自睡。"过了一会儿，王延羲酒醒，又命人放出周维岳。又过了几日，王延羲在新宫大宴群臣，饮至黎明时，群臣纷纷醉倒，只有周维岳仍陪在一边。王延羲问："维岳身材矮小，为何能有这么大的酒量？"侍从们答道："酒肠弯曲，不需要有高大身材。"王延羲听后马上来了兴致，命人把周维岳拉下殿，要剖腹看看酒肠。左右侍从对他说："如杀掉维岳，就没人能陪陛下痛饮了。"王延羲这才作罢。李光准与周维岳算是十分幸运的。当时每次宴饮，都使用特制的大酒杯，王延羲称为"醉如泥"。每次满酒，都要一饮而尽。大臣们因偷偷减酒或酒后失言、失态被杀者不可胜数。大臣们人人自危，朝不保夕。

天德二年（944 年）三月，王延羲与控鹤指挥使朱文进、阁门使连重遇、控鹤指挥使魏从朗等人在西园游宴。王延羲醉后杀魏从朗，又乘着酒兴向朱文进与连重遇咏起白居易的诗句："惟有人心相对间，咫尺之情不能料。"暗指朱文进、连重遇两人有异心。二人自发动兵变，害康宗，拥立王延羲以来，就一直担心会被王延羲甩掉。见王延羲咏出这二句诗，马上起身，向王延羲哭诉道："臣事君父，安有他志。"但王延羲已醉不能应。两人事后一直战战兢兢。正巧皇后十分忌恨王延羲宠爱尚妃，想杀掉王延羲，立自己的儿子为帝，于是两人与皇后共同谋划对王延羲的行动。

六月三日，皇后之父病重，王延羲前去探视。朱文进、连重遇在途中伏下亲信，将王延羲自马上拉下斩首。王延羲在位 5 年，谥号睿文广武明圣元德隆道大孝皇帝，庙号景宗。

2. 晋封闽王朱文进

朱文进（？—945 年），永泰（今福建永泰）人。五代时期闽国君主。

闽帝王继鹏在位时，朱文进任拱宸军使。"拱宸都"与"控鹤都"原来都是闽太祖王审知的亲军，闽康宗王继鹏即位后建立自己的亲军名唤"宸

卫都”，而待之比拱宸、控鹤二都更厚，二都迭有怨言。朱文进并与控鹤军使连重遇曾被继鹏三番四次侮辱，二人因此十分不满。

闽通文四年（939 年），北宫失火，连重遇奉派率军清理火场残余的灰烬，工作劳苦，士卒怨怼。而连重遇又被王继鹏怀疑参与纵火，因此率军叛变，迎立王继鹏之叔王延羲为帝，并杀害王继鹏。朱文进在这次政变后，被任命为拱宸都指挥使。

朱文进与连重遇自从杀了王继鹏后，就一直担心为人所害，而王延羲个性一向暴虐，二人因此认为王延羲有加害之意，天福九年（944 年），朱文进、连重遇二人先发制人，刺杀王延羲，朱文进并被连重遇推举，自称闽主，杀害境内王姓皇族成员 50 余人，并放宫女出宫，停止兴建中的工程，企图与王延羲的暴政完全相反以拉拢人心。

不久，朱文进取消帝号自称威武留后，向后晋称臣，而后晋任命朱文进为威武节度使。后晋开运元年十二月十五日（阳历为 945 年 1 月 1 日），朱文进正式被后晋出帝石重贵册封为闽国王。

但此时，朱文进、连重遇二人的军队不断被由将领留从效、陈洪进以及殷帝王延政所率领的讨伐军击败，情势日渐窘迫，部下因此离心。后晋

福建福州鼓山涌泉寺

开运元年闰十二月二十九日（阳历为945年2月14日）朱文进及连重遇被为求自保的部属林仁翰刺杀。

六、十三郎建州称帝，恭懿王命丧南唐

王延政（？—951年），人称十三郎。闽太祖王审知之子，王延翰、王延钧之弟，王延羲之兄，闽国末代皇帝。在位三年，称恭懿王。

通文四年（939年），连重遇等发动宫廷政变，拥立王延羲为帝，王延政被封为建州刺史。王延政与在位的弟弟素来不和，多次发生矛盾纠纷，以致后来起兵互攻，成为仇敌。天德元年（943年），王延政在建州公开称帝，国号殷。以节度判官藩成祐为吏部尚书、同平章事，节度副官杨思恭为兵部尚书，参与军政。

殷国国小民贫，立国后的王延政并不比其弟好几分。他不恤民力，与邻国战事不息；同时又大肆搜刮民财，一方面铸大铁线，使1钱当铜钱100文，另一方面又让杨思恭加重赋税，横征暴敛。百姓叫苦不迭。

次年三月，闽国内部又起内讧，朱文进、连重遇再次发动政变，杀了君主王延羲，朱文进自立为闽王，王氏子孙无论老幼全部被除掉。不久，晋封朱文进为闽国王。朱文进自立闽王，诛尽王氏，殷主王延政对此极为愤怒。他马上出兵攻打福州，统军使吴成义率大军正面攻击，大将陈敬佺包围。此时，闽国旧臣对朱文进也十分不满，各地州府纷纷起兵反叛。十一月，泉州指挥使留从效与董思安等发动兵变，斩杀了泉州刺史黄绍颇，归附王延政，王延政以皇侄王继勋为泉州刺史。接着漳州刺史程文纬也被部下所杀，皇侄王继成代之为刺史。汀州刺史许文稹见势不妙，自动降服。朱文进看到泉州、汀州、漳州相继归附殷国，顿时惊惧万分，急忙派遣统军使林守源、内客省使李廷锷攻打泉州，王延政也调大将军杜进支援泉州。泉州指挥使留从效开城门迎战，结果大败福州兵，阵斩林守源，活捉李廷锷。泉州大捷后，王延政又派军统使吴成义率战舰数千从海路攻打福州。十二

月，朱文进见大势已去，便遣同平章事李光准献传国玺，表示投降。几日后，闽国旧臣将朱文进、连重遇刺杀，迎吴成义入城，福州也落入王延政手中。

天德三年（945）正月，王延政被拥立为闽主，改国号为闽。王延政不愿离开自己的建州，便以福州城（长乐府）为东都，使侄子王继昌督南都内外诸军事，镇守福州；以黄仁讽为镇遏使，将兵戍卫福州。

邻国南唐国主李璟见闽国内乱不定，便乘机出兵入侵。

行营招讨诸军都虞候边镐、枢密使查文徽、翰林待诏臧循率大军长驱直入。王延政派兵阻击，查文徽退保建阳，臧循退军至邵武。王延政击败臧循，将其斩首。查文徽向李璟求援，李璟又以天威都虞候何敬洙为建州行营招讨马步都指挥使、将军祖全恩为应援使、姚凤为都监，率兵数千会同查文徽大举攻闽。王延政以统军使陈望将兵万人拒之。两军相遇于赤岭（今福安崇安南），陈望临建阳溪（今崇溪）南岸安营扎寨，坚壁不战，相持旬余。唐兵远离国土，后备不继，欲速战速决，但又畏闽兵人众，不敢贸然进攻。这时，闽主派来监督陈望作战的仆射杨思恭，见陈望按兵不动，便怀疑陈望有反心，于是便假借帝王的命令，再三催促陈望出战。不得已，陈望率兵涉水与唐兵交战。唐将祖全恩一面率主力迎战闽军，又暗自派一支部队包抄闽军之后，前后夹击，闽军大败，陈望战死，杨思恭只身逃回建州。王延政急忙召来泉州指挥使董思安、王忠顺率兵分守建州要害，从此，闭城自守，不敢再出兵与唐交战。而他不知，就在其内部即将发生一场更大的动乱。

三月，著作郎陈继珣、指挥使李仁达合谋潜入南都，鼓动镇遏使黄仁讽发动兵变。黄仁讽等率兵攻入南都府，斩杀王继昌和吴成义，占据福州，立僧人卓岩明为天子。闽王闻讯后，命军统使张汉真将水兵 5000 人联合泉州、漳州兵讨伐福州。

四月，张汉真至南都，攻打城东关。黄仁讽开城门，拼死一战，大获全胜，张汉真被斩。

李仁达立卓岩明为主，是权宜之计。在他之前还有陈继珣、黄仁讽，二位将军握有重兵，所以在驱走王延政讨伐之兵后，他便以黄仁讽、陈继珣有谋反罪杀之，将兵权拢归在自己手中。五月，李仁达请卓岩明检阅军队，乘机将他杀死。卓岩明除掉后，李仁达便自称威武节度使，改用南唐保大年号，向南唐奉表称臣，同时也不得罪中原王朝，向后晋称臣纳贡。

开闽王祠

福州反叛事件后，使王延政整日暴躁不安，疑心重重。七月，有人告发增援建州的福州兵有叛心，他便收其铠甲，遣其归还。途中派兵埋伏于关隘，将8000多名无辜的福州兵全部杀戮，做成肉干，激起兵士的不满和不安。此时，南唐兵已兵临建州城下，连日不停地攻打城门。闽民苦于连年内乱，多年来王延政不恤民众，任用佞臣杨思恭，专事聚敛，号称杨剥皮，尤为民众所痛恨；他们希望南唐兵攻占建州，代他们杀掉压迫他们的贪官污吏，便争相伐木开道迎接南唐兵。八月十三日，在闽民帮助下，南唐兵攻陷建州，俘获王延政。南唐兵入城后，把建州抢掠一空，宫室庐舍焚烧几尽。是时昼夜秋雨，一片肃杀景象，冻死饥饿枕藉于道，建州人陷入绝望中。

南唐把王延政及其家族迁于金陵（今江苏南京），以王延政为羽林大将军。保大五年（947年）又改封为安化军（府治饶州，今江西波阳）节度使，降封鄱阳王。保大九年（951年），徙封光山王，不久这位闽国末帝怏怏死去。赠福王，谥恭懿。

第九章 吴越风云

吴越（907—978年），由钱镠在唐天祐四年（907年）所建，定都杭州。吴越先后尊后梁、后唐、后晋、后汉、后周和北宋等中原王朝为正朔，并且接受其册封。

强盛时拥有13州疆域，约为现今浙江省全境、江苏省东南部（苏州市）、上海市和福建省东北部（福州市）一带。吴越国历3代5王，至太平兴国三年（978年）钱弘俶“纳土归宋”，立国72年。若从唐景福二年（893年）钱镠为镇海军节度使算起，至灭亡前后存86年。

一、是地却逢钱节度，民间无事看花嬉

钱镠（852—932年），字具美（一作巨美），小字婆留，杭州临安人。吴越国创建者。

钱镠自幼无赖泼皮，不安心农作，却好舞枪弄槊，贩卖私盐。24岁那年，被石镜（今浙江临安东南）镇将董昌招为乡兵，后任偏将，参与镇压周围的农民起义。黄巢军攻入长安后，天下大乱。董昌被淮南节度使高骈荐为杭州刺史，钱镠也被擢升为杭州都知兵马使，统率杭州所属八都兵，掌握了杭州兵权。

唐景福二年（893年）二月，董昌见唐朝廷已无力控制局势，便妄自称尊，成为众矢之的。钱镠斩其首，据其地，从而奠定了吴越国的基本范围。

钱镠

钱镠因吴越国地域狭小，三面强敌环绕，只得始终依靠中原王朝，尊其为正朔，不断遣使进贡以求庇护，先后被中原王朝（唐朝、后梁、后唐）封为越王、吴王、吴越王、吴越国王。龙德三年（923年），钱镠被册封为吴越国王，正式建立吴越国。他改府署为朝廷，设置丞相、侍郎等百官，一切礼制皆按照皇帝的规格。不久，晋王李存勖灭亡后梁，建立后唐，改元同光。钱镠又遣使进贡，并求取玉册。郭崇韬等大臣都极力反对，认为只有皇帝才可以用玉册。但李存勖最终还是赐予钱镠玉册、金印。新罗、渤海等海外诸国皆接受钱镠册封，尊其为君长。

同光四年（926年），李存勖在兵变中遇害，李嗣源继位。中原局势混乱，朝廷诏命难以到达吴越，钱镠遂改元宝正。

钱镠在位期间，采取保境安民的政策，经济繁荣，鱼盐桑蚕之利甲于江南；文士荟萃，人才济济，文艺也著称于世。他曾征用民工，修建钱塘江捍海石塘，由是“钱塘富庶盛于东南”。在太湖流域，普造堰闸，以时蓄洪，不畏旱涝，并建立水网圩区的维修制度，由是田塘众多，土地膏腴，有“近泽知田美”之语。还鼓励扩大垦田，由是“境内无弃田”，岁熟丰稔。两浙百姓都称其为“海龙王”。

钱镠对两浙的统治达38年，后唐长兴三年（932年）病逝，终年81岁。临终嘱托道：“子孙善事中国（中原王朝），勿以易姓废事大之礼。”就是要求子孙们不要因中原改朝换代而放弃固有关系。这一遗训被其子孙恪守。钱镠被葬于安国县（今浙江临安一带）衣锦乡茅山钱王陵，后又建庙于越州，谥武肃王，庙号太祖。

二、文穆王志量恢宏，保名器恪遵治命

文穆王钱元瓘（887—941 年），字明宝，原名钱传瓘。吴越武肃王钱镠第七子，吴越第二位国君。

乾宁元年（894 年），钱元瓘被授为盐铁发运巡官，不久又改任户部金部司郎中，赐紫衣、金鱼袋。天复元年（901 年），钱元瓘又改任礼部尚书，遥领邵州刺史。

唐天复二年（902 年），杭州裨校许再思等人作乱，勾结宣州节度使田頵，钱镠打败许再思，与田頵讲和。田頵要同钱镠结盟，钱镠把所有的儿子都叫来，问他们说："谁能为我去做田家的女婿？"儿子们都露出为难的神色，当时钱元瓘年仅 16 岁，上前说："我全听从大王吩咐。"因此就去宣州成亲，实际上是作质子。

明人摹绘《吴越国王钱氏祖像轴》

天复三年（903 年），田頵因叛乱战死，钱元瓘得以返回杭州。

此后，钱元瓘升为检校尚书左仆射、内牙将指挥使，在讨伐叛乱、抗击贼寇中立有大功。

后梁贞明四年（918 年）夏天，钱镠大举讨伐吴国，以钱元瓘为水战各军都指挥使。战船抵达东州时，吴人以水军迎战，钱元瓘在筏子上顺风点火扬起灰烟以做掩护，吴军迷失方向，于是被打败，活捉了吴国军使彭彦章以及军校 70 多人，获得战船 400 艘。吴人知道不能与之对抗，便向钱镠讲和。钱镠因钱元瓘的战功上奏朝

廷任他为镇海军节度副使、检校司徒。

后梁末年，钱元瓘迁任清海军节度使、检校太傅、同平章事。

后唐同光元年（923 年），加封检校太师，兼任中书令、镇东等军节度使、观察使、处置使等。当时钱镠任天下兵马都元帅、尚父、守中书令、吴越国王，到钱镠以太师职位退休时，钱元瓘接连上奏，请求恢复旧号，后唐明宗李嗣源应允了他。

天成三年（928 年）七月，当时钱镠年事已高，想立钱元瓘为继承人，于是对他的儿子们说："你们各自讲讲你们的功劳，然后我选择你们中功劳多的人立为继承人。"钱元瓘的哥哥钱传璹、钱传璟等都一致推举钱元瓘。于是钱镠上奏请求后唐朝廷授给钱元瓘两镇。同年闰八月初五日，后唐朝廷下诏任命钱元瓘为镇海、镇东节度使。

长兴三年（932 年）三月，钱镠患病，召来属文官武将对他们说："我这次患病必然不能再愈。我的几个儿子都愚昧懦弱，恐怕不能做你们的主帅，我要与你们永别了，你们当自己挑选出主帅。"将官们号哭着说："大令公有军功，品行贤德又有仁义孝道，已经主管两处藩镇，大王何苦这样说呢！"钱镠说："你们认为他可以吗？"将官们说："我们都愿奉他为主帅。"钱镠于是令人把印信、锁钥全部取出授予钱元瓘，并对他说："众位将吏推举你，你要妥善守护住。"

长兴三年（932 年）三月二十八日，钱镠去世，钱元瓘继承父位，并与兄弟们共同在一个帐幄内守丧，内牙指挥使陆仁章说："令公继承先王的霸业，将吏们早晚要进见，应当与诸位公子分开住。"便命令主事的人另设一帐，扶着钱元瓘住进去，并向将吏宣告："从今以后，这里只能谒见令公，禁止诸公子的随从未经允许随便进入。"于是，昼夜警卫，未尝休息。

钱元瓘继承父位之后，将兄弟们名字中的"传"字都改为"元"字，并遵从父亲遗命去掉国家的典仪，而使用藩镇法制；免除民田荒芜无收者的租税。设置择能院，掌管选拔评定优劣之事，派浙西营田副使沈崧领导

此事。

长兴四年（933年），后唐派将作监李纮在钱元瓘服丧满期后拜封他官爵，又命户部侍郎张文宝授钱元瓘兼任尚书令。同年七月十三日，后唐赐封钱元瓘为吴王。

清泰元年（934年），正月二十三日，后唐封钱元瓘为吴越王。

后晋天福二年(937年)四月，钱元瓘恢复建国，如同后唐同光年间一样。四月十四日，钱元瓘在境内实行大赦，册立他的儿子钱弘傅为世子。任用曹仲达、沈崧、皮光业为丞相，镇海节度判官林鼎掌管教令。十一月十九日，后晋高祖石敬瑭下诏，加任钱元瓘为天下兵马副元帅，进封为吴越国王。

天福四年（939年）八月十一日，后晋朝廷封钱元瓘为天下兵马元帅。

内牙指挥使刘仁杞和陆仁章长时间当权，陆仁章性刚直，刘仁杞喜欢贬低人，二人都被众人所厌恶。一天，诸将一起来到府门请求钱元瓘除掉他们。钱元瓘就命他的侄子钱仁俊宣告众人说："这二位将军侍奉先王很久了，我正要表彰他们的功劳，你们竟然要为私人嫌怨而诛杀他们，怎么可以呢？我现在是你们的王，你们应当听从我的命令；如若不然，我就应当归返临安以避让贤路！"众人惶惧而退去。于是，便任用陆仁章为衢州刺史。刘仁杞为湖州刺史。内外有上书进行私人攻讦的，钱元瓘都搁置不理，因此将吏和睦。

钱元瓘

天福六年（941年）七月，府署着火，宫室府库几乎烧光。

钱元瓘惊惧，得了狂疾。

同年八月，钱元瓘病重起不了身，他发现内都监章德安为人忠厚，能够决断大事，便想把身后的事情托付给他，对他说：“钱弘佐年纪小，应当选择宗室中的年长者立为君主。”章德安说：“钱弘佐虽然年轻，但是众臣下佩服他的英明敏捷，请您不要为这个忧虑！”钱元瓘说：“你能好好辅助他，我就没有忧虑了。”

钱元瓘

八月二十四日，钱元瓘去世，时年 55 岁。谥号文穆王。

三、躬勤政务忠献王，发擿奸伏人不欺

吴越忠献王钱佐（928—947 年），原名钱弘佐，字元佑（一作字佑）。钱元瓘第六子，母许氏。吴越第三位国君，吴越天福六年（941 年）到吴越开运四年（947 年）在位。

天福六年（941 年）八月二十四日，钱元瓘去世。起初，内牙指挥使戴恽受到钱元瓘的亲信依靠，钱元瓘把军事全部委托给他。钱元瓘养子钱弘侑的乳母，是戴恽妻子的亲戚，有人告发戴恽蓄谋拥立钱弘侑。章德安便把钱元瓘去世的消息封锁，不发表讣告，并同诸将密谋，在幕后埋伏带甲士兵。八月二十五日，戴恽进入王府，伏兵将其抓住杀死，章德安废掉钱弘侑为平民，恢复姓孙，幽禁在明州。同日，将吏根据钱元瓘的遗命，奉承中原朝廷制命任用镇海、镇东副大使钱佐为节度使，钱佐时年 14 岁。九月初三日，钱佐继承王位，任命丞相曹仲达摄掌政务。

钱佐性格温和谦恭，喜好读书，礼贤下士，亲自勤理政务，发现剔指隐伏不当之事，人们不能欺骗他。庶民中有人奉献嘉禾，钱佐问司掌仓库

的官吏：“现在粮食蓄积有多少？”官吏回答说：“能用十年。”钱佐说：“那么军粮是足够，可以对我的民众松宽一些。”于是命令免除境内税三年不纳。

天福六年（941年）十二月二十五日，后晋册封钱佐为镇海、镇东军节度使兼中书令、吴越国王。

钱佐刚刚继位，上统军使阚璠强横霸道，排斥异己，钱佐无法辖制他；内牙上都监使章德安多次同他争执，右都监使李文庆也不依附于阚璠。天福八年（943年）七月二十九日，钱佐把章德安贬官到处州（一作明州），李文庆贬到睦州。阚璠与右统军使胡进思从此更加专横。同年十一月十四日，钱佐纳仰仁诠的女儿仰氏为妃。

后晋开运二年（945年），南唐出兵攻打闽国，闽国君主王延政派遣使者向吴越国上表称臣，请求作为吴越国的附庸以求得救援。钱佐为恤邻保境，不顾臣下反对，下令发兵3万相救，终于取得胜利，保障南部边境安宁。

开运二年（945年）十一月二十二日，钱佐诛杀内都监使杜昭达；十一月二十六日，诛杀内牙上统军使、明州刺史阚璠，由此吴越国吏民都畏惧恐慌。

钱 佐

开运四年（947年）二月，当时吴越国的内都监程昭悦聚积众多门客，收贮兵器，并和方士交往。钱佐想诛杀他，对水丘昭券说：“你今天傍晚带领甲士一千人包围程昭悦的宅第。”水丘昭券说：“程昭悦是家臣，有罪应该明正典刑、当众处决，不宜于夜晚兴兵问罪。”钱佐认为水丘昭券说的很对，于是命内牙指挥使储温等待程昭悦回家，将其抓送东府审讯。二月二十三日，将程昭悦处死。

同年三月，钱佐任命其弟东府安抚使钱弘倧为丞相。六月，钱佐因病去世，时年 20 岁，谥号忠献王。遗命委任丞相钱弘倧（钱倧）为镇海、镇东节度使兼侍中。

四、明敏严毅忠逊王，被废居越二十载

吴越忠逊王钱倧（929—975 年），原名钱弘倧，字隆道。吴越文穆王钱元瓘第七子，吴越忠献王钱佐异母弟，母鲁国夫人鄜氏。吴越第四位国君，947 年三月一947 年十二月在位。

钱倧初任内衙指挥使、检校司空。开运元年（944 年）十一月，出任东府安抚使，后多次升迁至检校太尉。开运四年（947 年）三月，钱佐任命钱倧担任丞相。

开运四年（947 年）六月初二日，钱佐去世，遗命委任弟弟钱倧为镇海、镇东节度使兼任侍中。六月十三日，钱倧正式继承吴越王之位。

七月，钱倧派其弟台州刺使钱弘俶共同参与相府事务。同月，李达让他的弟弟李通主持福州留后事务，自己到钱塘拜见钱倧，钱倧承用制书加封李达兼任侍中，并给他改名为李孺赟（《吴越备史》误作李儒资、李孺斌）。不久，李孺赟后悔害怕，用 20 株金笋和其他珍宝贿赂内牙统军使胡进思，请求回归福州；胡进思替他请求，钱倧便同意让李孺赟回到福州。

八月，后汉朝廷任命钱倧为东南兵马都元帅，镇海、镇东节度使兼任中书令，吴越王。

十一月，钱倧在碧波亭大举检阅水军，赏赐比过去多一倍，胡进思极力劝谏减少赏赐，钱倧动怒，把笔投到水里，说："我的财产和士卒共有，有什么多少的界限呢！"胡进思大为恐惧。

十二月，李孺赟背叛吴越国，钱倧派东南面安抚使鲍修让等人攻打李孺赟，将其擒获后诛杀。十二月初五日，将李孺赟的首级传送到都城临安（今

浙江杭州)。同月，任命丞相吴程知为福州威武军事。

钱倧生性聪明机敏，严厉刚毅，经常愤恨其兄钱佐容忍宠养众将，政令不出于自己。等他继位后，诛杀杭、越二州玩忽败坏法纪的三名官吏。而胡进思倚仗有迎立钱倧的功劳，干预政事；钱倧很厌恶他，想让他去管辖一个州，胡进思不愿意。他有时陈述自己的谋略，钱倧就多次当面折辱他。胡进思回到家，设置一个钱佐的牌位，披散头发痛哭。百姓有杀牛者，官吏查访此事，拿来他人所买的肉近1000斤。钱倧问胡进思："牛大的有多少肉？"答道："不过300斤。"钱倧说："那么官吏是胡说。"于是命人查办官吏的罪。胡进思向钱倧拜贺他的明察。钱倧问："您怎么能知道得这样详细？"胡进思恭敬而不安地答道："臣过去没从军时，也曾干这种事。"胡进思认为钱倧知道他原来的旧业，是故意侮辱他，因此更加愤恨恼怒。胡进思建议派李孺赟回福州，等到李孺赟反叛时，钱倧责备他，胡进思越发自感不安。钱倧和内衙指挥使何承训计划驱逐诛杀胡进思，并和内都监使水丘昭券商议。水丘昭券认为胡进思党羽众多难以制服，不如宽容他，钱倧犹豫不决。何承训怕事情泄露，反而把密谋告诉胡进思。

开运四年(947年)十二月三十日，钱倧在除夕之夜，宴请众将领、官员们，钱倧让画工献上《钟馗击鬼图》，并亲自在这幅画上题诗。胡进思见状才恍然大悟，知道钱倧要杀害自己，便和他的党羽策划作乱。当夜，胡进思率领亲兵100人，身着戎装、手持武器开进宫内，在天策堂见钱倧，胡进思说："老奴没有罪，大王为什么要谋害我？"钱倧喝斥胡进思，胡进思不退下，周围执兵器的人都很愤怒。钱倧猛然惊愕

钱镠丹书铁券

得没有时间发话，跑进义和院。胡进思锁上院门，假传钱倧的命令，宣告朝廷内外说，钱倧因突然中风，传位给其弟同参相府事钱弘俶。

胡进思伪称钱倧之命，承奉制书授任钱俶为镇海、镇东节度使，兼任侍中。钱俶说：“能保全我哥哥，我才敢接受此命，否则我当避路让贤。”胡进思答应钱俶，钱俶于是继位，开始处理国事。

钱 倧

乾祐元年（948年）正月十二日，钱俶将钱倧及其妻儿迁居到越州（今浙江绍兴）的衣锦军私宅，赐予丰厚的财物，并派匡武都头薛温带领亲兵护卫钱倧，悄悄告诫薛温等人说：“你们要小心护卫我的兄长，如果有非常之事，一定要拼死抵抗。”

不久，胡进思请求钱俶诛杀钱倧，钱俶不同意，胡进思于是假称钱俶的命令，让薛温处死钱倧。薛温说：“我受命之日，不曾听到此话，决不敢妄自行动。”一天晚上，胡进思派来两名刺客，爬墙跳入庭院，刺杀钱倧。钱倧见是刺客高声呼救，薛温于是带兵进来，诛杀两名刺客，使钱倧得以幸免于难。此后，钱倧一直在越州居住20多年后病逝。谥号忠逊王，以王礼安葬会稽的秦望山（位于今浙江省绍兴市）。

五、忠懿王纳土归宋，淮海国虚设为王

忠懿王钱俶（929—988年），原名钱弘俶，因犯宋太祖之父赵弘殷名讳，入宋只称钱俶。小字虎子，改字文德，杭州临安（今浙江临安）人。钱元

瓘第九子，钱倧之弟。吴越末代国君。

钱俶十余岁时即任内衙诸军指挥使、检校司空。钱倧继位后，特将其从台州招回,参加主持相府工作。后晋开运四年(947 年),钱俶出镇丹邱归。后汉天福十二年十二月三十日（阳历为 948 年 2 月 12 日）将领胡进思趁吴越王钱倧夜宴发动政变,钱倧被软禁,胡进思等废忠逊王,迎钱俶于南邸,促其即位。

钱弘俶继位后减免租税，整顿内政，安定了国内局势。对中原的后周王朝仍称臣纳贡。后周世宗征淮南，钱俶为响应后周军，将国中成年丁男全部编入军队，派将领邵可迁等率战船 400 艘，水军 1.7 万人前去与后周军相会合。世宗显德五年，后周军平定淮南，派使者赐给钱俶兵甲旗帜和橐驼牛马。北宋代后周后，钱俶更是谨慎事奉，不敢怠慢，多次遣长子钱惟濬入贡。开宝七年（974 年），宋军大举进攻南唐，下诏要钱俶同时行动,并要他“无惑人‘唇亡齿寒’之言”。钱俶即发兵响应,攻下常州等地。南唐亡后，他主动请求北上入觐。次年二月，至宋京开封，恭行臣礼。返回时，宋太祖交给黄色包袱一只，要求他回去后打开，回到杭州后，打开一看，尽是宋大臣们请扣留自己的上奏。此后，他更是战战兢兢，以臣子自居，宋廷令他散除兵甲，命他拆除城堡，均照办不误。这样，他也就成了徒具虚名的吴越国王。

宋太宗即位后，他被召往开封，虽然表面上仍然十分优宠，但他已感到必须献出吴越国领地了。

钱俶审时度势，遵循祖宗武肃王钱镠的遗训，以天下苍生安危为念，采纳了延寿临终遗言，为保一方生民，采取“重民轻土”之善举，毅然于太平兴国三年（978 年）五月入宋京开封，遵从祖训，决定纳土归宋，将所部 13 州、1 军、86 县、55.068 万户、11.516 万卒，悉数献给宋朝，成就了一段顾全大局、中华一统的历史佳话。

由此，吴越的生产力免遭破坏，人民也免遭生灵涂炭，从而稳定和巩固了中国和平统一的政治局面。北宋著名诗人苏轼曾评说："其民（指吴越百姓）至于老死，不识兵革，四时嬉游，歌鼓之声相闻，至今不废，其有德于斯民甚厚。"这是对吴越钱氏历史功绩的客观评价。吴越钱氏为中国的和平统一提供了一个成功的范例。千年前的古人具有如此的历史远见和宏大胸怀，实属不易。

钱 俶

北宋在扬州虚设一淮海国，令钱俶为王，实际上仍将他留在开封。虽然不做吴越国王了，钱俶的日子也不轻松。降国之王，寄人篱下，只好谨慎克己，小心度日。每天的早期，他一定要提早赶到宫门等候。一日晨，风雨大作，众节度使、国王未有一人上朝，只有钱俶父子二人，连宋太宗也怜悯道："卿已是中年，宜避风冷，自今入见，不须太早。"就靠这种小心谨慎，使他安度余生。端拱元年（988 年）八月二十四日，钱俶病卒，时年 60。谥忠懿王，葬于洛阳城郊陶公原。

第十章 北汉风云

北汉（951—979 年）是五代十国之一，也是十国中最后一个政权。都城晋阳（今山西太原）。领土为 12 州，大致位于今天的山西省中部和北部。北汉依附于契丹族建立的辽朝，后被北宋所灭。历 4 帝，共 29 年。

一、认辽为叔侄皇帝，“自在将军”黄骝马

刘旻（895—954 年），初名崇，后汉高祖刘知远同母弟。沙陀部人。十国北汉建立者。

刘崇年少无赖，嗜酒如命，喜好赌博，曾因犯罪被黥刺为士卒，后随兄长刘知远四处征战。刘崇与郭威等人素来不合，隐帝朝，郭威数人秉政，刘崇停止了财赋上贡，又多方招纳士卒，图谋自立。后汉乾祐三年（950 年），隐帝被杀，郭威与众大臣秉太后旨意，立刘崇长子刘赟为帝。但没几天，刘赟在宋州（今河南商丘南）被杀，郭威自己登基称帝，建后周王朝。

当初，郭威兵变入汴后，要立刘赟为皇帝。时人都知道这不是郭威的本意，但刘崇却信以为真，高兴地道：“我儿为帝，我还有什么可担心的。”他当即派遣使者前往汴梁。郭威指着脖子上的刺青，对来使道：“自古以来岂有雕青天子？你回去告诉刘公，请他不要对我有所猜疑。”刘旻更加深信不疑。

太原少尹李骧对刘崇道道：“郭威举兵造反，已经不能再为汉臣了，他

肯定不会立刘氏后人为帝。您应起兵南下太行，控制孟津以观望形势，如果郭威真立刘赟为帝，您罢兵回镇就是。”刘崇非但不听，反而大骂道：“你这个腐儒，是想要离间我父子之间的关系吗？”他命将李骧拉出斩首。李骧临刑长叹道：“我为一个傻子出谋划策，死也活该。我妻子有病，我死了她也活不下去，让她和我一起死吧。”刘崇便将李骧的妻子一并处死，并将李骧的事上报朝廷，以表明心迹。

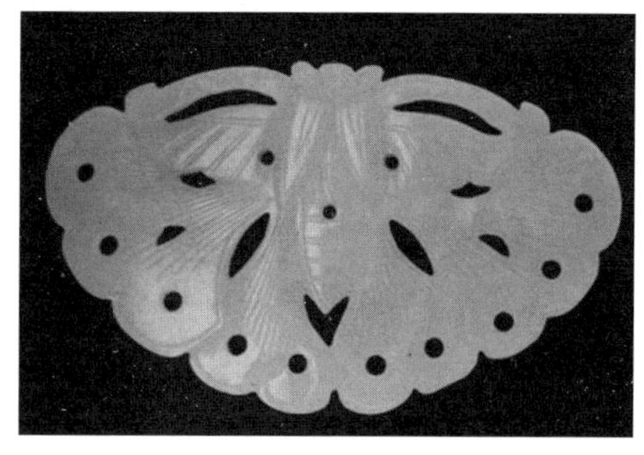

五代吴越国康陵出土的蝴蝶玉佩

但没过多久，郭威果然废黜刘赟，代汉称帝。刘崇这才悔不当初，为李骧设立庙祠，加以祭祀。

刘崇恼羞成怒，次年（951 年）春正月，自己在晋阳即帝位，国号仍称汉，使用乾祐年号，表明他是后汉王朝的继承者。刘崇称帝后，曾对张元徽道：“我不忍高祖社稷沦丧，于道义而言又不能屈服于郭威，这才不得已而称帝一方，只希望能与你们勉力共复家国之仇。但我算是什么天子，你们又算是什么节度使？”他因此不改元，不设宗庙，只用家人之礼祭祀。

由于河东地狭民少，刘崇决定仿照石敬瑭的做法，借助契丹力量与后周抗衡，而契丹也想利用汉与后周的矛盾，从中渔利。他与辽国约为父子之国，称辽帝为叔，自称侄皇帝。这年七月，辽国则册封他为大汉神武皇帝，刘崇也改名为刘旻，北汉与辽的依附关系正式建立。他是继石敬瑭之后又一个被契丹册立为皇帝的人。

争取了辽国这一靠山，刘旻马上准备对后周用兵。北汉乾祐七年（954 年）初，郭威病故，养子柴荣继位。刘旻认为机会又来了，马上遣使赴辽，请求派兵一道伐后周。谁知刘旻初次对后周用兵就遭大败，没奈何只得化装打扮，乘上契丹赠送的黄骝马，从小路逃回北方。逃回太原后，他封黄

骝马为“自在将军”，并为它建造了一个用金银装饰的马舍，还让这匹马享有三品官员的俸禄。

不久，后周军抵晋阳城下，刘旻终日忧心忡忡，不能安心。后来围城的后周军因粮草不继退去，刘旻总算松了一口气。但前不久的仓皇逃奔加上此次围城之辱，对他的打击实在太大。后周兵刚刚退去，刘旻就疾病缠身，只得把国事交由儿子刘承钧处置。后周显德元年（954 年）刘旻病逝，终年 60 岁。葬交城（今山西交城）北山，庙号世祖。

二、受辽册封“儿皇帝”，勤政爱民汉睿宗

汉睿宗刘钧（926—968 年），原名刘承钧，并州晋阳（今山西太原）人。汉世祖刘旻次子，北汉第二位皇帝，954—968 年在位。

刘承钧性格孝顺恭谨，喜欢读书，擅长书法。后周广顺元年（951 年），刘承钧的父亲刘旻登基称帝，建立北汉，任命其子刘承钧为太原尹。

北汉乾祐七年（954 年），刘旻去世，刘承钧为辽国册封为帝之后继位，不改年号，改名刘钧。刘钧上表于辽帝时都自称“男”；辽帝下诏时，都称呼他“儿皇帝”。

刘钧作北汉皇帝的时代，较之刘崇时更加衰落。天会三年（959 年），后周进攻辽国占据的瀛州、莫州一带时，辽主甚至遣使向刘钧告急。刘钧一方面继续依附辽国，另一方面，也主动与蜀、南唐等国建立联系，但没有多少实际行动。刘钧自知河东土地兵甲，不及中原 1/10，因此也没有再像刘崇那样，幻想着入主中原。

刘钧继位后，勤政爱民，礼敬士大夫，任用郭无为为相，并减少南侵，因此境内还算安定。然而刘钧并不像其父对辽那样恭敬，以致在位后期辽的援助渐少。

天会四年（960 年）宋朝代后周后，后周昭义节度使李筠起兵拒宋，占据泽州，遣使向刘钧称臣求援。但有一个附加条件，即不用契丹兵。刘

钧当即率汉军南下，入泽州，封李筠为西平王。李筠见刘钧仪卫简单，根本不像一位君主，又看到北汉士兵甲仗不完，面黄肌瘦，心中有些后悔。刘钧又派宣徽使卢赞作李筠的监军，李筠更加不高兴，借故要出击宋军，率兵南下。结果在长平县大败于宋将石守信，退保泽州，很快又被宋军击败。刘钧见李筠失利，未敢与宋军交锋，马上引兵北还。这也是他最后一次出征。

五代骑马俑

以后若干年，北宋执行了先南后北的策略，对北汉没有大的军事行动。刘钧的这个小朝廷倒也稍稍获得了一些安定。但时间不长，他却重病不起。天会十二年(968 年)七月初，刘钧召见同平章事郭无为，嘱以后事。十六日，病卒，时年 43 岁。养子刘继恩继位，为他定谥号孝和皇帝，庙号睿宗。

三、景宗承位六十日，命丧权臣郭无为

景宗刘继恩（？—968 年），本姓薛，汉睿宗刘钧的外甥兼养子。北汉第三位皇帝，只当了 60 天皇帝。

刘继恩原姓薛，其母为刘崇之女。父亲薛钊因不受岳父刘崇所用，又与妻子刘氏聚少离多，因而在一次酒醉之后，薛钊将妻子刘氏刺伤，畏罪自杀。此时刘继恩年纪尚小，而其舅父刘承钧又无子，因此刘崇就将刘继恩过继给刘承钧。

北汉乾祐七年（954 年），刘崇病逝，刘承钧继位，是为北汉睿宗。刘承钧在位期间，任命刘继恩为太原尹，然而刘继恩资质平庸，刘承钧常常

五代铜镜

对臣下郭无为抱怨刘继恩无治国之才。

北汉天会十二年（968 年）七月，刘钧病卒，刘继恩被立为帝。这时,北汉国势更加疲弱，国政又都由郭无为一人把持。郭无为本是云游道士，自称能预知吉凶，求风卜雨，深得刘钧信任。刘钧罢免原宰相赵宠，任命郭无为为同平章事，五台山僧人继颙为鸿胪卿。二人互相联合，控制了朝政。刘继恩即位后，又为郭无为加官守司空，但暗地里却准备除掉他。

刘继恩怨恨郭无为在称帝前没向刘承钧多讲自己的好话，又顾忌郭无为大权在握，因此刘继恩在登基后逐步将郭无为的权力架空。

当时刘继恩独居一室守丧，左右亲信都不跟在身边，有人建议将郭无为召入宫中杀掉，但刘继恩犹豫不决；又有人建议大宴群臣，在席间杀掉郭氏，刘继恩采纳了后一个建议。

九月十日，刘继恩依计在宫中大宴群臣，但郭无为没有到场，计谋落空。宴请结束，刘继恩回到居室，刚刚卧下，供奉官侯霸率 10 余人持刀进入，反扣房门。刘继恩急忙起身，躲在屏风后面，但还是被侯霸杀掉。侯霸还未来得及出去，郭无为已派人由窗中入内，把侯霸一行 10 人统统杀掉。当时晋阳的人们都怀疑侯霸是受郭无为指使，所以他才这么急于杀人灭口。不过，并无实据，这是北汉王朝的一个谜。

刘继恩自继位到被杀，共 60 余日。尚未来得及建号改元。

史书里没记载刘继恩的庙号，山西平遥县镇国寺有刘继钦的墓志铭碑，碑文上记有“景宗而践祚”，因此刘继恩的庙号可能是景宗。

四、刘继元暴戾无常，英武帝献表降宋

汉英武帝刘继元（960—992年），字保汉，本姓何，名宏初。汉世祖刘旻外孙，汉睿宗刘钧外甥、养子，刘继恩之弟。北汉末代皇帝，被辽朝册封为英武帝。

刘继元本姓何，其母是北汉建立者刘崇的女儿，先嫁薛钊，生子继恩；后嫁何氏，生继元，二人都做了舅父刘承刘承钧的养子。刘继元成年之后，仪表堂堂，善于谈论，好与僧人来往，颇通禅学，与僧继颙关系密切。少主时，进位太师兼太原尹。刘继恩死后，宰相张昭敏建议立刘崇之孙为帝，但郭无为坚持要立刘继元，可能是考虑到他比较容易控制。这样天会十二年（968年）九月，刘继元被立为帝。

刘继元为帝后，一改过去谈禅读经、温文尔雅的风度，暴戾无常，大开杀戒。刘钧的皇后郭氏，本来是继元兄弟的养母，但继元怀疑自己夫人的猝死与郭后有关，马上派人勒杀郭后。刘崇的10个儿子以及一些近亲子孙几乎都被他杀光，朝中大臣稍有触忤，轻者杀头，重者灭族。连宫中的妃嫔也不时遭到他的杀戮。他的所作所为与专擅朝政的郭无为发生了严重冲突。当时北汉处处仰契丹鼻息，内部无财无粮，国库空虚，强大的北宋又时时威胁着其生存，执政的郭无为看清了形势的不可逆转，暗自准备降宋。刘继元继位的当年，北宋遣人送来诏谕，若刘继元归附，可授平卢节度使。又另外送给郭无为一份诏书，答应若北汉归宋，郭无为可授安国节度使。郭无为得诏十分高兴，劝刘继元向北宋称臣，刘继元不肯。郭无为遂独自与宋朝间谍往来，并多加保护。

次年（969年）三月，宋太祖亲自率军至晋阳，将晋阳城团团包围。刘继元派人突围，未能成功。郭无为又劝其降宋，刘继元不肯，他仍期待着契丹援军。一天，刘继元宴集群臣，郭无为在庭中痛哭道："为何要以空城抗百万之师？"抽出佩刀就要自刎，想以此煽动人心，降服北宋。刘继

五代十国时期北汉古墓壁画

元急忙下阶，拉着他一起坐下，但绝口不提投降一事，次日，又遣使去辽国催促援兵。

四月，契丹兵分道入援。不久，即败归。宋军又以水灌城，决汾水大堤，汾水流入晋阳南城。郭无为准备出降，向刘继元请求率军夜击宋军，刘继元选精兵千人，亲自至城门送行。当天风雨太大，郭无为半道折回，但其密谋被人告发。五月，刘继元诛杀郭无为。宋军也因天热多雨，军中流行疾病而退军。

此战之后，刘继元与辽的依附性更加增强，甚至连粮草供给也多仰于辽国，国中大小政务无不一一禀告辽主。

北汉广运二年（975 年）三月，辽与北宋通好，遣使告诉刘继元，要他也与宋通好，不要随便攻契丹，但被臣下劝住。

使刘继元庆幸的是辽与北宋的关系并不稳定，双方关系很快又告紧张。广运六年(979 年)二月，宋太宗率军进入河东，刘继元屡屡派人向契丹求援，但契丹援兵总是败于宋军。四月，宋军包围晋阳城，昼夜攻城，城中缺粮少草，援军又杳无音信，刘继元的亲信大臣多投奔宋军。太宗又向刘继元保证："若出降，可永保富贵。"五月初，刘继元奉表投降。宋太宗授其检校太师，右卫上将军，封彭城郡公，将刘继元并刘氏亲属百余人全部迁到开封。宋太平兴国六年(981 年)又加刘继元为开府仪同三司，雍熙三年(986 年) 授保康军节度使。淳化三年（992 年），刘继元病死于开封，赠中书令，追封彭城郡王。

五、武当隐士入朝堂，抱腹山人间北汉

郭无为（？—969年），字无不为，号抱腹山人，五代青州千乘（今山东广饶县）人。其人方颡鸟喙，长相凶神恶煞，很有雷公的气质。但他杂学多闻，善于谈辩，未知其师承关系，穿着粗布的道士服装，隐居在武当山出家做道士，10年不离武当山半步。

郭无为在武当山上修炼10年，不仅对道家典籍精心研读，而且，对于其他诸子百家也都有涉猎，尤其擅长的是孙子的兵家和鬼谷子的纵横学派。

10年之后，郭无为学业大成，决定下山，将此生所学，售与帝王家。他虽人在深山，却能推演天下大势，并因此得出推论，当世唯一能成帝王事业的，只有一人，那就是时任后汉枢密使的郭威。

郭无为下山之后，便直奔后汉首都东京开封，拜会任职枢密使的郭威。不料，郭威此时却不在开封，他现已率领大军平灭河中节度使李守贞的叛乱。

郭无为并不沮丧，而是立即往北走，要跟随郭威大军。在河中城外，他终于拜见了后汉的枢密使、大将军郭威。

郭威和他谈论了一番天下大势，觉得他的才学非常好，想把他收入帐下，决定聘请他当军师。

有一次，郭无为顶撞上级，不料被人谗言，便失去了郭威的信任。还好，这段时间结交了赵匡胤，两个人私下关系良好。此后，郭无为离开武当山，一路北上，便到太原闯荡去了。刘崇的儿子刘钧即帝位后，听说此人自诩诸葛，一合计，北汉朝堂正是用人之际，于是三顾茅庐一样把他请到了朝中，倍加宠信。

郭无为成了北汉掌控实权的大臣，他恨郭威，当年自己意气风发，却被像打发要饭的乞丐一样，给打发走了，认为这是对自己的羞辱。郭无为

北汉镇国寺

整顿朝纲，操练军队，为刘氏一脉着想。到了宋朝，两军战况愈演愈烈，作为北汉的军方头号人物，应该马革裹尸，战死沙场，彻底表现出为主子赴汤蹈火的大无畏精神。但是郭无为不在乎这些君臣之道，结交的把兄弟赵匡胤，当上了大宋王朝的天子，他所在乎的是要跟把兄弟兵戎相见，这是自己万万做不到的事情。

郭无为敬赵匡胤是条汉子，言出必行，雄才大略。于是，郭无为使尽浑身解数后，但见北汉的本土势力仍然是非常顽强，要想让北汉群臣投降，已经是不可能的事情。在自己的身份未曝光之前，他决定打算领兵去投靠宋军。

郭无为想到了一个天衣无缝的计划——他向傀儡皇帝刘继元请求夜间突袭宋军，实则投降。毫无政治经验的刘继元非常感激他，当下就拨了1000名精锐给他，并派杨业和郭守斌两人做副手，亲自率领百官送行到延夏门。郭无为接管帅印，开始召集军队准备出击。谁知杨业被手下特务头子陈廷山出卖，竟被宋军活捉了。

而另一位副手郭守斌领着大部分士兵被宋军铁骑一阵直冲乱撞，在自家的城池里给迷路了。郭无为非常生气，他倒不是生气宋军骚扰，倒是大骂两位副将无能，这样狼狈投靠宋军，一定没有什么好的待遇。郭无为索性称病领着残兵败将回到了太原城中，谋求更大的计划，无功折返，这已经引起北汉统治阶级的猜忌。

北汉的宦官卫德贵早就对郭无为有怀疑，遂暗中四处打探，得到消息后向傀儡皇帝刘继元报告了郭无为里通外军，企图投降宋朝。后来，当得知郭无为企图投降时，刘继元竟气得昏厥三次，对于郭无为扶持自己登上皇位，他的确很感激，但郭无为身在汉营心在宋，北汉天会十三年（969 年），刘继元震怒之下，将郭无为当众绞死。